经世济民

诚信服务

德法兼修

"十四五"职业教育国家规划教材

iCVE 智慧职教　高等职业教育在线开放课程
新形态一体化教材

高等职业教育商科类专业群
市场营销专业新目录·新专标配套教材

市场营销概论

—— 理论、案例、实训

（第四版）

● 主编　杨群祥

新目录
新专标

中国教育出版传媒集团
高等教育出版社·北京

内容提要

本书是"十四五"职业教育国家规划教材，也是高等职业教育商科类专业群市场营销专业新目录·新专标配套教材。

本书以"立德树人"为宗旨，以"理论讲透、案例同步、实训到位"为原则，按照市场营销认知学习规律与工作实践流程，在正文中设计了树立现代市场营销理念、分析市场营销环境、识别市场营销机会、制定市场营销规划、开发产品策略、实施价格策略、建立渠道策略、整合促销策略、创造顾客价值、建设市场营销团队共十章的内容。第四版教材全面融入数字经济背景下的市场营销创新技术，凸显以下六个"结合"：①知识学习与道德养成相结合；②内容体系与工作任务相结合；③理论阐述与实际操作相结合；④适应岗位与可持续发展相结合；⑤课堂教学与业余自修相结合；⑥纸质教材与数字资源相结合。

本书既可作为高等职业教育专科、本科院校，中等职业院校和应用型本科院校财经商贸类相关专业的教材，也可作为企业和社会营销人员的职业培训教材与参考读物。

本书配套开发了教学课件、参考答案等相关资源，具体获取方式详见书后"郑重声明"页；同时，还围绕重要知识点制作了微课视频，以二维码的方式标注在书中对应位置，供读者即扫即学。

图书在版编目（ＣＩＰ）数据

市场营销概论：理论、案例、实训 / 杨群祥主编
. -- 4版. -- 北京：高等教育出版社，2023.7（2024.8重印）
ISBN 978-7-04-059724-0

Ⅰ. ①市… Ⅱ. ①杨… Ⅲ. ①市场营销学-高等职业教育-教材 Ⅳ. ①F713.50

中国国家版本馆CIP数据核字（2023）第008155号

市场营销概论——理论、案例、实训（第四版）
SHICHANG YINGXIAO GAILUN

策划编辑 贾若曦	责任编辑 贾若曦	封面设计 杨伟露	版式设计 李彩丽
责任绘图 杨伟露	责任校对 陈 杨	责任印制 耿 轩	

出版发行	高等教育出版社	网　　址	http://www.hep.edu.cn
社　　址	北京市西城区德外大街4号		http://www.hep.com.cn
邮政编码	100120	网上订购	http://www.hepmall.com.cn
印　　刷	山东临沂新华印刷物流集团有限责任公司		http://www.hepmall.com
开　　本	787 mm×1092 mm　1/16		http://www.hepmall.cn
印　　张	17.25	版　　次	2011 年 8 月第 1 版
字　　数	350 千字		2023 年 7 月第 4 版
购书热线	010-58581118	印　　次	2024 年 8 月第 2 次印刷
咨询电话	400-810-0598	定　　价	46.80元

本书如有缺页、倒页、脱页等质量问题，请到所购图书销售部门联系调换
版权所有　侵权必究
物 料 号　59724-00

第四版前言

自本书第三版出版发行以来，恰逢我国高等职业教育改革创新快速发展。从政策导向看，国家先后颁发了《国家职业教育改革实施方案》及其配套的一系列政策、方案、办法，包括贯彻执行《国家产教融合建设试点实施方案》，实施"中国特色高水平高职学校和专业"建设计划，启动《职业教育提质培优行动计划（2020—2023年）》，开展首届全国教材建设奖评选工作等。从具体操作层面看，"职教高考"制度逐步建立，推进部分高职院校转设职业本科类学校，开设本科层次职业教育专业，加快国家职业教育专业教学标准及资源库建设，全面落实"课程思政"教育教学，深化"三教改革"等。

当前，全国各行各业在党中央领导下，正在为实现第二个百年奋斗目标、实现中华民族伟大复兴的中国梦勇毅前行、不断创新。党的二十大报告强调，"坚持以人民为中心发展教育，加快建设高质量教育体系，发展素质教育，促进教育公平。""育人的根本在于立德。全面贯彻党的教育方针，落实立德树人根本任务，培养德智体美劳全面发展的社会主义建设者和接班人。"为加快推进党的二十大精神进教材，进课堂，进头脑，更好地进行教育教学改革，落实立德树人根本任务，体现鲜明的职业教育特色，本书站在数字经济发展的新起点上，适时启动了修订，以适应新技术、新业态、产业优化升级的新需要。新版教材的特点主要体现在以下方面：

一是认真贯彻落实国家教材委员会印发的《"党的领导"相关内容进大中小学课程教材指南》精神，进一步聚焦立德树人根本任务，强化社会主义核心价值观教育，深化知识能力学习与思想道德养成的融合。首先，将章前学习目标调整为知识目标、技能目标和素养目标三个部分，根据章节内容特点提炼营销人员素养目标要求，具体包括社会主义核心价值观、中华优秀传统文化、民族精神、国家意识、社会福祉、企业责任、服务意识、经营理念、职业习惯、职业操守等内容。其次，章中增设"营销瞭望"专栏，和"职业道德与营销伦理"一并作为本书课程思政特色栏目，旨在以"营销视角"分析介绍国家相关产业政策、行业企业发展前景、营销相关历史人物及其精神，加强思想政治引导，挖掘、传递企业营销正能量。最后，选取积极正面的营销案例进行更新，致力于培养学生健康向上的职业理想和营销素养，引导学生进行自我学习和提升。

二是进一步适应现代企业营销管理的新发展，与时俱进地对章节、栏目和内容进行系统性梳理和优化。主要体现在"四增加、两更新"：增加了数字营销的相关研究成果和素材，以适应数字经济发展的新要求；增加了国内知名企业的鲜活案例，以提升营销实践的时效性和说服力；增加了说明性图表，进一步丰富教材的整体呈现效果；增加了新的微课视频，以发挥市场营销优秀教学团队的示范引领作用；同时还更新了学习目标要求与配套的数字化教学资源。编者希望通过"增、改、删"的系统性修订，使新版教材结构更合理，内容更新颖，教育教学更具有针对性。

三是进一步突出职业教育类型特色，按照"跨界、整合、重构"思维重新优化教材体系设计。本次修订在强调理论与实践并重的基础上，对教材中的栏目进行了优化和精简，以使市场营销基础理论与相关实训内容能够更好地融会贯通，在帮助学生打牢理论基础的同时增强其实践操作能力。为此，编者一方面重新编写了主要章节的"实践演练"模块和书后的"市场营销综合实训"，进一步增强实训内容的可操作性；另一方面，删减了"主要概念""重点实务和操作""规则复习""业务解析"等栏目内容，统一了章后学习训练部分的题目类型与数量，并对具体题目考核内容进行了修改和优化。

本次教材修订的总体设计和内容优化全部由杨群祥教授负责，广东南大机器人有限公司副总经理等企业营销人员提供了案例，广东食品药品职业学院杨晓雯、广州东华职业学院朱翠香老师帮助编者收集完善了资料，广东农工商职业技术学院贾岛和朱雪颖、广州科技贸易职业学院王宇能等老师承担了各章节微课、视频的更新工作。向以上相关人员表示衷心感谢！

此外，也要感谢高等教育出版社贾若曦编辑的热心帮助，感谢行业企业专家、营销专业教师的积极参与和支持，感谢引用资料原创作者的前期探索与创新！

编者始终坚信，教材修订是一项永无止境的工程，但由于编写时间仓促，难免挂一漏万，恳请广大同行及读者在使用本书的过程中及时反馈宝贵意见与建议，以使本书日臻完善。

杨群祥

2023 年 6 月于红英书苑

第一版前言

高职高专教育市场营销专业面向企业营销一线职业岗位，以培养营销技术与管理的高技能人才为目标。而市场营销既是一门科学，也是一种实践。它是建立在经济科学、行为科学、现代管理理论基础上的应用型学科，研究以满足消费者需求为中心的企业市场营销活动及其规律性，具有全程性、综合性、实践性和创新性的特点。

市场营销概论作为市场营销专业教学的一门核心课程，又是本专业系列课程——市场调查与预测、广告学、商务谈判、市场营销策划、现代推销、网络营销和营销综合管理等课程的先修课程。所以，本教材在总体设计理念上，以《关于全面提高高等职业教育教学质量的若干意见》（教高〔2006〕16 号）文件精神为指导，以专业知识导入为基本点，以《营销师国家职业标准》资格三级及以上要求与国家级精品教材评审为标准，以"理论讲透、实务足够、案例同步、实训到位"为原则，以"任务驱动、项目导向"教学模式为切入点，兼顾精品课程和网络课程的建设需要，注意突出以下六个特点：

一是学习知识与道德养成相结合。以培养具有健全职业人格的营销人为目标，在解读市场营销专业知识的同时，强调职业素养与专业能力相长，增加中国传统文化中的营销道德思想和市场营销道德观的阐述，点评现实中有悖职业操守的个案及其危害，从而培养有高度社会责任感的市场营销新人。

二是内容体系与工作任务相结合。本书在保持市场营销原理的内容体系基本完整的基础上，对传统教材进行大胆创新，一方面增加"社会责任""品牌资产""内部顾客理念"和"市场营销团队建设"等章节内容，突出针对性、前瞻性和创新性；另一方面，适应高等职业教育人才培养的特点与要求，改变传统式学科知识的描述方式，每一章标题都以动宾短语来强调工作任务、工作步骤、工作项目，以此倒推学习探究，突出教学过程的实践性和职业性。

三是理论阐述与实际操作相结合。吸收世界营销理论研究新成果，结合国内企业营销实践新举措，参照英国 BTEC 教学模式对市场营销基本原理教学内容进行整合，关注"教学目标"与"教学内容""章后习题"和"学习考核"之间的内在统一，力求做到"理论够用、操作熟练"。

四是适应岗位与可持续发展相结合。全书以企业营销实际需要为出发点，以营销职业能力为主线，融入营销师国家职业资格考试晋级要求。力求让学生做到上岗会做、职业发展有潜力。

五是课堂教学与业余自修相结合。本书主要是针对即将从事市场营销工作的高职院校学生的学习而设计，但在内容与体例结构设计上也充分考虑已经从事企业市场营销工作人员的阅读提升的需要，从理论的前瞻性到案例的现实性，以及网络课程，尽可能提供立体化的市场营销教学资源，扩大读者范围。

六是营销名家介绍与重点语句导读相结合。本书每章插入介绍 2 至 3 位中外市场营销专家学者及其著作介绍，勾画出各章节的重要观点，帮助读者学习理解教材。这也是本教材创新之处。

《市场营销概论》共 10 章，第 1 章是树立现代市场营销理念，帮助学习者树立正确的市场营销理念，正确履行市场营销道德与社会责任；第 2 章是分析市场营销环境，帮助学习者掌握市场调查技巧、市场营销环境分析方法；第 3 章是识别市场营销机会，帮助学习者把握市场营销机会，准确进行市场定位；第 4 章是制定市场营销规划，帮助学习者了解竞争对手，确立营销策略；第 5 章是开发产品策略，帮助学习者认识产品整体概念，进行新产品开发；第 6 章是实施价格策略，帮助学习者了解影响企业定价的主要因素，掌握企业定价的流程与技巧；第 7 章是建立渠道策略，帮助学习者掌握渠道设计技巧，加强渠道管理；第 8 章是整合促销策略，帮助学习者了解促销类型与实施过程，掌握整合营销传播技巧；第 9 章是创造顾客价值，帮助学习者理解顾客价值，掌握吸引、维护与增加顾客的技巧；第 10 章是建设市场营销团队，帮助学习者了解建立市场导向型企业文化的必要性，加强市场营销团队建设与管理等。此外，考虑到市场营销专业特点，以及培养国际化经营人才的需要，本书适当增加了关键术语的英文注解，帮助学生学习理解与运用。

本书根据高等教育出版社特约总策划许景行教授提供的"多元整合一体化 I 型"教材代型设计编写，由广东农工商职业技术学院杨群祥编著。各章编写分工（以章次先后为序）：杨群祥（第 1、4、8 章），金晗（第 2 章），杜方敏、张春娥（第 3 章），陈清兰、李政敏（第 5、6 章），胡秋华（第 7、9、10 章）。全书由杨群祥设计并最后总纂定稿。

本书既是高职高专院校市场营销及相关专业群核心课程教材，也可作为其他财经类专业学生学习以及企业营销人员职业培训的教材。

杨群祥

二〇一一年六月于红英书苑

目 录

第1章 树立现代市场营销理念 / 001
引例 "创建百年老店"的经营
      理念 / 002
1.1 市场 / 003
1.2 市场营销的核心概念与市场营销
    管理 / 006
1.3 市场营销观念与企业营销
    导向 / 012
1.4 市场营销组合与创新 / 016
1.5 市场营销道德与社会责任 / 021
学习训练 / 027

第2章 分析市场营销环境 / 031
引例 合资品牌汽车退出中国
      市场 / 032
2.1 市场调查 / 033
2.2 市场营销环境 / 038
2.3 市场行为分析 / 044
学习训练 / 050

第3章 识别市场营销机会 / 055
引例 小熊电器的目标市场营销 / 056
3.1 进行市场细分 / 057
3.2 选择目标市场 / 064
3.3 明确市场定位 / 069
3.4 识别市场营销机会 / 074
学习训练 / 078

第4章 制定市场营销规划 / 081
引例 伊利与蒙牛在竞争中共同
      成长 / 082
4.1 竞争对手分析 / 083

4.2 竞争地位与营销策略 / 086
4.3 市场营销策划 / 091
学习训练 / 096

第5章 开发产品策略 / 101
引例 南大机器人公司的眼光 / 102
5.1 产品整体概念与组合策略 / 103
5.2 产品生命周期与策略 / 109
5.3 新产品开发策略 / 112
5.4 品牌策略 / 118
5.5 包装策略 / 121
学习训练 / 124

第6章 实施价格策略 / 127
引例 高品质高定价营销策略 / 128
6.1 影响企业定价的主要因素 / 129
6.2 企业定价的流程与技巧 / 133
6.3 价格变动与企业对策 / 139
6.4 特殊定价策略 / 142
学习训练 / 147

第7章 建立渠道策略 / 151
引例 美的的分销渠道与商业规范 / 152
7.1 分销渠道概述 / 153
7.2 分销渠道设计 / 164
7.3 分销渠道管理 / 170
学习训练 / 174

第8章 整合促销策略 / 177
引例 盒马鲜生新零售 / 178
8.1 促销与沟通 / 179
8.2 人员推销 / 185

8.3　广告 / 194

8.4　营业推广 / 203

8.5　公共关系 / 205

学习训练 / 209

第 9 章　创造顾客价值 / 213

引例　从价格战到顾客管理 / 214

9.1　顾客让渡价值 / 215

9.2　培养顾客关系 / 221

9.3　管理顾客资产 / 227

学习训练 / 230

第 10 章　建设市场营销团队 / 235

引例　团队管理精细化 / 236

10.1　市场导向型企业文化 / 237

10.2　组建市场营销团队 / 241

10.3　管理市场营销团队 / 245

学习训练 / 251

市场营销综合实训 / 256

参考文献 / 263

01

第 1 章

树立现代市场营销理念

中国商谚

做好生意三件宝，人员、门面、信誉好。

学习目标

※ 知识目标

- 掌握市场营销核心概念
- 掌握市场营销组合的特点
- 了解市场营销创新趋势与要求
- 熟悉企业营销道德基本原则和社会责任相关内容

※ 技能目标

- 能够依据科学方法辨析市场类型
- 能够辨识传统营销概念与现代营销概念的区别与联系
- 能够运用创造需求的途径进行营销管理

※ 素养目标

- 树立科学正确的市场营销价值观
- 自觉践行诚信经商的职业道德理念
- 培养爱岗敬业的职业精神

【思维导图】

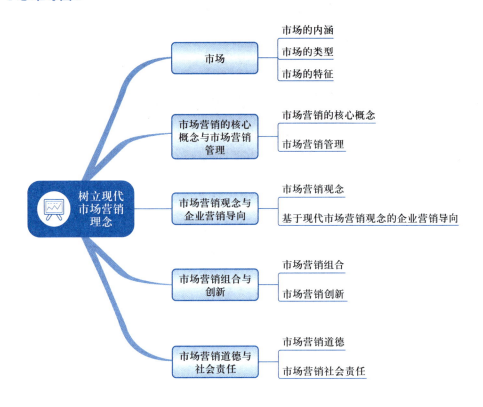

引例
"创建百年老店"的经营理念

继 2018 年荣获"改革开放 40 年中国食品产业示范企业"称号后，内蒙古蒙牛乳业（集团）股份有限公司（简称"蒙牛"）近几年又获得了许多荣誉：2020年中国企业社会责任领先指数排名第 35、"中国乳品行业竞争力第一名"，2021年国家科学技术进步奖二等奖，2022 年福布斯全球企业 2 000 强第 1 004 位、《财富》中国 500 强第 154 位。

蒙牛从"衣衫褴褛"的"四无"（无工厂、无奶源、无市场、无品牌）企业成长为中国乳业领军品牌，创造了企业成长和品牌腾飞的佳话。它以"经营的 98%是人性，品牌的 98% 是文化，资源的 98% 是整合"的理念，开辟了"先建市场，再建工厂"和"先建品牌，再拓市场"的逆向经营模式，走出一条"内蒙牛—中国牛—世界牛"的发展之路。

创立之初，蒙牛面对"四无"困难采取了整合营销策略，"不求所有，但求所用"地整合和利用他方资源和优势；面对奶业市场"拼价格""拼渠道""拼促销"的激烈竞争，蒙牛考虑的是品牌延伸与提升，适时推出新品，获得了国内年轻一代的青睐。

"小胜凭智，大胜靠德"，蒙牛经营者认为，只有消费者、股东、银行、员工、合作伙伴多方"均衡收益"，才是真正意义上的"可持续收益"，只有与大多数百姓命运关联的事业，才是真正"可持续的事业"。因而，在 2001 年中国人民欢呼申奥成功的时刻，尚不到三岁的蒙牛捐赠了 1 000 万元；2003 年"非典"时期，蒙牛又给国家捐赠了 1 200 万元；2008 年汶川地震，蒙牛捐款 1 000 万元；2020 年新冠疫情期间，蒙牛不仅"没有拒收一滴奶"，而且为支援防疫一线累计捐赠价值 7.4 亿元的款项和物资，还实现了经营业绩的逆势增长。

蒙牛的成功得益于其"打造世界级百年企业"的经营理念与营销策略。而蒙牛一次次当仁不让地慷慨解囊，彰显的是现代企业高度的社会责任感，体现了现代中国营销者应有的经营理念和家国情怀。

上例说明，企业的市场营销问题首先是战略问题，其次是系统问题，但核心是观念问题。如果把市场营销作为工具，那么只是前进了一步；但如果把市场营销作为一种理念、一种责任，那么将使企业永不停步。所以，对于一名有志于从事市场营销工作的人，一定要把握好市场营销的基本理念，这样才能真正理解市场营销，胜任市场营销工作。

1.1　市场

在市场竞争环境下，市场营销学作为一门研究与掌握市场活动规律，科学运用各种营销策略与技巧的应用性学科，其出发点与立足点都是市场。

企业生存与发展离不开市场营销，而市场营销离不开市场。市场和市场营销是既有区别又有联系的两个不同概念。所以，探究市场营销必须从市场内涵的认知开始。

1.1.1　市场的内涵

市场一词，最早是指买主和卖主聚集在一起进行交换的场所。但在市场营销领域中，市场是指具有某种特定的需要或欲望，愿意并能够通过交换来满足这种需要的全部潜在顾客。潜在顾客就是潜在购买群体。所以，从市场营销角度讲，买主构成市场，卖主构成行业。例如，家电市场是指对家电产品有需求的全部潜在购买群体，而家电行业是指生产或经销家电产品的企业的总和。

从市场的定义可以看出，一个市场的大小主要取决于三个主要因素，即有某种需要的足够多的人口，具备满足这种需要的购买力，以及愿意付诸行动的购买欲望，用公式来表示就是：

$$市场 = 人口 + 购买力 + 购买欲望$$

市场的三个主要因素是相互制约、缺一不可的，只有三者结合起来才能构成现实的市场，并决定市场的规模和容量。例如，某个国家虽然人口众多，但人均收入很低，购买力有限，那么该国家就不能构成规模和容量都很大的市场；反之亦然。只有人口众多，购买力又高，才有条件形成一个有潜力的大市场。但是，如果产品不符合需要，不能引起人们的购买欲望，仍然不能成为现实的市场。所以，市场是上述三个主要因素的统一。

1.1.2　市场的类型

按照不同的划分方法，市场可以分为许多类型。

（1）以商品流通时序为标准来划分市场。按照商品流通的时间，可以把市场分为现货市场和期货市场；按照商品流通的顺序，可以把市场分为批发市场和零售市场。

（2）以商品流通地域为标准来划分市场。市场不仅涉及时间，也涉及空间。按照商品流通的地域，可以把市场分为城市市场和农村市场、地方市场和全国市场、国内市场和国际市场。

（3）以商品属性为标准划分市场。按照市场上流通的商品属性，可以把市场划分为一般商品市场和特殊商品市场。一般商品市场包括消费品市场和产业市场；特殊商品市场是由具有特殊性的商品以及不是商品却采取了商品形式的商品所形成的市场，包括劳动力市场、金融市场、技术市场、信息市场和房地产市场等。按照商品属性划分的市场，充分反映了市场体系中的各种商品交换关系，同时又包括了按照流通时序和地域来划分的市场。

（4）以商品交易场地为标准来划分市场，可以把市场划分为实体市场与虚拟市场。实体市场（physical markets）即有形市场，是指不仅可触知而且是有形的，真正可供消费和使用商品的市场。传统意义上的市场都是实体市场。虚拟市场（virtual market）是指通过互联网等数字技术形成的虚拟的买卖双方聚集并进行交易的场所，它不是以传统物质形态存在的。相对于实体市场而言，虚拟市场具有独特的优势，可以提供比实体市场更多的商品，一般不会造成货品积压与资金占用，节省人力物力，适用于灵活的选品和订货，并为顾客提供更便捷的购物方式和更广泛的服务。

（5）以消费者购买行为特点为标准来划分市场。按这一标准可以把市场划分为消费者市场和组织市场。

① 消费者市场是指为满足生活需要而购买商品或服务的个人和家庭的总和。**消费者市场是通向最终消费的市场，是一切社会生产的终极目标**。因此，无论是生产企业、商业企业还是服务企业，都必须研究消费者市场。

② 组织市场是由各种组织机构构成的对产品和劳务需求的总和。企业组织在组织市场购买商品是为了维持自身的经营活动，对产品进行再加工或转售，或者向其他组织或社会提供服务。根据不同的购买目的，组织市场又可以分为产业市场、中间商市场和非营利组织市场。

A. 产业市场又称生产者市场，是指一切购买产品和服务并将其用于生产其他产品和劳务，以供销售、出租或供应给他人的组织。

B. 中间商市场是指那些通过购买商品和劳务以转售或出租给他人获取利润的组织的总和。它由各种批发商和零售商组成。其中，批发商购买商品和劳务并不是为了卖给最终消费者，而是为了转卖给零售商和其他商业或产业用户；而零售商的业务则是把商品和劳务直接卖给消费者。

C. 非营利组织市场的主体包括政府、社会团体等。其中，政府市场是指那些为执行政府的主要职能而购买或租用商品的各级政府及其所属机构和事业团体。

营销瞭望
数字经济事关国家发展大局

2021年10月，中共中央政治局就推动我国数字经济健康发展进行集体学习。习近平总书记在主持学习时强调，近年来，互联网、大数据、云计算、人工智能、区块链等技术加速创新，日益融入经济社会发展各领域全过程，数字经济发展速度之快、辐射范围之广、影响程度之深前所未有，正在成为重组全球要素资源、重塑全球经济结构、改变全球竞争格局的关键力量。要站在统筹中华民族伟大复兴战略全局和世界百年未有之大变局的高度，统筹国内国际两个大局、发展安全两件大事，充分发挥海量数据和丰富应用场景优势，促进数字技术与实体经济深度融合，赋能传统产业转型升级，催生新产业新业态新模式，不断做强做优做大我国数字经济。

数字经济具有高创新性、强渗透性、广覆盖性等特点，不仅是新的经济增长点，而且是改造提升传统产业的支点。十八大以来，党中央高度重视发展数字经济，实施网络强国战略和国家大数据战略，拓展网络经济空间，支持基于互联网的各类创新，推动互联网、大数据和人工智能的发展，建设数字中国、智慧社会，推进数字产业化和产业数字化。党的二十大报告进一步提出，要"加快发展数字经济，促进数字经济和实体经济深度融合，打造具有国际竞争力的数字产业集群"。

1.1.3 市场的特征

在市场经济条件下，企业要真正走向市场，就必须面向市场、了解市场、适应市场。随着数字经济和文化产业的不断发展，当代市场呈现出以下特征。

1. 文化性

市场，从词义上看是物，但从营销角度讲是人。因为构成市场的主体是潜在购买者，企业市场营销活动的最终对象也是人。人是社会人，具有特定的时代文化特性。不同的时代有不同的文化，不同的文化有不同的社会方式和消费习惯。人们消费产品或服务，既是满足生理和心理的需要，也有社会价值的追求。可以说，人们消费产品或服务是一种感受、一种体验。人的这种购买、消费的行为方式反映了市场的文化性。随着生活水平的提高，市场的文化性必将越来越凸显。今天，许多企业之所以成功，就是深谙市场的文化性并善于进行营销活动的文化操作。

2. 国际性

经济全球化推动了市场的国际性，包括市场主体的国际化、市场客体的国际化、市场关系的国际化等，它直接反映在人们丰富多彩的消费方式上。现代企业必须顺应经济全球化发展趋势，开拓国际视野，优化创新生产经营，不断提高企业及产品在国际市场上的竞争能力和水平。

3. 差异性

市场的差异性是客观存在的。不同的国家和地区有不同的市场需求，即使是同一国家或地区，不同的人群也会存在不同的消费倾向。对此，现代企业必须采取相应的市场差异性战略，具体包括产品、价格、顾客、服务等差异性战略。

4. 替代性与创新性

人的需求是多样的，满足人的需求的产品也是多样的，功能相似的产品甚至可以相互替代。同时，任何一种产品的市场都会逐渐饱和，都会被另一种新产品及其市场所替代。随着现代科技发展，产品更新换代速度会越来越快。因此，现代企业必须树立市场营销创新观念，建立和强化创新机制，不断开发新产品，开辟新市场。只有这样，才能确保企业与市场的同步持续发展。

1.2 市场营销的核心概念与市场营销管理

市场营销既是一种组织职能，也是一种创造、传播、传递顾客价值的思维方式。研究市场营销，就必须理解什么是营销，它与销售工作有何区别，营销是怎样运作的，营销是什么以及谁在营销等问题。

1.2.1 市场营销的核心概念

随着现代市场经济的发展，市场营销的概念也在不断地丰富与完善。

早期的营销专家认为，市场营销是关于构思、货物和服务的设计、定价、促销和分销的规划与实施过程。

"现代营销学之父"菲利普·科特勒（Philip Kotler）认为：营销不是以精明的方式去兜售自己的产品或服务，而是一门创造真正客户价值的艺术。因此，从企业微观经济活动讲，市场营销（marketing）是指企业以满足人类需求为目的，通过创造与传播，实现产品（服务）与价值交换的活动。理解这一概念，必须把握以下三点。

①市场营销活动是一种创造性活动，它通过发现需求、创造需求，实现个人和组织的交换目标，并倡导新的流行风尚，提升人们的生活标准与工作质量。②市场营销活动是一种全过程活动，它不仅包括市场调查、产品或服务设计、传播与分销，还包括售后服务、关系维护等。③市场营销活动是一种营利性活动，它在服务需求的同时使企业获取利润。

市场营销的内涵包含着以下核心概念：需要、欲望、需求、产品、价值、交换、交易、营销者和关系等。

1. 需要

市场营销思考问题的出发点是消费者的需要和欲望。其中，需要（needs）是市场营销最基本的概念，也是人类经济活动的起点。人为了生存需要食物、衣服、房屋、安全感、尊重等。这些需要存在于人本身的生理需要和自身状态之中，绝不是市场营销者所能凭空创造的。随着社会文明的发展和人们生活水平的提高，人的需要也在发生变化。

2. 欲望

欲望（wants）是指人们对更深层次满足需要及其具体内容和形式的一种期望。它表现为想得到的某种"特定物品"或"特定方式"。假如汽车可以满足人的代步需要，有的人拥有普通品牌的汽车就满足了，有的人则非豪华汽车不坐。后者反映的就是此类人的具体欲望。人的欲望的形成受其生活环境与条件影响。在不同的社会里，满足欲望的方式是不同的。人的需要有限，但欲望却是无限的。

3. 需求

需求（demands）不同于需要。需要存在于人的自身，而需求是指人对有能力购买的某个具体产品的欲望。也就是说，需求是建立在两个条件之上的，即有支付能力且愿意购买。当有购买力支持时，需要或者欲望即可变为需求。一个人可能有很多欲望，但其财力却有限，必须在购买力范围内选择最佳产品或服务来满足自己的欲望。在这种情况下他的欲望就变成了具体的需求。因此，企业不仅要预测有多少人喜欢本企业的产品，更重要的是了解有多少人愿意并能够购买本企业的产品，进而生产出相对应的产品来最大化满足他们的需求。

4. 产品

产品（product）是指用于满足需要和欲望的各种有形与无形的东西。产品必须与购买者的需要或欲望相吻合。一个企业的产品越是与消费者的需要或欲望相吻合，它在市场竞争中成功的可能性就越大。

5. 价值

消费者一般会根据价值（value）最大化的原则，从众多产品中选择能够满足自己需求的产品。但必须注意的是，决定产品价值大小的不是生产成本，而是一种产品或服务能给消费者带来的满足感。有些产品的重要性并不在于拥有产品本身，而在于得到它们所提供的价值。例如，一个女孩在购买口红时，她购买的是变美的"愿望"；一个木匠在购买电钻时，他购买的是钻的"孔"。市场营销工作不仅是描述产品的物理特征，更重要的是对产品深层的利益和所能提供的价值进行营销。

6. 交换

交换（exchange）是以提供某物作为回报而与他人换取所需的产品的行为。人们通过交换满足各自的需要或欲望。企业只有通过交换，在满足消费者需求的同时实现产品或服务的价值并获得利润，才能得以存续和扩大发展。所以，交换是企业市场营销活动的核心。

7. 交易

交换不仅是一种现象，更是一种过程。交换双方都要经历一个寻找合适的产品和服务，谈判价格和其他交换条件，以及达成交换协议的过程。一旦达成交换协议，交易（transitions）也就产生。所以，交易是达成意向的交换，是市场营销活动的直接目的。

8. 营销者

市场营销理论是站在企业的角度研究如何与其潜在顾客实现有效交换的社会科学。市场营销是一种积极的市场交易行为，在交易中积极主动的一方为营销者（marketer），而相对被动的一方为潜在顾客。换句话说，营销者是指希望从他人那里获得资源并愿意以某种有价物进行交换的人。所以，营销者可以是卖主，也可以是买主。

9. 关系

市场营销活动中，企业为了稳定自己的销售业绩和市场份额，都希望能与顾客群体之间的交易关系（relationship）长期保持下去并不断发展。要做到这一点，企业市场营销的目标就不能仅仅停留在单次交易的实现上，而应当通过一系列的营销努力来维护与发展同顾客的关系。因而"关系"作为一个重要的概念被引入了市场营销的核心范畴。

1.2.2　市场营销管理

企业在进行市场营销前必须先回答：企业的目标市场在哪里？企业卖什么？顾客认为有价值的商品是什么？企业如何选择顾客？企业如何深化与顾客之间的关系？如何形成企业的特色等一系列问题。从这个意义上讲，市场营销活动是一项系统工程，需要进行科学管理。

1. 市场营销管理的实质是需求管理

市场营销的首要任务是确认市场，其意义在于满足需求、促进交易和维持关系。企业进行市场营销活动，至少需要四个条件：① 有未满足的需求（目标市场）；② 有满足这种需求的愿望；③ 有满足需求的东西；④ 在供求之间有沟通、传播的途径。所以，市场营销实际是一种了解需求、创造需求、满足需求的艺术，其目的在于激发交易双方的兴趣，以达成互换互利的市场交易。正因为如此，**市场营销管理（marketing management）的实质就是需求管理**。

企业在开展市场营销的过程中，一般要设定一个在目标市场上预期要实现的交易水平。然而，实际需求水平可能低于、等于或高于这个预期的需求水平。换言之，在目标市场上可能没有需求、少量需求或超量需求。市场营销管理就是要应对这些不同的需求情况，明确任务，并采取相应的营销策略。

2. 市场营销管理的任务

根据需求水平、时间和性质的不同，可归纳出以下八种不同的需求状况。在这些不同的需求状况下，市场营销管理的任务有所不同。

（1）负需求。负需求是指全部或多数消费者厌恶某些产品或服务，不仅不愿意购买，而且愿意付出一定代价进行规避。具体可分为三类：① 产品或服务对消费者完全无益甚至有害，使消费者产生负需求，如"地沟油""毒奶粉"；② 产品或服务对消费者有益，但也有一定的副作用，消费者由于过多地看到其副作用或未掌握正确的使用方法而产生负需求；③ 虽然产品或服务对消费者有益且基本无害，但消费者由于偏见而产生负需求。除第一种情况外，市场营销管理的任务就是解释需求，通过改变产品设计、降价、促销等方式来改变顾客的印象和态度。

（2）无需求。无需求是指顾客对产品根本不感兴趣或无动于衷。此时市场营销管理的任务是刺激需求，想方设法地把产品的功效和人们的需求与兴趣结合起来。

（3）潜在需求。潜在需求是指许多消费者存在不能由现有产品来满足的强烈需求。此时市场营销管理的任务是挖掘潜在需求，估算潜在市场的规模并开发对应的产品和服务，以有效地满足此类潜在需求。

（4）下降需求。企业总会面对它的一种或几种产品需求下降的情况。市场营销者必须分析需求下降的原因，通过改变产品特性、寻找新的目标市场或加强有效沟通等手段重新刺激需求。此时，市场营销管理的任务是更新需求，通过创造性的"再营销"来扭转需求下降的局面。

（5）不规则需求。某些产品或服务常面临淡旺季需求变化，这种不规则需求造成了生产力时而不足、时而闲置浪费的问题。例如，娱乐场所和购物中心在工作日可能较为冷清，而周末时又人满为患。此时，市场营销管理的任务是协调需求，即通过弹性定价、加强促销等措施来改变需求模式，尽可能使之相对平均化。

（6）充分需求。当企业的业务量达到满意程度时，所面对和满足的就是充分需求。此时，市场营销管理的任务是维持此需求水平。企业必须不断提高自己的产品和服务质量，密切关注消费者的满意程度，以确保良好的营销效果。

（7）过量需求。虽然产品或服务供不应求，但要满足新增需求则需要大量并不划算的投资，这种需求便是过量需求。此时市场营销管理的任务是采用提价、减少促销或服务等方式来减少过量需求。

（8）有害需求。有害需求指对某些产品或服务的需求或过量需求是有害于消费者和社会的。市场营销管理的任务是消除有害需求，利用推出替代品、提高价格或增加购买难度等手段，促使人们放弃、转移或减少此类需求。

同步案例
创造需求的"饿了么"

背景与情境："饿了么"是中国专业的餐饮O2O平台，主营在线外卖、新零售、即时配送和餐饮供应链等业务。饿了么曾以"make everything 30min"为使命，致力于为用户提供便捷服务极致体验。2018年4月，阿里巴巴对"饿了么"完成全资收购，饿了么全面进入阿里巴巴的新零售战略。2021年，"饿了么"上线AI菜品分析系统，试图通过数字技术进行市场需求新洞察，结合人工智能算法来帮助商家研发新菜品。创造新需求，"饿了么"一直在路上。

问题："饿了么"是如何发展的？

分析提示："饿了么"的发展在于善于把握市场的潜在需求，并积极研发，用新的产品满足人们对于吃的"潜在欲望"，扩大了市场，在提高人们生活质量的同时也使自己的产业"后来居上"。本案例进一步说明，从量到质，成熟发展的外卖市场才是本质，企业市场营销活动不仅应当适应需求，而且可以创造需求；企业的发展不在于今天占有市场份额的多少，而在于把握未来市场空间能力的大小。

3. 需求管理的启示

在市场营销实践中，企业不仅要适应需求，而且要创造需求。在现代市场经济条件下，企业创造需求的途径主要有以下几个方面。

（1）把握潜在需求。现代企业在营销实践中发现，潜在需求总是存在的，虽然现有产品难以满足消费者的强烈需求，但如果能够开发新的产品就可能形成新的需求。例如，计算机、智能手机等产品在进入市场之前，消费者并未意识到对此类新产品的需求，只有在开发出来以后这些产品才流行起来。这就是"生产需要"的要义。所以，在激烈的市场竞争中，企业要充分把握潜在机会并创造需求，才能保持竞争优势。

（2）设计生活方式。现代企业不但可以通过改变原有的生活方式来创造需求，而且可以主动参与新生活方式的设计。它为企业带来了创新产品、开拓市场的新机遇。

（3）营造市场空间。企业可通过有预期目标的营销活动来推广产品，人为地使市场形成供不应求的局面。这种营销计划的制订与实施，不仅是一种战术技巧，而且可以起到创造需求的作用。例如，某公司为了推广剃须刀片，采用免费赠送刀架的营销方法，有效地营造了市场空间，促使顾客购买配套的刀片，实现扩大销售、占领市场的预期目标。

 同步实训
需求类型分析与管理要求

实训目标：该项目训练帮助学生掌握根据需求的特征确定需求类型与管理要求的基本技能，树立正确的市场营销观念。

实训内容：需求类型判别与营销管理要求。

实训要求：

（1）明确需求类型判别在营销管理中的重要地位和作用。

（2）运用市场营销管理原理对项目指定的不同需求提出管理的任务与要求。

（3）要求教师在学生相互交流的基础上进行点评。

实训步骤：

（1）明确需求类型的种类。

（2）分析不同需求类型的基本特征。

（3）确定不同需求的类型。

（4）提出不同需求类型的管理任务与要求。

组织形式：以班级学习小组为单位，每小组制作一份"需求类型分析与管理要求"的工作建议。

考核要点：需求类型种类的完整性、各种需求类型基本特征和辨别的正确性、不同需求类型的管理任务与要求建议的合理性等。

1.3 市场营销观念与企业营销导向

随着经济社会的发展，指导企业进行市场营销活动的观念一直在发展变化。反过来，企业的市场营销活动实践又进一步丰富了市场营销观念的内涵。

1.3.1 市场营销观念

微课：
市场营销观念与发展

市场营销观念就是指导企业营销活动的基本思想、基本态度。它是企业界根据经济形势和多方面环境因素的变化而形成的一种具有普遍意义的经营理念。市场营销观念的发展经历了从生产观念、产品观念、销售观念等传统营销观念转向营销观念、社会营销观念等现代营销观念的过程。

1. 生产观念

生产观念（production concept）也称生产导向，是商业领域最早的市场营销观念之一。从工业革命至1920年，处于卖方市场阶段。市场产品供不应求，选择甚少，只要价格合理，消费者就会购买。市场营销的重心在于大量生产以解决供不应求的问题，消费者的需求和欲望并不受重视。生产观念认为，消费者喜欢那些可以随处买得到而且价格低廉的产品，企业应致力于提高生产效率和分销效率，扩大生产，降低成本，以及扩展市场。显然，生产观念是一种重生产、轻市场营销的经营理念。

2. 产品观念

随着企业生产效率的提高，供不应求的市场现象逐步缓和，产品观念（product concept）应运而生。产品观念认为消费者最喜欢高质量、多功能和具有某种特色的产品，企业应致力于生产此类产品并不断加以改进。这种观念一般产生于市场产品供不应求的卖方市场。值得注意的是，在这种观念下，企业有时会过于迷恋自己的产品，从而可能导致"市场短视"。

3. 销售观念

20世纪30年代以后，由于科学技术的进步，在科学管理和"生产观念"驱动下形成了大规模生产，商品产量迅速增加，产品质量不断提高，买方市场开始逐渐形成。在激烈的市场竞争中，许多企业开始从生产观念或产品观念转变为销售观念（sales concept）。这些企业认为要想在竞争中取胜，就必须激发消费者购买自己产品的兴趣和欲望，因此要进行大量的推销活动。这种观念认为，企业产品的销售量和企业的销售努力正相关，如果顺其自然，消费者通常不会足量地购买某一企业的产品；因此，企业必须采取积极的销售和推广活动。销售观念在现代市场经济条件下被大量用于那些非渴求物品，即购买者一般不会想到要去购买的产品或服务。许多企业在产品过剩时，也常常奉行销售观念。这些企业的目标是销售其生产的产品，而不是生产市场需要的产品，因而存在高风险。

4. 营销观念

营销观念（marketing concept）产生于 20 世纪 50 年代中期。当时工业品和消费品的生产出现相对过剩，加剧了市场竞争，从而促使企业摒弃了以产品为中心的"先生产后销售"的理念，转向以消费者为中心的"感觉和反应"理念，即营销观念。

营销观念认为，实现企业目标，关键在于公司要比竞争对手更有效地选定目标市场，更有效地提供产品或服务，更有效地沟通与传播。这是市场营销理论上的一次重大变革。它标志着企业由传统的"以卖方需求为中心"转向"以买方需求为中心"的现代营销观念。

5. 社会营销观念

社会营销观念（societal marketing concept）是对营销观念的升华，体现的是企业的社会责任。这种观念认为，企业的任务是确定各个目标市场的需要、欲望和利益，并以保护或提高消费者和社会福利的方式，比竞争者更有效、更有利地向目标市场提供能够满足其需要、欲望和利益的产品或服务。社会市场营销观念要求市场营销者在制定市场营销政策时要统筹兼顾三方面的利益，即企业利润、消费者需求和社会责任。

以上市场营销观念的发展变化，可归纳比较如表 1-1 所示。

表 1-1　传统营销观念与现代营销观念比较

		中心理念	出发点	优点	缺点
传统营销观念	生产观念	·消费者喜欢价格便宜和便利的产品 ·企业要有较高的生产效率	企业	·提供追求生产效率的动力 ·低成本有助于扩大市场份额	·策略行动欠缺弹性 ·未能满足需求
	产品观念	·消费者喜爱品质与性能高的产品 ·企业要不断改进产品	产品	·质量有保证 ·满足要求较高的顾客	·市场短视 ·忽视顾客的真正需求和环境变化
	销售观念	·利用促销活动增加顾客购买量 ·企业要采取积极的推销策略	产品	·尽快推销过剩的存货 ·推销冷门产品	·隐瞒有关产品事实 ·忽视顾客真正需求

		中心理念	出发点	优点	缺点
现代营销观念	营销观念	·以高效率和效能整合市场营销活动，满足目标市场的需求 ·企业可以因为顾客对产品感到满意获得利润	消费者需求	·满足目标市场的需要 ·部门相互配合	·企业内部发展不均 ·忽视个别顾客需求
	社会营销观念	·平衡企业利润、消费者需求和社会责任	消费者需求和社会公众利益	·避免企业的市场营销活动遭受排斥 ·市场多方的参与者均能受惠	·混淆商业赞助与慈善活动 ·可能会误导顾客

1.3.2 基于现代市场营销观念的企业营销导向

企业秉承不同的营销观念将导致不同的结果。在传统市场营销观念下，企业首先决定开发何种产品，然后再去决定如何销售这些产品。企业在产品生产出来之前很少考虑消费者是谁和他们需要什么，而且会把所有的消费者都当作潜在顾客。在这种观念下，营销工作由销售部门独立开展，并假设只要经过努力，消费者就会来购买本企业产品。

但自从现代市场营销观念被广泛引入后，企业经营管理理念及其实践发生了颠覆性变化。现代企业关注消费者的需求，认为不同消费群体的需求是不一样的，甚至是经常变化的。企业的经营出发点是先确定潜在顾客范围，研究其消费需求，再采用不同的市场营销策略，这样才能取得成功。

任何企业都是在世界技术和经济可能性的边界之内运行。企业为了生存和发展，必须重视外部环境限制的历史潮流。当前，数字经济时代的到来使得企业经营环境的每一个层面都在经历着快速的前所未有的变革，高科技的快速发展和应用，经济和竞争的全球化，环境保护意识和企业社会责任感的兴起，均为企业的发展带来了机会，也提出了挑战。企业要适应环境变化，在新的环境中谋求经营的成功，就必须与时俱进，不断树立新的营销观念，运用新的营销方法。

现代企业应树立以消费者为中心的观念，主动适应和刺激消费者需求，系统地组织企业整体经营管理活动，创造和传递既能满足消费者需求又符合社会长远利益的产品或服务，从而谋取更大的经济效益。这是现代市场营销观念的实践与升华，包含着以下四个要素。

1. 顾客导向

市场营销的效益来自企业产品或服务同顾客进行相互满足的交换，而顾客的需求能否满足是这种交换关系的基础。要想有效地满足顾客的需求，就必须持续地为顾客提供较高的价值。这样，企业就需要了解顾客现在和未来的整个价值链。

坚持顾客导向，要求企业不仅要研究顾客、迎合顾客和满足顾客，而且应使顾客成为企业活动的向导，吸引、汇集顾客的参与，让他们启发企业人员的创造意识，从而开发出真正满足顾客需要的产品，使企业的产品真正地"从顾客中来，到顾客中去"，更好地满足顾客需求。

2. 竞争焦点

竞争是市场经济社会的特质。科学技术的发展和全球市场的整合使竞争日益同质化。更好的品质、更多的品种、更低的价格和更完善的服务，是现代市场竞争的焦点。要创造优异的顾客价值，就不能把焦点仅仅放在顾客身上，还必须考虑：顾客认为哪些竞争者的产品同样能满足他们的需求？因此，企业必须了解主要竞争对手的长处和弱点，研判对手的能力和策略。

3. 社会协调

社会协调不仅包括企业内在能力与外在经营环境各个层面的协调，还包括企业各种资源的合理配置。只有进行了这两方面的有效协调，企业才能创造出价值。

顾客价值链上的任何一个环节，都是企业创造价值的机会。这表示企业任何职能部门中的管理者和职工，都能在顾客价值的创造上有所贡献，而且也只有每个员工（无论他与决策过程有多远）都真正意识到并真正投入到这种创造价值的活动中，企业才能持续发展并维持竞争优势。

因此，企业必须建立起以创造价值为焦点的平行式组织结构，通过协调，使方案的实施速度超过传统工作方式。跨职能的工作小组可以参加营销部门的市场调研，以确定产品开发的可能性；生产部门也可以参与产品的设计，以确保产品能以合理的成本制造出来。当所有职能部门都能以这种方式参与价值创造时，企业整体就能发挥更大的创造力，提高运转效率。社会协调的流程如图 1-1 所示。

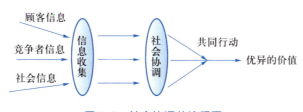

图 1-1 社会协调的流程图

4. 创新机制

企业要有效适应迅速变迁的经营环境，就必须在营销中融入创新机制。创新可以使企业成为一个具有选择能力与进化机制的活结构，从而在变化的环境中不断达到企业内部状况与外部环境的协调与平衡，进而实现企业整体的变革。同时，创新不仅可以使企业在已有市场基础上不断裂变出新市场，从而在空间上深化和扩展企业的经营范围，而且可以抑制因产品寿命周期变化而出现的收益递减，还能通过夺取市场领先权而保持较为持久的盈利水平。

现代市场营销观念促使企业调整营销策略，也催生了市场营销的创新。网络营销、绿色营销、文化营销、整合营销、新媒体营销、数字营销等理念被先后提出。限于教材篇幅，在下节"市场营销组合与创新"中将介绍部分内容，其余的营销理念由学习者自学与探究。

营销瞭望
绿色营销

1992 年联合国环境与发展大会通过《21 世纪议程》，标志着世界进入"保护环境、崇尚自然、促进可持续发展"的"绿色时代"。中国是负责任的大国，近 30 年来，政府、行业管理及企业积极推进"绿色、环保"工程，推广绿色生产、绿色包装、绿色标志、绿色营销等，人们在消费意识上也日益青睐既无污染又有益于身心健康的贴有"绿色标志"或"环保标志"的商品。"绿色营销"概念由此而生。

绿色营销是一种能辨识、符合预期及消费的社会需求，可带来利润并能可持续经营的管理过程。绿色营销观念认为，企业在营销活动中，要顺应时代可持续发展战略的要求，注重地球生态环境保护，促进经济与生态环境协调发展，以实现企业利益、消费者利益、社会利益及生态环境利益的协调统一。

绿色营销的核心是按照环保与生态原则来选择和确定营销组合的策略，是建立在绿色技术、绿色市场和绿色经济基础上的，对人类的生态关注给予回应的一种经营方式。企业以此理念为中心，对产品和服务进行构思、设计、生产与销售。而符合绿色营销要求的企业及其产品，必将获得社会各界的支持和消费者的青睐。由此，营销人员需要深入了解、积极践行绿色营销理念。

1.4　市场营销组合与创新

有效的市场营销活动的关键在于，以合适的产品，在合适的地方，制定合适的价格，选择合适的分销渠道，传递合适的信息，卖给合适的消费者。

随着互联网技术的发展与人工智能的普及，使得消费者行为更加"透明"，市场营销活动更加可测。基于大数据的用户画像使个性化产品生产成为可能；数据分析让产品价格的制定更科学，能帮助企业找到客户愿意支付的相对最优价格；数字化、移动化扩充了渠道的形态、数量和时长；大数据有效提升了促销活动的精准性，并能有效评估促销效果。因此，以数字营销为代表的市场营销创新势在必行，营销人员必须有充分的准备。

1.4.1　市场营销组合

市场营销组合（marketing mix）是市场营销理论体系中一个重要的概念，它是指企业为了满足目标市场的需要而加以组合的可控变量的集合。

1. 市场营销组合的内容

一般来说，市场营销组合主要包括：产品策略（product）、定价策略（price）、渠道策略（place）和促销策略（promotion）。由于这4个策略的英文单词的第一个字母都是P，所以简称"4P组合"（4P's）。

（1）产品策略。产品的范围很广，它指的是一切用于满足顾客需求的有形产品、无形服务或思想观念。与产品相关的决策因素包括：产品的开发与生产、产品的包装、产品的商标和产品的质量保证等。产品策略之所以重要是因为它直接关系到顾客需求和欲望的满足。

（2）定价策略。顾客对产品价格比较敏感，因为它是产品价值的反映形式，而顾客对产品价值的认定又与他们需求的满足程度相关联。消费者对于企业产品价值的感知是企业产品价格的上限，而产品的成本构成了企业产品价格的下限。在价格上限和下限之间，企业产品的价格能定多高会受消费者对竞争者产品价值感知的干扰。因此，企业对产品的定价有需求导向、竞争导向、成本导向三种，每种导向背后又有若干种具体定价方法。

（3）渠道策略。在市场营销理论中，渠道是指生产、分销和消费某一产品和服务的所有企业和个人。也就是说，市场营销渠道包括某种产品产供销过程中的所有有关企业和个人，如供应商、生产者、商人中间商、代理中间商、辅助商，以及最终消费者等。渠道策略选择的目标是以最低的成本，通过最合适的途径，将产品或服务及时送达消费者手中。

（4）促销策略。促销策略关心的是怎样将产品信息有效地传递给潜在顾客。促销策略涉及以下几个方面：向潜在顾客介绍本公司的新产品、新品牌、新样式等；激起潜在顾客购买本公司产品的欲望；使顾客不断保持对本公司产品的信赖和兴趣；在顾客心目中形成本公司的正面形象等。促销的手段主要有：人员推销、广告、营业推广和公共关系。

关于市场营销组合各个组成部分的具体内容将在本教材第5章至第8章中展开介绍。

2. 市场营销组合的特点

企业市场营销的成功在很大程度上取决于市场营销组合的优势，而不是单个策略的运用。市场营销组合的特点表现在以下几点。

（1）可控性。市场营销组合因素是可变的，对企业来说也是"可控因素"。企业可以根据目标市场的需要，决定产品结构，制定产品价格，选择分销渠道（地点）和促销方法等。虽然对各种市场营销手段的运用和搭配，企业有自主权，但并不是可以随心所欲的。因为市场营销组合仍然要受企业市场战略定位和外部宏观环境因素的制约。

（2）复合性。市场营销组合中的基本因素是4P's，但每个"P"中又各自包含若干小的因素，形成各个"P"的亚组合。因此，市场营销组合是至少包括两个层次的复合结构。企业在确定市场营销组合时，不但要求4个"P"之间是最佳搭配，而且要注意安排好每个"P"内部的搭配，使所有因素达到灵活运用和有效组合，从而实现整体最优。

（3）动态性。市场营销组合中的每个基本因素都是不断变化的，是一个变量；同时又是互相影响的，每个因素都是另一因素的潜在替代者。在4个"P"的大变量中，又各自包含着若干小的变量，每一个变量的变动都会引起整个市场营销组合的变化，形成一个新的组合。

1.4.2 市场营销创新

市场营销创新是一种创造性的市场开发活动，并与技术创新密切相关。现代企业为了顺应环境的发展变化，主动引入并实现各种新市场要素的商品化和市场化，借助科技进步不断创新产品、创新需求、创新顾客等，从而达到开辟新的市场和扩大市场份额的目的。

1. 全方位营销

市场营销创新的一个重要理论是全方位营销（holistic marketing）导向理论。该理论以对市场营销项目、过程和活动的开发、设计及实施范围和相关关系的了解为基础，其目的是认识并调和营销活动的边界与复杂性。全方位营销认为所有事物都与营销相关，因此需要有一种广泛的、整合的市场营销创新观念。图1-2提供了该理论的简图和全方位营销的四个组成部分：整合营销、关系营销、内部营销和绩效营销。

（1）整合营销（integrated marketing）。整合营销是指企业通过设计营销活动并整合营销项目来最大化地为顾客创造、传播和传递价值。整合营销有两个关键：一是采用大量不同的营销活动来宣传和传递价值；二是协调所有的营销活动以实现总体效果最大化。换句话说，设计和实施任何一项营销活动时都要考虑其他所有活动。

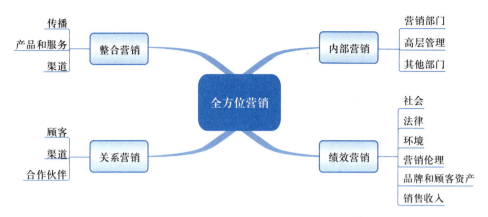

图 1-2　全方位营销

市场营销组合中的产品、价格、渠道和促销策略代表着企业用来影响购买者的营销工具。但从购买者的角度来看，每个营销策略都是为其提供利益的。所以，在 4P 理论的基础上诞生了 4C 理论，"4C"即顾客（customer）、成本（cost）、便利（convenience）和沟通（communication）。

4C 理论认为，顾客是企业一切经营活动的核心，企业重视顾客要高于重视产品，创造顾客比开发产品更重要，顾客需求和欲望的满足比产品功能更重要。4C 理论要求企业要努力降低顾客购物成本，包括购物的时间耗费、体力和精力耗费，以及风险承担（指顾客可能承担的因购买到质价不符或假冒伪劣产品而带来的损失）等，应重视与顾客的双向沟通，以积极的方式适应顾客的情感，建立基于共同利益之上的新型企业与顾客关系。4C 理论的出现，开启了整合营销新时代。而在"互联网+"背景下，整合营销又有新的内涵，即"线上+线下"的整合营销模式。如果说，过去 4P、4C 的营销整合是在线下进行的，那么今天的营销整合就是线上与线下的融合、统一。但 4P 仍是市场营销的基石。

（2）关系营销（relationship marketing）。关系营销是指企业与重要团体——顾客、供应商、分销商和其他营销伙伴建立长期、互惠的满意关系，以便获得并保持长期的业绩和业务。关系营销在各方之间建立起强大的经济、技术和社会纽带关系。这要求与适当的组成团体建立正确的关系。对企业而言，关键的组成团体包括顾客、员工、营销伙伴（包括供应商、分销商、经销商和代理商），以及金融界的成员（股东、投资者和分析人士）。

关系营销的最终结果是建立企业的独特资产——营销网络。营销网络（marketing network）由企业和与其建立了互惠商业关系的利益方（顾客、员工、供应商、分销商、经销商、广告代理、研究机构等）组成。渐渐地，竞争不是在企业之间，而是在不同营销网络之间进行，具有更好的营销网络的企业将赢得胜利。正因为如此，有学者又提出了关联式客户关系管理的概念。

（3）内部营销（internal marketing）。内部营销是指成功地雇用、培训和激励有能力的员工，使之更好地为顾客服务。内部营销要求企业的每个员工都秉承正确的营销理念和目标，并致力于选择、提供和传递顾客价值。因为企业内部营销活动与外部营销活动同样重要，甚至可能更重要。如果企业员工还没有准备好，那么提供优质服务的承诺是没有任何意义的。

内部营销必须在两个层次上进行：① 营销团队、广告、顾客服务、产品管理和营销调研等各种营销功能必须共同发挥作用，并从顾客角度进行协调。② 其他部门必须给予营销支持，它们也必须"想顾客之所想"。内部营销更像是一种企业导向，而不仅是一个企业部门的职能。

（4）绩效营销（performance marketing）。绩效营销可以帮助企业了解从营销活动和营销方案中获得的商业回报，并更广泛地关注营销对法律、伦理、社会和环境的影响和效应。企业高层管理人员除了检查销售收入外，还应考察营销计分卡以了解市场份额、顾客流失率、消费者满意度、产品质量和其他指标情况。

由于大数据技术使市场营销活动越来越可测，市场营销活动越来越进入高层管理。所以，企业营销人员不仅要从品牌建立和客户群增长的方面，还要利用大数据技术从财务和可盈利能力等方面说明营销努力所创造的直接价值和间接价值，向高层管理人员证明营销投资的正确性。同时，由于现代营销活动的影响超出了企业和顾客而发展到了整个社会，所以企业营销人员必须仔细考虑更广泛的角色及其活动的道德、环境和社会背景。绩效营销要求企业比竞争者更有效果、更有效率地满足目标市场的需求、需要和利益，但是这一切也应该以保持或强化消费者和社会福利的方式进行。这实际上就是上节讨论的"社会营销观念"问题的深化。

2. 数字营销

数字营销（digital marketing）是指借助于互联网、计算机通信技术和数字交互式媒体来实现营销目标的一种营销方式。其目标是以最有效、最经济的方式来谋求新市场的开拓和新消费者的挖掘，让企业的产品用最低的成本、最快的速度走向市场，满足客户需求。

数字营销充分发挥了现代通信技术和计算机技术的优势，把营销全过程都置于信息化环境中，让企业的神经遍布产品营销的每个角落，让企业营销的每个终端都布满产品营销的传感器，具有全渠道、全场景、全链路、个性化等特点，较好地解决了企业营销信息不对称、假货横行、促销存在局限和广告效率不高等问题。数字营销不仅是对经销产品进行信息化处理，更是企业管理的一个重要延伸，产品经销实际运作过程中所涉及的资源数据，各类经销商、分销商、终端的基础数据，销售及服务所产生的数据，终端及消费者所反馈的数据和产品真伪所给定的防伪数据等，都可以用于收集整理和集中分析处理，最终应用于企业生产的指导和管理。

数字营销不仅是一种技术手段的革命，而且包含了更深层的观念革命。它是目标营销、直接营销、分散营销、客户导向营销、互动营销、远程或全球营销、虚拟营销、无纸化交易、客户参与营销的综合。数字营销赋予了营销组合新的内涵，是数字经济时代企业的主要营销方式和发展趋势。

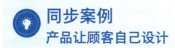

同步案例
产品让顾客自己设计

背景与情境：某汽车公司提出，顾客可以从企业提供的 350 种款式、500 种备选件、90 种内饰颜色、170 种尺寸中选择，自行设计自己心爱的汽车。同时，该汽车公司通过自己的 App 和小程序进行引流，引导用户进行线上设计和沟通。目前，该公司 80% 的顾客正在精心设计自己的汽车。

问题：试分析公司让顾客自己设计汽车的举措。

分析提示：公司让顾客自己设计汽车的做法是一种营销创新。它一方面让顾客自行设计产品，有效地提升了顾客的满意度；另一方面反映了企业重视营销伙伴关系（包括顾客关系）的建立，而双方互惠互利便于形成长期的、较为稳定的合作关系。

1.5　市场营销道德与社会责任

企业的市场营销活动必须讲求道德、承担责任。这是现代社会对企业的要求，也是企业应有的认知与觉悟。

1.5.1　市场营销道德

随着社会主义市场经济体制的建立，各行各业都加入市场竞争的行列。各个企业及其营销人员为了自身的生存和发展，展开了空前激烈的竞争。竞争的结果之一是企业为社会及广大顾客提供了日益丰富的产品，极大地提高了人们的生活水平，但同时也产生了许多负面的影响。个别企业为了私利而进行不正当竞争，导致一系列负面营销现象的出现，这其中存在着极其严重的道德问题。

知识链接：
伦理

1. 常见的不道德的市场营销行为

一般来讲，由于市场营销活动是竞争强度比较大的活动，所以道德问题广泛存在。以下是在市场营销活动中常见的不道德的行为：

（1）市场调研方面：不尊重被调查者；泄露被调查者个人隐私资料；通过欺骗、贿赂、监视等不正当手段窃取竞争对手的商业秘密；误导公众，包括出具不完整的和误导性的报告，进行不客观的调研等。

（2）产品生产方面：过度包装；出售假冒伪劣产品、不安全的产品、对环境有害的产品和已被强制淘汰的产品等。

（3）渠道分销方面：设置文字陷阱误导分销商；操纵渠道或硬性搭售；以次充好等。

（4）价格确定方面：串谋定价；为牟取暴利而哄抬价格；进行价格欺诈或误导性定价等。

（5）促销传播方面：发布欺骗性或误导性广告、不健康广告；利用信息不对称性操纵或强迫顾客购买产品；滥用有奖销售或虚设有奖销售欺骗顾客；行贿等。

值得一提的是，市场营销道德行为问题，有的很容易判断，如销售毒奶粉、虚假广告等，人们很容易断定其不道德性。但有些则并非一目了然，如产品应该讲求安全，但许多产品无法做到100%的安全，而且增加安全性往往会提高成本和价格，使消费者无法承受，那么怎样做才算充分履行道德责任？如果消费者出于经济承受能力的考虑而愿意适当降低安全性要求，是否可行呢？广告应该是真实的，但是否要把所有关于产品或服务的信息都如实地反映出来呢？诸如此类问题，还需要在营销实践中探索与规范。

2. 现代企业的营销道德观

现代企业开展市场营销活动必须讲求道德，承担责任。所谓道德，是指对事物负责，不伤害他人的一种准则。根据伦理学原理，"道"是指处世做人的根本原则和应当遵循的行为准则；"德"是指人们内心的情感和信念，即坚持行为准则所形成的品质或境界。

市场营销道德就是指企业营销活动中所要遵循的道德规范的总和。讲求道德，相对于法律手段来讲具有以下优点。

（1）道德存在于人们的内心当中，具有及时性和超前的警示性、防范性的特点。它可以及时调控人的不良行为。相对于道德而言，法律具有一定的滞后性。市场上许多不良营销人员往往正是利用这种滞后性来获取暴利的。

（2）道德调控的过程是在人的内心完成的，一般不需要支付物质成本，因而是最节约的社会调控手段和方法。而法律的力度虽然很大，但它必须依赖司法和执法工具才能得到贯彻执行，需要大量的人力、物力和财力。而且法律的诉讼程序较为繁杂，要花费大量的时间。

（3）道德调控是自觉的行为。它是一种内在的强制力，是通过人们的道德观念、道德感性和道德信念来形成一种内心的压力和习俗的约束，迫使人们有意识、有目的地做出道德选择。而法律法规是强制性的，是用一种外在的强制力来迫使人们接受某种观念和意识。

在市场营销活动中，注重遵循道德规范是极其必要和重要的。企业和营销人员必须清醒地认识到，采取坑蒙拐骗的不正当竞争手段也许能在短时间内给企业带来不正当的利益，但从长远来看，必定会给企业造成损失。因此，有远见卓识的企业和营销人员都应该诚恳地对待顾客，获得顾客的信任，并重视与顾客建立长期的互利关系。

营销瞭望
市场营销课程中的素养提升

市场营销课程中的素养提升，不仅包括公民基本道德规范"爱国、敬业、诚信、友善"的要求，还包括营销人员"创新思维、服务意识、责任意识、合作精神、诚信意识"的职业素养要求。创新思维体现于新产品开发、品牌打造、营销工具创新、广告创意、新商业模式构建等方面；服务意识体现于以顾客为中心、满足需求等；责任意识体现于对社会、工作、他人、自己以及合作伙伴负责，绿色、环保等；合作精神体现于合作共赢、互惠互利、企业内部部门之间的协同发展等；诚信意识体现于货真价实、童叟无欺、契约精神等在营销策略中的运用。

3. 企业营销道德的基本原则

企业营销道德的基本原则是指与市场营销活动相适应的特殊道德要求。从着眼于和有利于促进他人利益和社会利益的行为来实现企业利益这一要求出发，企业营销道德的基本原则应当包括如下几个方面。

（1）守信。俗话说"一言既出，驷马难追"，守信历来是人类道德的重要组成部分。在现代营销中，守信处于举足轻重的地位。守信要求营销人员在市场营销活动中要讲信誉。在当今竞争日益激烈的市场条件下，信誉已成为竞争的一种重要手段。信誉是在长时间的商品交换过程中形成的一种信赖关系。它综合反映出企业和营销人员的素质和道德水平。只有守信，才能为企业和营销人员带来良好的信誉。谁赢得了信誉，谁就会在竞争中立于不败之地；谁损害了信誉，谁就终将会被市场所淘汰。守信就必须要信守承诺，包括书面承诺和口头承诺。承诺还有明确的承诺和隐含的承诺之分。明确的承诺是合同、协议等明确规定的应履行的义务；隐含的承诺并没有明确规定，如"合格产品"本身就隐去了承诺对该商品所应具有的质量负责的含义。一旦营销人员由于某种原因未能履行承诺，则有义务作出解释，请求顾客的谅解，必要时应主动赔偿损失，接受惩罚。

（2）负责。负责即要求企业及其营销人员在营销过程中对自己的一切经济行为及其后果承担政治、法律、经济和道义上的责任。任何逃避责任的行为都是不道德的，并且是非常愚蠢的。在市场经济条件下，营销人员一般独立地作出营销决策，因此他要对自己的营销活动及其可能带来的一切短期和长期的后果承担责任。营销人员在营销过程中的一言一行都代表着企业，不仅要对企业和社会负责，而且要对顾客负责。因此，营销人员在营销过程中应向顾客讲实话，如实地为顾客介绍所营销产品的优点和不足，向顾客提供能真实有效地满足其需要的商品，千方百计地为顾客排忧解难，赢得顾客的信赖，提高企业的声誉和社会效益。坚持负责原则，要求营销人员具有高度的自觉性和承担责任的勇气，必要时甚至要牺牲自己的部分利益。

（3）公平。公平是社会生活中一种普遍的道德要求。它是以每个社会成员在法律上和人格上平等为依据的。在营销过程中，坚持公平原则主要有两方面的含义：① 对待顾客必须公平。不论男女老幼、贫富尊卑，顾客都有充分的权利享受他们应得到的服务。各种以次充好、缺斤短两、弄虚作假的行为都是违反公平原则的，也是不道德的。② 对待竞争对手应坚持公平。营销不可避免地存在竞争。竞争是提高服务质量、改善服务态度的动力，因而市场经济鼓励营销人员之间展开竞争。但竞争也不可避免地带来一些负面效应，许多营销人员为了在竞争中战胜对手，不择手段，诋毁甚至无中生有地诽谤竞争对手的产品甚至人格，千方百计地欲置对方于死地。这种营销行为不仅不道德，而且有可能构成违法行为。营销人员应充分发挥自己的聪明才智，开展公平合理、光明正大的竞争，这才符合市场经济鼓励竞争的初衷。

守信、负责、公平是现代营销最主要、最基本的道德要求。企业及其营销人员在营销过程中应随时考虑到自己所肩负的社会责任，考虑到自己的行为是否有利于社会公众的利益。从长远来看，遵守营销道德，坚持守信、负责和公平的道德原则，对营销人员个人、企业、顾客乃至社会都有百利而无一害。

职业道德与营销伦理
不惜血本大甩卖

背景与情境： 元旦期间，某商场门口招牌显示：节日期间本店皮衣"不惜血本大甩卖，全部以五折优惠大酬宾！"但知情者说，其实所有皮衣的标价已经比原标价提高了 60%。

问题：试评价这种先提高标价后打折优惠的做法。

分析提示：采取先提高标价再打折优惠的促销方式是有违职业道德的。它反映了个别企业利用价格信息的不对称和消费者的求廉心理，采用虚假广告促销，欺骗顾客。这种"哗众取宠"的做法或许可以欺骗一时，但一旦被消费者识破，受损失的是企业。

1.5.2　市场营销社会责任

营销道德的基本原则是讲责任，包括社会责任。所谓社会责任，是指某组织有责任扩大其对社会的积极影响，同时减少对社会的消极作用。

1. 企业社会责任的内容

企业在市场营销活动中应当承担的社会责任，可概括为三大类，即**保护消费者权益、保护社会的利益和发展、保护自然环境**。

（1）保护消费者权益。保护消费者权益是企业的主要社会责任。具体说，要求企业为广大消费者提供花色品种多样的、优质的产品和服务，以满足其各种不同的需求。在保护消费者权益中，社会关心的焦点是要求企业承担以下的社会责任：① 使消费者具有获得安全产品与服务的权利；② 使消费者具有获得有关产品充分信息的权利；③ 使消费者具有自由选择产品的权利；④ 使消费者具有申诉的权利。

（2）保护社会的利益和发展。保护社会利益和发展是企业义不容辞的社会责任。企业从事市场营销活动，一方面为社会创造日益丰富的物质财富，以保证社会正常运行所需的物质条件；为保护社会利益及社会发展提供使用价值形态的财富。另一方面，企业为国家及各级政府提供一定的税收，即从价值形态上为国家做贡献。此外，企业还应当对社会公益事业进行支持，特别是在教育和乡村振兴等方面。

（3）保护自然环境。保护自然环境免遭污染，实现自然生态平衡是企业直面的社会责任。随着市场经济的发展，企业在为社会创造巨大财富、给广大消费者提供物质福利的同时，却可能污染环境或破坏自然生态平衡，甚至严重威胁人类生存环境的良性循环。因此保护自然环境，治理环境污染，解决恶劣的环境状况，实施社会可持续发展战略势在必行。通过生态营销从微观层面实施可持续发展战略是企业的社会责任，通过绿色营销来保证消费者的绿色消费也成为企业的社会责任。

2. 提高企业的社会责任感

提高企业的营销道德水准，关键在于提高企业的社会责任感。企业社会责任的履行受制于方方面面，既有外部环境也有内部因素。就企业内部而言，组

知识链接：
企业社会
责任

织文化、个人道德和报酬制度是重要因素。因此，提高企业营销道德水准和社会责任感有赖于以下几点。

（1）优化市场营销环境。一是迅速发展社会生产力，为企业文明营销奠定物质基础；二是不断完善立法并强化执法力度，打击非法营销行为，保护、鼓励合法营销行为。

（2）塑造优秀企业文化。致力于培育企业与员工"讲求道德、承担责任"的共同价值观。

（3）制定营销道德规范。企业自觉地建立营销道德标准，将道德标准实施融入制度建设。

（4）奉行社会营销观念。企业要自觉地将企业利益、消费者利益和社会利益统一起来。

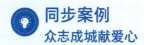

同步案例
众志成城献爱心

背景与情境： 2008 年 5 月 12 日，在四川汶川发生了一场罕见的 8 级大地震，给灾区人民带来了巨大的创伤和痛苦。灾害突如其来，震撼着每个人的心灵，同时也引起了一些彩电企业的强烈关注。消息传来后，全国各彩电企业纷纷伸出援助之手，踊跃捐款捐物，以送温暖、献爱心的行动支持抗震救灾。广东康佳集团在得知灾情之后，立即决定向灾区人民首批捐赠 200 万元人民币，用于抗震救灾一线的紧急救援，并向全球近 10 万员工发出呼吁，号召大家发扬中华民族美德，伸出援手，捐款捐物，帮助受灾民众共渡难关；TCL 集团在获悉灾情后，紧急决定通过广东省慈善总会向灾区人民捐款 100 万元人民币，用于抗震救灾一线的紧急救援；创维集团在 13 日紧急向灾区捐助价值 50 万元的自带电新型手电筒后，于 5 月 15 日再次宣布向灾区捐款 150 万元，总计捐助已达 200 万元。除此之外，海信、长虹、海尔等国内知名企业也纷纷慷慨解囊，用实际行动支持灾区人民的抗震救灾工作，为灾区人民重建家园尽一份力。

问题： 试分析彩电企业的捐献义举。

分析提示： "一方有难、八方支援"是中华民族的传统美德，而保护社会的利益和发展，也是企业在市场营销活动中应当承担的社会责任之一。在汶川大地震救灾行动中，彩电企业纷纷及时伸出援助之手，帮助受灾群众共渡难关，体现了我国彩电企业高度的社会责任感。尽管这种义举或许与产品销售没有直接关系，但在社会和灾民最需要的时候，企业能够负起责任，必然赢得社会广泛的赞誉，这对于企业品牌的建立有着深远的意义。

学习训练

▲ 单选题

1. 以下内容中，不属于市场的三个主要因素的是（　　　）。

   A. 人口　　　　　　　　　　　　B. 购买力

   C. 货币　　　　　　　　　　　　D. 购买欲望

2. 推销和销售只不过是（　　）的一部分功能。

   A. 推销活动　　　　　　　　　　B. 销售活动

   C. 市场营销　　　　　　　　　　D. 产品和服务

3. 市场营销的终点（　　）将产品送达消费者或使用者手中。

   A. 就是　　　　　　　　　　　　B. 可以认为是

   C. 限于　　　　　　　　　　　　D. 不限于

4. 市场营销管理的实质是（　　）管理。

   A. 产品　　　　　　　　　　　　B. 销售

   C. 生产　　　　　　　　　　　　D. 需求

5. 市场上大部分人不喜欢某产品，甚至宁愿付出一定代价来躲避该产品。这种需求称为（　　　）。

   A. 负需求　　　　　　　　　　　B. 无需求

   C. 潜在需求　　　　　　　　　　D. 下降需求

▲ 多选题

1. 市场营销组合是市场营销理论体系中一个重要的概念。它是指企业为了满足目标市场的需要而加以组合的可控变量的集合，主要包括（　　　　　　）。

   A. 产品策略　　　　　　　　　　B. 定价策略

   C. 渠道策略　　　　　　　　　　D. 促销策略

2. 在现代市场经济条件下，企业创造需求的途径主要有（　　　　　）。

   A. 把握潜在需求　　　　　　　　B. 打造精品门店

   C. 设计生活方式　　　　　　　　D. 营造市场空间

3. 市场营销观念就是指导企业营销活动的基本思想、基本态度。其中（　　　　）等被统称为现代营销观念。

   A. 产品观念　　　　　　　　　　B. 营销观念

   C. 销售观念　　　　　　　　　　D. 社会营销观念

4. 市场营销组合的特点主要包括（　　　　）。

   A. 可控性　　　　　　　　　　　B. 复合性

   C. 动态性　　　　　　　　　　　D. 不可控性

5. "4C 理论"除顾客外，还包括（　　　　　）。

A．成本   B．便利

C．沟通   D．多样

▲ 判断题

1. 确认市场就是确定潜在顾客及其明显特性的过程。（   ）

2. 企业的产品质优价廉，就不愁没有销路。（   ）

3. 消费者权益是指消费者在购买、使用产品或服务时，享有人身、财产安全不受损害的权利。（   ）

4. 顾客既是营销活动的出发点，也是营销活动的归宿。（   ）

5. 市场营销者既可以是卖主，也可以是买主。（   ）

▲ 案例分析

优酸乳品牌"焕新"

背景与情境： 在当下年轻人崛起和消费升级的大背景下，国民老品牌如何突出重围，实现品牌"焕新"，一直是近几年市场营销行业的热门话题。

作为具有 25 年品牌历史的优酸乳，陪伴过大量消费者成长，成为无数人的"童年记忆"，一方面具有强大的品牌资产、广泛的品牌知名度，另一方面也同样面临着品牌如何"焕新"、如何与新消费人群沟通的挑战。

从外部竞争环境来看，近年来各类新兴乳饮料产品层出不穷，让传统品牌受到市场压力。在"新消费"市场环境下，优酸乳不应该仅仅成为消费者心中的"童年记忆"，而应该借助 25 周年活动的举办契机，刷新品牌在大众心中的认知，用一种全新的方式与当下的消费者进行品牌沟通。

品牌"焕新"必须根植于品牌自身的特性，而不是一味地追逐新兴概念。优酸乳是一款极具性价比的产品，大众产品的用户认知根深蒂固，同时伊利拥有强大的渠道网络，这都将为优酸乳带来新一轮的销售增长突破。除了在品牌"焕新"、品牌认知等"品牌侧"传播发声外，它还能够在渠道网点中具有更强的"带货属性"，通过唤醒消费者记忆实现产品的销售促进。

2022 年中秋节、教师节双节期间是优酸乳 25 周年新一轮传播推广的一个重要节点，在节庆场景下，重磅推出视频短片《记忆中不变的滋味》，优酸乳的市场营销传播需要更广泛地激发起用户的情感共鸣。

从最终传播结果来看，优酸乳中秋视频短片《记忆中不变的滋味》仅靠自然传播便获得了超过 738 万次的播放量，引发了大量网友的自发互动评论，获选央视财经的热门内容进行转发。此外，微博话题"＃记忆中不变的滋味＃"在 3 天内获得了 3.5 万次讨论量和 1.6 亿次话题阅读量。

随着优酸乳的品牌"焕新"，未来它将继续扮演消费者朋友的角色，在给人们提供慰藉、关照和陪伴的同时，也将见证更美好的生活。

（资料来源：时趣.回味记忆中不变的滋味.市场部网，2022.9.）

问题：

1. 优酸乳具有怎样的品牌特性？在 25 周年活动中它是如何进行市场营销的？

2. 在"新消费"市场环境下，应该如何进行品牌焕新？

第 2 章

分析市场营销环境

中国商谚

今日看客，明日买主。

学习目标

※ 知识目标

- 掌握市场调查的概念与步骤
- 了解市场营销预测的主要方法
- 了解影响市场营销活动的主要因素
- 理解市场营销环境对企业决策影响的重要性

※ 技能目标

- 能够有效开展市场调查活动
- 能够规范撰写市场营销调查报告
- 能够依据市场营销基本原理进行市场营销环境分析

※ 素养目标

- 树立服务国家与增进社会福祉的职业精神
- 培养研读与遵守政策法规的良好职业习惯
- 自觉践行实事求是的职业操守

【思维导图】

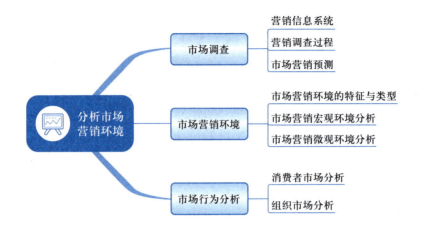

分析市场营销环境
- 市场调查
  - 营销信息系统
  - 营销调查过程
  - 市场营销预测
- 市场营销环境
  - 市场营销环境的特征与类型
  - 市场营销宏观环境分析
  - 市场营销微观环境分析
- 市场行为分析
  - 消费者市场分析
  - 组织市场分析

引例
合资品牌汽车退出中国市场

2018 年铃木宣布正式退出中国市场；2020 年雷诺宣布退出中国市场；2022 年讴歌告别中国市场……

近几年，先后有多家合资品牌汽车风光不再，为什么？市场营销环境不同了。四十多年前，中国刚实行改革开放，巨大的消费市场与汽车生产技术的空白，吸引了国外汽车企业纷纷进入中国并成立合资品牌。它们分享了中国改革开放的成果。四十年后的今天，随着国内汽车企业的技术发展和自主创新，形成了较强的市场竞争力，如长安、比亚迪、长城、小鹏等国产汽车品牌物美价廉，甚至物超所值，其产品纷纷渗透到各个细分汽车市场，不断蚕食着合资品牌汽车的市场份额。再加上一些合资品牌汽车没有摸准国内消费者变化后的需求，且技术陈旧，因而逐渐被边缘化，只好无奈地退出中国市场。

合资品牌汽车退出中国市场，很大一部分原因是它们不能适应市场营销环境的变化。引例说明，市场分析是企业制定正确营销战略的基础，是实施营销战略计划的保证。在进行任何营销活动之前，必须进行有效的市场分析，才能确保企业营销活动的正确性和可行性。这是本章需要探究与学习的内容。

2.1　市场调查

市场调查（market research）是企业进行市场经营活动的前提和基础，是企业为开展营销活动而获取市场信息的工具，也是企业的一项重要职能。市场调查，是指运用科学的方法，有目的地、系统地搜集、记录、整理有关市场营销信息和资料，分析市场情况，了解市场的现状及其发展趋势，为市场预测和营销决策提供客观、正确的资料的过程。

2.1.1　营销信息系统

营销信息系统（marketing information system）是由人员、设备和程序组成的一个相互作用的有机整体，为市场营销人员收集、挑选、分析、评估和分配所需的及时而准确的信息提供帮助，为改进市场营销计划、执行和控制工作提供决策依据。营销信息系统由以下几个部分构成。

1. 企业内部报告系统

企业内部报告系统向市场营销人员提供订单、销售额、价格、成本、库存状况、应收账款、应付账款等各类反映企业经营现状的数据资料。营销人员可以通过分析企业内部报告系统的信息，发现新问题和新机会，及时采取切实有效的措施。

2. 营销情报系统

营销情报系统为市场营销人员提供关于外部营销环境发展变化的日常信息。收集营销情报的来源主要有：各类网站；书籍、报刊等各种公开出版物；顾客、供应商、分销商等外部合作者；专门的营销咨询机构等。

3. 营销调查系统

营销调查系统是通过对营销环境和市场需求进行观察、实验和调查，将调查结果进行收集、整理和评价后，供市场营销人员用于解决某一特定问题的信息系统。

4. 营销分析系统

营销分析系统指借助各种数理模型和信息处理技术，对收集来的数据资料进行分析归纳，帮助市场营销人员分析复杂营销问题的信息系统。营销分析系统通常由统计库和模型库组成。其中，统计库的具体分析技术包括回归分析、相关分析、因子分析、差异分析和群体分析等；模型库的具体模型包括最佳产品特性模型、价格模型、区域选择模型、媒体组合模型和广告预算模型等。

2.1.2 营销调查过程

企业在制订营销计划和策略之前，必须先充分了解和掌握相关的信息资料，以确保营销计划切实可行和营销策略行之有效。这就要求企业必须开展市场调查活动。有效的市场调查包括以下五个步骤，如图 2-1 所示。

图 2-1　营销调研过程

1. 确定调查目的

在进行市场调查时，首先要确定调查目的。调查目的可以是进一步了解市场需求，也可以是寻求增加销售额的方法，还可以是为解决某一问题探寻影响因素。所要调查的问题既不能过于宽泛，也不宜过于狭窄，要充分考虑调查成果的实效性。

2. 制订调查计划

在确定调查目的后，营销人员必须制订一套完整、有效的调查计划，具体而言要确定以下内容。

（1）资料来源。在营销调查过程中，所要收集的资料分为二手资料和一手资料。

① 二手资料，又称为间接资料，是已经存在的或经加工整理好的资料，其特点是获取成本低，时间短，但是适用性较差。二手资料包括：企业内部资料，如会计账目、销售记录和其他各类报告；政府机关、金融机构公布的统计资料；网站和公开出版的期刊、报纸、文献、杂志、书籍、研究报告等；市场研究机构、咨询机构、广告公司所公布的资料；行业协会公布的行业资料；竞争企业的产品目录、样本、产品说明书，以及公开的宣传资料；政府公开发布的有关政策、法规、条例规定，以及规划、计划等；供应商、分销商，以及企业情报网提供的信息情报；展览会、展销会公开发送的资料等。

② 一手资料，又称为原始资料，是指营销调查人员通过现场实地调查所搜集的资料。其特点是针对性强，适用性好，但成本较高。一手资料是对二手资料的补充和修正，需要通过实地调研获得。

（2）调查方法。确定调查方法应从实际条件出发，主要的调查方法有以下几种。

① 观察法是指由营销调查人员直接或通过仪器在现场观察调查对象的行为动态并加以记录而获取信息的一种方法。观察法通过观察直接获得资料，不需要任何中间环节，资料比较真实。但是观察法只能观察表面现象，难以洞察事物的本质，而且不适合大面积的调查。

②访问法是收集一手资料中常用的方法，是营销调查人员以口头、书面或电话等方式，向被调查者了解情况、获取资料的调查方法。访问法主要包括面谈访问法、邮寄访问法、置留问卷访问法、电话访问法等具体的调查方法。访问法的优点是双方容易沟通、反馈性强，获取的资料比较深入、准确和可靠。但是访问法相对比较耗费人力、物力、财力，而且对营销调查人员的专业素质要求较高。

③实验法是指在既定条件下，通过实验对比，对市场现象中某些变量之间的因果关系及其发展变化过程加以观察分析的一种调查方法。实验法包括实验室实验调查法、销售区域实验调查法、模拟实验法、前后连续对比实验法、控制组与实验组对比实验法，以及控制组与实验组前后对比实验法。通过实验法取得的数据比较客观，具有一定的可信度，可以有控制地分析、观察某些市场现象之间是否存在着因果关系，以及相互影响程度。但是，实验法一般只适用于对当前市场现象的影响分析，无法对历史情况和未来变化进行研究。

④网络调查法是指利用互联网技术进行交互式信息沟通来收集有关资料的一种方法。这种资料收集方法包括两种形式，一是在网上直接用问卷进行调查，二是通过网络来收集统计调查中的一些二手资料。这种方法的优点是便利、快捷、调查效率高、成本低，但可信度相对较低，需要认真求证。

（3）研究工具。选择研究工具主要取决于信息类型和调查方法。调查问卷是一种运用较为广泛的研究工具。作为连接调查者和被调查者的中介物，问卷的设计是否科学合理，会影响到资料的真实性和有效性，还会直接影响问卷的回收率。

问卷设计的程序一般包括明确设计主题、设计问卷初稿、进行试验性回答、设计正式问卷等步骤。一份完整的调查问卷通常包含以下内容：问卷的标题、问卷说明、被调查者的基本情况、调查主题、编码、作业证明的记载。另外，设计问卷时应从被调查者的角度出发，顺应被调查者的思维习惯，合理编排问卷，如问句的排列顺序、问句排列逻辑的一致性、问卷的完整性、问卷版面格式的合理性等。

（4）抽样计划。抽样调查是市场调查的基本形式，主要有随机抽样和非随机抽样两种类型。

随机抽样是指在抽样调查时每个总体单位都具有同等被选为样本的可能性。随机抽样具体的抽样方法主要有单纯随机抽样、分层随机抽样和分群随机抽样。

非随机抽样是指从总体单位中有意识地选择特定的、具有一定特征的总体单位进行调查。非随机抽样的具体抽样方法主要有任意抽样、判断抽样、配额抽样和滚雪球抽样。

3. 收集信息

根据调查计划中确定的资料来源、调查方法、调查工具和抽样计划，市场调查人员开展实地调研，收集信息资料工作。在收集信息过程中，市场调查人员应该充分考虑到信息的可靠性、准确性、完整性和时效性。

4. 分析信息

分析信息是对收集到的、分散的信息进行整理、统计和分析的过程。对信息的整理一般包括筛选、甄别、分类、编码、汇总计算和制表，以保证其完整性、系统性。对信息的分析可以充分应用计算机和其他智能终端，运用 Excel、Python、SAS、SPSS 等统计分析软件。

5. 撰写调查报告

在对收集的信息进行有效整理分析后，市场调查人员要根据调研结果撰写调查报告。这是市场调查的最后一项工作。调查报告是市场调查成果的一种表现形式，主要通过文字、分析数据、图表等形式来表现。调查报告最终将提交企业决策者，作为企业制订市场营销策略的依据，因此在撰写调查报告时应该客观、公正、全面地反映事实，以求最大限度地减少营销决策的误差。一份完整的市场调查报告主要由标题、引言、正文（调查方法说明、目标市场背景介绍、具体商品的市场情况、结论和建议）、结尾、附件等部分组成。

🔊 职业道德与营销伦理
诚信经营方能行稳致远

背景与情境： 任何时候，依法诚信经营都是企业的安身立命之本。"诚招天下客，誉从信中来"，以诚信擦亮品牌，企业才能立得住、行得稳。2020 年 4 月 2 日，瑞幸咖啡发布声明称，董事会成立特别委员会调查发现，公司虚报上一年第二至第四季度销售额约 22 亿元人民币。消息一出，瑞幸咖啡当日股价暴跌约八成，市值大幅蒸发。瑞幸咖啡成立仅 10 多个月就上市，上市不到一年就曝出财务造假事件，由风光无限到跌入谷底。这一历程让人感慨颇多，也给人以深刻启示。

问题： 结合案例分析，为什么要诚信经营？

分析提示： 近年来，有的初创企业被包装成"蓝海"中的"珍珠"，在获取资金热捧后，短时间内靠"烧钱"铺店面、靠低价推产品，快速抢占市场份额，并没有扎扎实实做好主业，而是盲目追求快速扩张。无论其产品还是盈利模式都尚未成熟，更多依靠低价营销吸引眼球，光鲜经营的背后埋下了风险隐患。而当企业经营状况不甚理想时，又采取财务造假的方式谎报业绩，更加"雪上加霜"，必然会被投资者"用脚投票"抛弃。本案例告诉我们，依法诚信经营是企业的安身立命之本，只有坚守诚信经营，企业才能立得住、行得稳。

2.1.3　市场营销预测

市场营销预测（marketing forecasting），是在充分掌握市场调查所获得信息的基础上，运用科学的方法，对市场需求的各种因素进行分析研判，从而对未来潜在市场的需求量进行推断和估计。

对于市场营销管理人员而言，需要掌握和运用的市场营销预测方法分为两大类，分别是定性预测和定量预测。

1. 定性预测

定性预测是一种不依托数学模型的预测方法，在社会经济生活中运用较为广泛。预测者依靠熟悉业务知识、具有丰富经验和综合分析能力的人员与专家，根据已掌握的历史资料和直观材料，凭借业务知识、经验和综合分析能力，对事物发展的趋势、方向和重大转折点做出估计和推断，作为预测未来的主要依据。定性预测的主要方法如表 2-1 所示。

表 2-1　定性预测的主要方法

定性预测方法	描述	适用范围
购买意向调查预测法	直接向部分或全部潜在购买者了解未来某一时期（即预测期）购买商品的意向，并在此基础上对商品需求或销售作出预测的方法	适用于中高档耐用消费品的销售预测
销售人员意见综合预测法	企业组织一批人员，要求他们利用平时掌握的信息结合提供的情况，对预测期的市场商品销售前景提出自己的预测结果和意见，最后提交给预测组织者进行综合分析，以得出最终的预测结论	适用于商品需求动向，市场景气状况，商品销售前景，商品采购品种、花色、型号、质量和数量等方面的预测问题
业务主管人员意见综合预测法	邀请本企业内部的经理人员和采购、销售、仓储、财务、统计、策划、市场研究等部门的负责人作为预测参与者，要求他们根据提供的资料，并结合自己掌握的市场动态提出预测意见和结果，或者用会议的形式组织他们进行讨论，再综合得出最终的预测结论	适用于市场需求、企业销售规模、目标市场选择、经营策略调整、企业投资方向等重要问题的预测性研究
专家预测法	由组织者召开专家会议，在广泛听取专家预测意见的基础上，综合专家们的预测意见并作出最终的预测结论	适用于新产品开发、技术改造和投资可行性研究

2. 定量预测

定量预测是依据历史数据或因素变量，利用统计方法和数学模型进行科学的加工整理，近似地表示预测对象的数量变动关系，并据此对预测对象做出定量测算的预测方法。定量预测的主要方法如表 2-2 所示。

表 2-2　定量预测的主要方法

定量预测方法	描述	常见模型
时间序列分析预测法	通过编制和分析时间序列，根据时间序列所反映出来的发展过程、方向和趋势，揭示某种经济变量或市场需求的变化规律，对下一段时间或以后若干年内可能达到的水平进行预测	直线趋势模型：$$y = a + bt$$ $$b = \frac{n\sum ty - \sum t\sum y}{n\sum t^2 - (\sum t)^2}$$ $$a = \bar{y} - b\bar{t}$$
回归分析预测法	分析市场需求与有关影响因素之间的关系，建立回归方程（预测模型），根据各种影响因素在预测期的数量变化来预测市场需求水平	一元线性回归模型：$$y = a + bx$$

2.2　市场营销环境

市场营销环境是指影响和制约企业市场营销活动的各种因素。由于市场营销环境是企业不可控的客观存在，所以企业的一切营销活动必须顺应市场营销环境的变化与要求，并积极寻找市场营销环境中的机会。

2.2.1　市场营销环境的特征与类型

市场营销环境的内容既广泛又复杂，因而必须研究其主要特征与构成。

1. 市场营销环境特征

不同的环境因素对企业营销活动的影响和制约不尽相同，同样的环境因素对不同的企业所产生的影响也会大小不一。一般而言，市场营销环境具有以下特征。

（1）不可控性。市场营销环境不以营销者的意志为转移，具有强制性与不可控性的特点。而企业只能在特定的市场营销环境中生存、发展，无法摆脱环境的制约，也无法控制市场营销环境。

（2）差异性。不同的国家或地区，在人口、经济、政治、文化等方面存在很大的差异性，企业营销活动必须面对这种环境的差异性，制订不同的营销策略。

（3）相关性。市场营销环境是一个系统，各个因素之间相互影响、相互制约。某一环境因素的变化可能会引起其他因素的变化，企业在营销活动中受多种环境因素的共同制约。

（4）多变性。**市场营销环境是一个动态的环境**，不是一成不变的。因此，企业的营销活动必须适应环境的变化，不断地调整和修正自己的营销策略。

2. 市场营销环境构成

一般来说，市场营销环境主要包括宏观环境和微观环境。宏观环境是影响企业微观环境的重要社会力量，包括人口环境、经济环境、自然环境、技术环境、社会文化环境及政治法律环境等方面的因素。微观环境与企业紧密相关、直接影响营销活动的各种参与者，包括企业内部、渠道企业、顾客、竞争者和社会公众等因素。

2.2.2 市场营销宏观环境分析

市场营销宏观环境指对企业营销活动造成市场机会和环境威胁的主要社会力量。

1. 人口环境分析

从市场的内涵分析，**人口是构成市场的主要因素之一**。人口的多少直接决定着市场的潜在容量，而人口的年龄结构、地理分布、婚姻状况、出生率、死亡率、密度、流动性及其文化教育等特性会对市场格局产生深刻影响，并直接影响企业的市场营销活动。人口环境分析涉及以下几点。

（1）人口总量分析。企业营销人员首先要关注所在国家或地区的人口数量及其变化。因为它对人们生活必需品的需求内容和数量影响很大。

（2）人口结构分析。人口结构分析有许多方面，包括年龄结构、性别结构、教育结构、家庭结构和民族结构等。

（3）人口分布分析。人口在地理分布上的区别，使得不同地区人口密集程度不同，从而引起市场大小不同、消费需求特性不同。此外，人口的流动性也是人口环境中的重要因素。

2. 经济环境分析

市场不仅需要人口，还需要购买力。而社会购买力会受到消费者收入、支出、储蓄与信贷等经济因素的影响。

（1）消费者收入分析。消费者的购买力来自收入。**收入是影响社会购买力、市场规模大小的重要因素**。但是消费者并非将其所有的收入都用于购买和消费，消费者购买力只是其收入的一部分。因此，需要区别可支配个人收入和可任意支配个人收入两个概念。

可支配个人收入是指在个人收入中扣除消费者个人缴纳的各种税款和非

微课：
市场营销
宏观环境

商业性开支后，可用于消费或储蓄的那部分个人收入。可任意支配个人收入是指在可支配个人收入中减去消费者用于购买生活必需品的费用支出（如房租、水电费等开支项）后剩余的部分。可任意支配个人收入是消费需求变化中最活跃的因素，也是企业开展营销活动时所要考虑的主要对象。

（2）消费者支出分析。随着消费者收入的变化，消费者的支出模式也会相应地发生变化。通常用恩格尔系数来反映消费者收入与支出模式之间的变化规律。恩格尔系数可用公式简单表示为：

$$恩格尔系数 = \frac{食品支出金额}{消费总支出金额}$$

国际上常用恩格尔系数来衡量一个国家和地区人民生活水平的状况。通常，生活越贫困，恩格尔系数就越大；反之，恩格尔系数就越小。根据联合国的标准，恩格尔系数在 59% 以上为贫困，50%~59% 为温饱，40%~50% 为小康，30%~40% 为富裕，低于 30% 为最富裕。

（3）消费者储蓄分析。消费者的储蓄行为直接制约着市场消费量的大小。

（4）消费者信贷分析。信贷是指金融或商业机构向有一定支付能力的消费者融通资金的行为，主要形式有短期赊销、分期付款、消费贷款等。消费者信贷又称"信贷消费"，允许人们购买超过自己现实购买力的商品，创造了更多的消费需求。随着社会发展，信贷消费越来越被消费者接受。

3. 自然环境分析

这里的自然环境主要是指市场营销管理人员所需的或受营销活动影响的自然环境。营销活动既会受到自然环境的影响，也必须对自然环境变化负责。当代自然环境最主要的动向是：自然资源日益短缺，环境污染日益严重，政府对自然资源的管理和干预不断加强。因此，企业在营销活动中要善于抓住机会，推出"绿色产品"，进行"绿色营销"，以保护环境，和谐发展。

4. 技术环境分析

科学技术是第一生产力，是影响社会生产力最活跃的因素。有学者认为，新技术是一种"创造性的毁灭力量"，能促进社会经济结构的调整，推动企业营销管理现代化，如大数据、人工智能、物联网等现代技术；促使消费者改变购买行为，如网上购物等购买方式；影响企业营销组合策略的创新，如新媒体广告。

5. 社会文化环境分析

社会文化环境包含了许多因素，如价值观念、风俗习惯、教育水平、审美观念等。

（1）价值观念。价值观念是人们对社会生活中各种事物的态度和看法。不同的文化背景下，人们的价值观念也存在着很大的差异，从而影响消费者的需求和购买行为。例如，勤俭节约是中华民族的传统美德，人们往往会等存够钱了才去消费，量入为出；也有一些年轻消费者形成了先出后入的超前消费观念，甚至出现了"月光族"。这些价值观念都会影响消费市场。

（2）风俗习惯。风俗习惯是人们在长期的消费活动和社会活动中形成的一种消费方式和消费习惯。不同的风俗习惯，尤其是在饮食、婚丧、节日、服饰、娱乐消遣等方面，会产生不同的消费模式。比如，广州人过春节时喜欢插桃花、摆年橘、吃团圆饭、煮汤圆、领红包、行花街、开年饭、闹元宵、游花地等；在平日里则喜欢吃早茶、饮糖水、喝凉茶等。市场营销人员分析风俗习惯，了解目标市场消费者的禁忌、习惯等，不仅有利于目标市场的生产和销售，而且有利于正确、主动地引导消费。

（3）教育水平。教育水平的高低影响消费心理、消费结构，影响消费者对商品功能、款式、包装和服务的要求。企业营销活动从营销调研、目标市场选择、市场开发、产品设计、产品定价和促销方式等方面都要考虑到消费者所受教育程度的高低，从而采取不同的策略。以产品使用说明的设计为例，在教育水平较低的目标市场，在使用文字说明的同时还要配以简明的图形，必要时应在卖场进行使用、保养等方面的现场演示。

（4）审美观念。审美观念的差异也会对消费产生影响，市场营销人员应把握不同社会文化背景下的消费者审美观念差异以及变化趋势，制定相应的市场营销策略，开展有效的营销活动，以适应市场需求的变化。例如，在一些国家和地区，白皙的肌肤是美的标准之一，因此美白一直是热议话题，美白产品在化妆品市场上也一直占有相当大的市场份额。

6. 政治法律环境分析

政治法律环境是影响企业营销的重要宏观环境因素，包括政治环境和法律环境。

（1）政治环境。政治环境是企业市场营销活动的外部政治形势状况，以及国家的各类方针政策。如人口政策、能源政策、物价政策、财政政策、货币政策等，都会给企业营销活动带来影响。企业在市场营销中，特别是在对外贸易活动中，一定要考虑东道国政局变动和社会稳定情况可能造成的影响。

（2）法律环境。法律环境是指国家或地方政府颁布的各项法规、法令和条例等。企业只有依法进行各项营销活动，才能受到国家法律的有效保护。企业营销人员必须熟知相关法律，如我国的产品质量法、商标法、专利法、广告法、食品安全法、环境保护法、反不正当竞争法、消费者权益保护法等，这样才能保证企业经营的合法性。要运用法律武器来保护企业与消费者的合法权益。

自 2020 年 5 月以来，党中央多次强调要加快形成"以国内大循环为主、国内国际循环相互促进"（以下简称"双循环"）的新发展格局。双循环可以理解为"一国最终产品的供求均衡将主要通过国内市场来实现，而对国际生产、贸易和金融等的参与将有效地促进供求均衡的实现"。在这个过程中，国内消费、国内投资等内需发挥主导性作用，而进出口贸易、对外投融资等提供不可或缺的重要支撑。

双循环是大国崛起的必由之路。在双循环新发展格局下，扩大内需的着力点除了继续开拓国内消费市场外，更重要的是扩大有效投资。当前，我国正处于以信息化、数字化、智能化为代表的新一轮科技革命之中，有待加强 5G 基站、特高压、城际高速铁路和城市轨道交通、新能源汽车充电桩、大数据中心、人工智能、工业互联网等新型基础设施建设。与此同时，还要加快城市基础设施建设，提升各种新型城市化功能，加强都市圈建设，这都需要进行大规模的投资。而这种巨大的投资需求，为形成发展格局提供了重要的支撑。

2.2.3 市场营销微观环境分析

市场营销微观环境是直接影响企业营销活动的各种力量和因素。

1. 企业内部

企业开展市场营销活动要充分考虑企业内部环境的影响。企业营销部门必须和企业内部其他职能部门（如研发、制造、采购、财务、后勤等部门）进行有效的沟通，相互协调，处理好与各部门之间的关系，营造良好的企业内部环境，以便更好地实现营销目标。另外，企业营销部门制订的营销计划和组织的营销活动，必须以企业最高管理层的目标战略为依据，并报最高管理层批准后执行。

2. 渠道企业

企业营销活动涉及的渠道企业主要包括供应商、中间商、辅助商等。

（1）供应商。供应商向企业提供生产所需的原材料、零部件、设备、能源、劳务和资金等资源，这些资源的优劣变化直接影响企业产品的质量、产量和利润，进而影响企业营销目标的完成。另外，供应商供货的稳定性、及时性，价格变动等都会对企业营销活动产生影响。

（2）中间商。中间商是产品从企业流向消费者的中间环节，包括批发商、零售商等经销商和经纪人、制造商代表等代理中间商。一般企业都需要与中间商合作，由中间商帮助寻找目标消费者、铺设销售渠道、推进经营活动等，以便更好地完成企业营销目标。

（3）辅助商。辅助商主要协助企业执行某些职能，提供各种有利于营销的服务，如仓储物流公司、市场调研公司、广告公司、营销咨询公司、信贷公司、保险公司等。企业的营销活动需要它们的协助才能顺利进行。

3. 顾客

顾客是指最终使用产品或服务的消费者或生产者，是企业营销活动的出发点和归宿，因而是企业最重要的微观环境因素。根据顾客购买目的的不同，可以把顾客市场分为消费者市场、生产者市场和政府市场等。任何企业的产品，只有得到顾客的认可才能赢得市场，因此企业营销部门应把满足顾客需要作为企业营销管理的核心。

4. 竞争者

竞争者也称竞争对手，它的营销策略及营销活动的变化将直接影响企业的营销活动，如竞争者的产品开发、产品价格、广告宣传、促销手段、销售服务等。因此，企业在制订营销计划和开展营销活动之前，必须先识别不同的竞争者，知己知彼，采取不同的竞争对策，有效地开展营销活动。至于竞争者如何界定、竞争者有哪些类型等问题，将在本书第4章中具体介绍。

5. 社会公众

社会公众是对企业实现营销目标有实际或潜在影响的各种群体，包括金融公众、媒介公众、政府公众、社团公众、社区公众等。所有这些公众均对企业的营销活动有着直接或间接的影响，处理好与广大社会公众的关系，是企业营销管理的一项极其重要的任务。

（1）金融公众。它是指影响企业融资能力的金融机构，如银行、投资公司、证券公司等。

（2）媒介公众。主要包括报刊、广播、电视台、互联网等大众传播媒介，它们有着广泛的社会联系，影响企业的形象及声誉的建立，以及社会舆论对企业的认识和评价。

（3）政府公众。主要指与企业营销活动有关的各级政府机构部门。它们对所在地的产业发展、城市规划和引导消费有重要影响。

（4）社团公众。主要指与企业营销活动有关的非政府机构，如消费者权益保护组织、环境保护组织，以及其他群众团体。企业营销活动关系到社会各方面的利益，来自社团公众的批评和意见对企业营销有着重要的影响作用，必须密切注意并及时处理。

（5）社区公众。这是指企业所在地附近的居民和社区组织。企业保持与社区的良好关系，可以帮助企业在社会上树立形象。

2.3 市场行为分析

市场行为分析包括消费者市场分析和组织市场分析，深刻认识各类市场的特点，分析和研究其影响因素以及购买行为和规律，能促使企业有效地进行营销活动。而在"互联网+"背景下，大数据技术让消费者乃至各种组织和机构的市场行为分析更为精准和便利。

2.3.1 消费者市场分析

消费者市场（consumer markets）是指个人或家庭为了消费而购买产品或服务的市场。消费者市场是市场体系的基础，是起决定作用的市场。

1. 消费者购买行为的影响因素分析

消费者的购买决策过程会受到很多因素的影响，如文化因素、社会因素、个人因素和心理因素等。

（1）文化因素。社会文化环境是市场营销宏观环境的重要组成部分，它对消费行为有重要影响。文化因素包括文化和亚文化。

（2）社会因素。消费者的购买行为还会受到一系列社会因素的影响，诸如参照群体、家庭、社会角色与地位等。

① 参照群体。参照群体是指对个人消费行为产生直接或间接影响的群体。直接参照群体包括首要群体和次要群体。首要群体是直接、经常接触的群体，是对个人影响最大的群体，如家庭、亲朋好友、邻居和同事等。次要群体为影响较次一级的群体，如个人所参加的各种社会团体等。间接参照群体则包括崇拜群体和隔离群体。崇拜群体包括社会名流、影视明星、体育明星等。隔离群体是指其价值观和行为遭到拒绝和排斥的群体。

② 家庭。家庭是社会的基本单位，人的一生主要是在家庭中度过。家庭是消费者最有影响力的参照群体，对其购买行为有着非常重要的影响。根据每个家庭的权威中心点不同，可分为自做主型、丈夫支配型、妻子支配型和共同支配型，对应地有不同的家庭成员对购买决策产生影响。

③ 社会角色与地位。每个人在各自的群体、组织和社会中扮演着不同的角色，处于不同的地位。不同的社会角色和地位，在一定程度上也会影响消费者的购买行为。

（3）个人因素。个人因素也是影响消费者购买决策的重要因素，包括以下方面。

① 年龄和家庭生命周期阶段。消费者的需要和欲望会随着他们年龄的增加而变化。例如，儿童是糖果和玩具的主要消费者，青少年是文体用品和时装的

主要消费者，成年人是家庭用具的主要购买者和使用者，老年人是保健品的主要购买者和消费者。

家庭生命周期可以分成五个阶段：单身阶段、新婚阶段、满巢阶段、空巢阶段和解体阶段，处于不同生命周期的家庭，会产生不同的需求和购买行为。市场营销人员应针对不同的家庭生命周期阶段，制定不同的营销策略。

② 职业和经济条件。不同的职业之间，消费模式也会存在着差异。例如，教师、医生等职业的从业人员用于培训、继续教育等的支出较大。消费者的经济条件也左右着购买行为，例如，奢侈品对于低收入的消费者而言是难以接受的，他们基本上不会去购买奢侈品。

③ 生活方式。生活方式是一个人生活、消费的总体模式，即使是相同亚文化群、社会阶层和职业的人也会有不同的生活方式。一般可以用活动、兴趣和意见三个尺度来测量消费者的生活方式。

④ 个性和自我观念。个性是一个人心理特征的集中反映，是指决定和折射个体如何对环境做出反应的内在心理特征。不同个性的消费者往往有不同的兴趣爱好。自我观念是个体对自身一切的知觉、了解和感受的总和。一般认为，消费者将选择那些与其自我观念相一致的产品与服务，避免选择与其自我观念相抵触的产品和服务。

（4）心理因素。除了文化、社会、个人等因素之外，消费者购买决策还会受到动机、认知、学习和态度等心理因素的影响。

① 动机。心理学家亚伯拉罕·马斯洛提出了需要层次论，将需要分为五个层次，即生理需要、安全需要、社会需要、尊重需要、自我实现需要。这五种需要是按从低级到高级的层次组织起来的，一般来说，只有低一层的需要获得满足之后，高一层的需要才会产生。需要的层次越高，其完全存在的可能性就越低，而且高层次需要得来的满足是较为主观的。

② 认知。外界的营销刺激只有在消费者对其产生知觉时，才形成认知，并对其行为产生影响。知觉，是人脑对刺激物各种属性和各个部分的整体反映，是对感觉信息加工和解释的过程。例如，消费者对产品形成认知可以通过视觉、听觉、味觉、嗅觉和触觉对商品进行区分；通过广告宣传的刺激，对商品产生印象；利用记忆、思维等心理活动重现产品等。

③ 学习。市场营销环境具有多变性，消费者为了获得丰富的知识和经验，提高对环境的适应能力，就会在行动过程中不断地学习，并且在学习过程中，不断地调整和改变行为。

④ 态度。消费者对产品、服务或企业会形成某种态度。这种态度一经形成就相对持久和稳定，并将其储存在记忆中。消费者的态度会影响对产品或企业的判断和评价，从而影响消费者的购买意向和购买行为。

"00 后"一般指 2000 年至 2009 年出生的消费者。在他们出生、成长的过程中，物质生活富足，社会安定，较有安全感。同时，互联网和科技应用塑造了他们的学习与生活习惯，使他们成为自我行动的决定者。他们不给自己设边界，而是去探索不断成长的更多可能。

在个人消费倾向方面，与"80 后""90 后"有较大的不同：① 乐于为"所爱"买单。有资料显示，43% 的"00 后"愿意为自己的兴趣投入很多时间和金钱，77% 的"00 后"容易为有自己熟悉或喜欢的元素的产品付费。② 对国货和创新科技产品关心。绝大多数"00 后"在选择商品时会优先选择国货。③ 更关注社会公正平等，关心自然环境保护。因此，现代企业如果能够抓住"00 后"的偏爱与信任，在产品设计、品牌推广方面增加中国传统元素并注意结合社会公益事业，就将大大增加"00 后"对其品牌的好感度、吸引力，从而发现新商机。

2. 消费者购买决策过程

消费者在购买决策过程中会经历以下几个阶段，如图 2-2 所示。

图 2-2　消费者购买决策过程

（1）认知需求。购买决策过程从消费者认识到某种需求时开始，这种需求往往由两种刺激引起，分别是内在的刺激因素和外在的刺激因素。内在的刺激因素通常由内在的生理活动引起，如感觉到饥饿、寒冷；外在的刺激因素由外在环境引起，如看到别人拥有某一产品或看到一则广告。

市场营销人员可以通过了解引起消费者对某一产品产生兴趣的刺激因素，合理制订能够激发消费者兴趣的营销策略。

（2）收集信息。当消费者确认了需求之后，会开始收集相关的信息。消费者信息的来源主要有以下四个方面：个人来源，如家庭、亲友、邻居、同事等；商业来源，如广告、推销人员的介绍、商品包装等；公共来源，如互联网、电视、广播、报刊等大众传播媒体；经验来源，如亲自操作、使用产品的经验等。

市场营销人员可以主动通过商业活动向消费者传递更多的产品和企业信息，使消费者更多地了解本企业的产品。

（3）产品评估。当消费者从不同的来源收集相关的信息后，就会对可供选择的产品进行分析和比较并做出评估。一般来说，消费者对一个产品进行评估会涉及以下几个方面。

① 分析产品属性。即产品能够满足消费者需要的特性，如手机的外观、功能、待机时间、信号、耐用性等。

② 建立属性等级。消费者不一定把产品的所有属性都视为同等重要。不同的消费者对不同的属性会建立不同的等级。例如，年轻人更看重手机听音乐、拍照等娱乐功能；商务人士更看重手机的存储量和安全性；而经常进行户外运动的消费者则更看重手机续航这一属性。

市场营销人员应充分了解自身产品的各类属性，分析不同消费群体对不同属性的等级要求，针对本企业目标市场的属性需求制订营销计划，开展营销活动。

③ 确定品牌信念。消费者会根据各产品品牌的不同属性、个人经验等，对各个品牌确定不同的信念。

④ 进行效用比较。产品对消费者需求的满足程度随着产品每一种属性的不同而变化，这种满足程度与产品属性的关系，可用效用函数描述。每个消费者对不同产品属性有不同的效用函数。

⑤ 做出最终评价。消费者从可供选择的品牌中，通过一定的评价方法，对各种品牌进行评价，从而形成对它们的态度和对某种品牌的偏好。

（4）购买决策。消费者在对产品信息进行分析、评估后，会形成购买意向，但是只有购买意向是不够的，只有当购买意向转化为购买行为时，消费者才会真正地形成购买决策。购买决策受到两个因素的影响：一是他人的态度，如家人的意见；二是意外情况，如产品涨价。

（5）购后行为。消费者在购买产品后，会将产品在使用过程中的实际效用与消费者之前对产品的评估和期望进行比较，形成购买后的满意程度。购买后的满意程度会影响消费者的购后活动，影响消费者是否重复购买该产品，影响消费者对该品牌的态度，甚至还会影响其他消费者，形成连锁效应。

市场营销人员应尽量提高消费者购买后的满意程度，如选择加强售后服务、保持与顾客联系等方式。

2.3.2　组织市场分析

组织市场（organizational market）是指由各种组织机构形成的对企业产品和劳务需求的总和。组织市场包括生产者市场、中间商市场和政府市场。

1. 组织市场与消费者市场的区别

组织市场与消费者市场在某些方面具有相似性，如两者都是为了满足某种需求而产生购买行为，制定购买决策等。但是，组织市场在购买的数量、规模、需求结构、购买行为等其他方面，与消费者市场又存在明显的区别。

（1）与消费者市场相比，组织市场的购买者数量较少，但是规模较大。在消费者市场上，购买者是个人或家庭，购买者数量众多、规模较小。而在组织市场上，购买者是企业或政府，购买者的数量自然比消费者市场少，但是规模却要大得多。

（2）组织市场的购买者在地域上比较集中。在消费者市场上，购买者较为分散；而组织市场上的购买者相对集中。例如，我国大部分企业集中在东部地区。

（3）组织市场的需求是派生需求。组织市场的需求归根结底是由消费者的需求派生出来的。例如，汽车制造商对钢产品的需求，最终来源于消费者对汽车的需求。

（4）组织市场的需求是缺乏弹性的需求。组织市场的需求受价格变化的影响不大，缺乏弹性。尤其是在短期趋势上，甚至没有弹性，因为企业无法快速改变生产计划。

（5）组织市场的需求是波动的需求。组织市场的需求相对消费者市场的需求更加不稳定、更易发生变化。由于组织市场的需求是由消费者市场的需求派生出来的，因此，消费者市场上少量的需求增长可能导致组织市场上需求成倍的增长，经济学者称之为加速理论。

（6）组织市场由专业人员负责购买，购买决策时间长。组织市场上负责购买的是经过训练的、专业的采购人员，通过采购合同进行购买。但由于企业参与采购决策的人员较多，需要经历决策、协商、谈判等过程，因此需要较长的购买时间。

（7）直接购买。消费者一般从中间商那里购买产品，如经销商、零售商等，而组织市场往往向生产商直接采购，不通过中间商采购。

2. 组织市场购买行为的影响因素分析

与消费者市场购买行为一样，组织市场购买行为也会受到各种因素的影响，主要包括以下几个方面的因素。

（1）环境因素。环境因素是指企业外部环境因素，是企业无法控制的，包括经济发展状况，政治法律制度，技术发展，市场需求水平，市场竞争等。组织购买者必须密切关注各类环境因素，积极应对环境变化带来的影响。例如，经济衰退时生产企业会缩减投资，减少采购，压缩原材料的库存和采购；预期某种原材料将会短缺时，采购单位就需要储备一定的存货，或与销售方签订长期的订货合同等。

（2）组织因素。组织因素是企业自身的影响因素，包括企业的经营目标、战略、政策、程序、组织结构和制度等。各组织经营目标和战略方面的差异，会使其对采购产品的款式、功效、质量和价格等因素的重视程度、衡量标准不同，从而导致他们的采购方案的差异化。

（3）人际因素。人际因素是企业内部的人事关系的因素，这些因素之间关系的变化，会对组织购买决策产生影响。企业最终做出的购买决定，是由企业各个部门和各层人员共同协商做出的，如质量管理者、采购申请者、财务主管者、工程技术人员等。各个部门、各层人员的利益、职权、地位、态度和相互关系都不同，对采购做出的决定也不同，因此在采购方案上就受到复杂的人际因素的影响。

（4）个人因素。个人因素是指由于购买决策中每个参与者的年龄、教育程度、职位、个性、偏好、风险意识等的不同，对购买决策产生的影响。

3. 组织市场购买决策过程

组织市场的购买决策过程主要包括八个阶段，如图 2-3 所示。

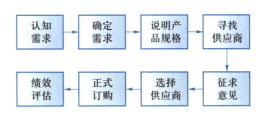

图 2-3　组织市场购买决策过程

（1）认知需求。认知需求是组织市场购买决策过程的起点，可以是由内在或外在的刺激引起。内在的刺激因素，如企业推出新产品需要新设备和原材料；对先前采购的原材料不满意，需要更换供应商；原有设备损坏，需要重置新机器等。外在的刺激因素，如营销人员上门推销；有质量更好、价格更低的产品等。

（2）确定需求。确定需求是指需要具体确定所要采购产品的特征、规格、数量等。一般的采购会涉及许多部门，所以采购需求的确定也需要采购人员、生产部门、工程技术人员等共同研究、共同决定。

（3）说明产品规格。具体的产品规格一般由专业技术人员来制定，专业技术人员要对所需产品的规格、型号、功能等技术指标进行具体分析并做出详细说明，以供采购人员参考。企业一般采用价值分析法来对产品进行分析。

（4）寻找供应商。采购企业可以通过工商企业名录、贸易广告、行业服务网站、贸易展览会等途径寻找合格的供应商。

（5）征求意见。采购企业一般会要求合格的供应商提交供应方案，尤其是对于价值高的产品，还会要求供应商提供一份详细的书面方案。

（6）选择供应商。根据供应商提供的供应建议，采购企业进行选择。在遴选供应商的过程中，需要考虑很多方面，包括产品质量、产品价格、技术服务能力、企业信誉、交货速度等。采购企业还会与比较满意的供应商进行谈判，争取更低的价格和更优惠的条件。不少企业最后会确定多个供应商，这样不仅可以促使各供应商相互竞争，提高服务水平，更重要的是企业不会受制于人，能够比较灵活地控制供货。

（7）正式订购。在选定供应商之后，企业就针对最后的订单进行谈判，确定具体的技术说明、需要数量、交货时间。目前，越来越多的企业倾向于选择一揽子合同而不是定期采购。一揽子合同可以和供应商建立长期的供货关系，供应商承诺在一定的时间内按原定的价格和条件及时供货。一揽子合同减轻了采购企业的库存压力，被称为"无库存采购计划"，也减少了多次采购带来的麻烦、节省了费用。

（8）绩效评估。在购进产品后，采购企业还需及时向使用者了解对产品的评价，考查各个供应商履行合同的情况，定期评估供应商的绩效。通过绩效评估，采购企业可以决定继续、调整或终止与供应商的关系。

学习训练

▲ 单选题

1. 恩格尔系数在 59% 以上为（　　　）。
   A. 贫困　　　　　　　　　　　B. 温饱
   C. 小康　　　　　　　　　　　D. 富裕

2. 消费者收入属于（　　　）。
   A. 人口因素　　　　　　　　　B. 经济因素
   C. 自然因素　　　　　　　　　D. 社会文化因素

3. 市场营销环境中的（　　　）被称为一种"创造性的毁灭力量"。
   A. 新技术　　　　　　　　　　B. 自然资源
   C. 社会文化　　　　　　　　　D. 政治法律

4. 投资公司、证券公司属于（　　　）。
   A. 金融公众　　　　　　　　　B. 政府公众
   C. 社团公众　　　　　　　　　D. 社区公众

5. 家庭对消费者购买行为的影响属于（　　　）。
   A. 文化因素　　　　　　　　　B. 社会因素
   C. 个人因素　　　　　　　　　D. 心理因素

▲ 多选题

1. 营销信息系统包括（　　　　　）。
   A. 企业内部报告系统　　　　　B. 营销情报系统
   C. 营销调查系统　　　　　　　D. 营销分析系统

2. 市场营销环境特征除不可控制性以外，还包括（　　　　）。

A. 客观性　　　　　　　　　　B. 差异性

C. 相关性　　　　　　　　　　D. 多变性

3. 市场营销渠道企业主要包括（　　　　　）。

A. 供应商　　　　　　　　　　B. 中间商

C. 辅助商　　　　　　　　　　D. 顾客

4. 消费者购买行为的影响因素包括（　　　　　）。

A. 文化因素　　　　　　　　　B. 社会因素

C. 个人因素　　　　　　　　　D. 心理因素

5. 社会购买力会受到（　　　　　）等因素的影响。

A. 消费者收入　　　　　　　　B. 消费者支出

C. 消费者储蓄　　　　　　　　D. 消费者信贷

▲ 判断题

1. 市场营销环境是指影响企业营销活动的企业可控因素。（　　）

2. 恩格尔系数越大，表示生活越富裕。（　　）

3. 不同社会阶层，不同生活方式的人，其消费特征和价值观念都有差别。（　　）

4. 许多工业用品和服务的需求受价格变动的影响不大。（　　）

5. 组织市场营销活动不需要对自然环境的变化负责。（　　）

▲ 案例分析

大宝护肤品

背景与情境： 大宝化妆品公司成立于 1999 年，在国内化妆品市场竞争激烈的情况下，大宝逐渐发展成为国产名牌。在日益增长的国内化妆品市场上，大宝选择了普通工薪阶层作为销售对象。既然是面向工薪阶层，销售的产品就一定要与他们的消费习惯和购买力相吻合。因此，大宝在注重质量的同时，坚持按照普通工薪阶层能接受的价格定价，同市场上的同类化妆品相比占据了一定的优势，再加上人们对品牌的信任，大宝很快赢得了顾客。许多顾客不但自己使用，而且带动家庭其他成员使用大宝产品。使用大宝护肤品的消费者年龄在 35 岁以上者居多，这一类消费者群体性格成熟，接受一种产品后一般很少更换。这种群体向别人推荐时，又具有可信度，而化妆品口碑的好坏对销售起着重要作用。

在营销渠道上，大宝从自身情况出发，以零售促批发，以北京为基础同时在全国范围内建立大宝专柜，通过百货批发和自建专柜两类营销渠道来进一步发展壮大企业。在地理位置的选择上，大宝采取了避开一线品牌的主要活动区域，由一线城市转战二、三线城市，大面积完成铺货，不仅让消费者触手可及，同时也堵住了假货泛滥的源头。

在广告宣传上，大宝强调广告媒体的选择一定要经济且恰到好处，此外，大宝产品广告定位与目标市场吻合，选用了教师、工人、摄影师等实实在在的普通工薪阶层，在日常生活的场景中，向人们讲述了生活和工作中使用了大宝护肤品后的感受。广告的诉求点是工薪阶层所期望解决的问题，于是，"大宝挺好的""想要皮肤好，早晚用大宝""大宝明天见，大宝天天见"等广告词深深植入老百姓的心中。

2020 年，大宝获评艾媒金榜"中国护手霜品牌线上发展排行榜单"第12 名。

问题：

1. 分析大宝护肤品成功的主要原因。

2. 结合本案例，谈谈企业应如何根据顾客消费心理从事市场营销活动？

▲ **实践演练**

"市场营销环境分析程序化运作"训练

【实训目标】

1. 能够依照市场调查基本程序正确调查和收集相关资料。

2. 能够编写与组织实施市场营销环境分析程序化运作方案。

3. 能够评估市场营销环境分析程序化运作效果。

4. 培养信息处理、数字应用、与人交流、自我学习等核心能力。

5. 养成良好的职业观念和职业态度。

【实训内容】

进行一次市场营销环境调研分析。让学生参加市场营销环境分析，对市场营销环境分析有更深入的了解，编写市场营销环境分析报告。通过实训，培养相应的专业能力与职业核心能力；通过践行职业道德规范，促进健全职业人格的塑造。

【组织形式】

将班级学生分成若干实训小组，根据实训内容和项目需要进行角色划分。

【实训要求】

1. 将职业核心能力与职业道德和素养训练融入专业能力训练中。

2. 对本次实训活动进行总结，完成本次实训课业。

【情境设计】

以参加学院一年一度的"营销嘉年华"活动为例，由学生分组组建公司，确定营销产品（项目），运用市场调研的程序和方法，依次进行市场营销环境分析和市场行为分析，撰写、交流、修改和展示《×× 产品（项目）市场营销环境分析报告》体验市场营销环境分析的程序化运作全过程。

【实训时间】

本章学习后的课余时间，用一周时间完成。

【操作步骤】

1. 将班级学生分成若干个实训小组，模拟公司营销团队进行角色分工，由教师布置实训任务。

2. 各小组要了解所要营销产品（项目）的基本情况，调查并确定调查对象和目标。

3. 各小组运用市场调查的程序和方法，依次进行市场营销环境分析和市场行为分析。

4. 教师指导各小组进行市场营销环境分析程序化运作的组织与实施。

5. 各小组撰写《×× 产品（项目）市场营销环境分析报告》。

6. 各小组分析评价《×× 产品（项目）市场营销环境分析报告》。

7. 在班级交流、讨论各小组完成的《×× 产品（项目）市场营销环境分析报告》，教师对交流情况进行点评。

8. 将附有教师点评的各小组《×× 产品（项目）市场营销环境分析报告》在网络平台上展示，供学生相互借鉴。

【成果形式】

撰写《×× 产品（项目）市场营销环境分析报告》。具体的结构与体例请参照书后的市场营销综合实训范例。

第 3 章

识别市场营销机会

中国商谚

旱则资舟，水则资车。

学习目标

※ 知识目标

- 了解市场细分的标准与模式
- 掌握市场细分的原则
- 掌握目标市场选择模式
- 了解市场定位的规则与步骤
- 理解市场营销机会对企业生存与发展的现实意义

※ 技能目标

- 能够准确、有效地进行市场细分
- 能够恰当运用市场定位策略
- 能够有效识别市场营销机会

※ 素养目标

- 树立主动服务消费者的职业意识
- 强化市场导向经营理念，引导理性消费
- 培养灵活敏锐的思维和全局意识

识别市场营销机会

进行市场细分
- 市场细分的标准
- 市场细分的方法
- 市场细分的模式
- 市场细分的原则

选择目标市场
- 目标市场选择模式
- 目标市场评估与选择

明确市场定位
- 市场定位的规则与步骤
- 市场定位的策略

识别市场营销机会
- 现存市场营销机会的识别
- 未来市场营销机会的识别

引例
小熊电器的目标市场营销

小熊电器成立于 2006 年 3 月，是一家专业从事创意小家电研发、设计、生产和销售的企业，2019 年 8 月正式在深交所挂牌上市。自创建以来，小熊电器始终坚持以用户为中心，以产品为核心，稳健发展，连续五年平均营收增速达到 37% 以上。

小熊电器的品牌愿景是支持万千有创造精神的年轻人，尽情发挥想法，过有创造力的生活，成为年轻人喜欢的品牌。其创新的商业模式是"创意小家电 + 互联网"。截至 2021 年 6 月，公司搭建了 3 级研发体系，有 10 个研发团队 300 多名研发人员，包含用户研究、产品体验、创新设计、工程开发、基础研究等各方面的人才，每年开发新品超过 100 款，近三年研发投入的复合增长率在 60% 以上。目前公司拥有 60 多个品类、超过 500 个品种，共有 5 大生产基地。

小熊电器不仅产品外观亲和、可爱，更注重对"小"的价值挖掘，公司以"人"为维度，洞察用户在不同场景、不同人生阶段的细分需求，作为产品研发的根本灵感。因此，小熊电器产品小而灵巧，小而精致，小而智慧，专注满足用户容易被忽视的"小"需求。为消费者提供小巧好用的产品，让消费者的生活变得轻松快乐是小熊电器的品牌使命，这正符合成长于个性化、多元化消费升级时代的年轻人的生活追求。小熊电器在以小见大的产品理念指导下，针对年轻人的细分需求，将产品审美、功能、体验融为一体，倍受年轻人的喜爱。

2020年"双11"期间，小熊烤串机/电烤炉、多士炉/早餐机、三明治机、电动打蛋器、电热饭盒、煮蛋器、养生壶七大品类均获得天猫平台销售额第一；电动打蛋器、电热饭盒、电烧烤炉、绞肉机、煮蛋器五大品类获得京东平台销售额第一。小熊电器还被认定为"中国驰名商标""广东省企业500强""佛山市标杆高新技术企业""佛山脊梁企业"，获得政府、业界和消费者的高度认可。

资料来源：小熊电器官方网站，有修改。

小熊电器胜在准确的市场细分和有针对性的产品设计，根据自身的优势，在目标市场上，树立起自己独特的品牌形象，及时识别市场机会，准确进行市场细分，选择了大企业几乎不涉及、同类竞争对手也不多的独特目标市场，明确的市场定位是小熊电器获得巨大发展的关键。引例说明，企业要想在营销领域获得成功，就需要进行市场细分、目标市场选择、市场定位。这被市场营销学称之为目标市场策略三部曲，如图3-1所示。

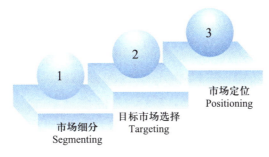

图 3-1　目标市场策略三部曲

3.1　进行市场细分

市场细分（market segmentation）又称"市场分片"或"市场分割"，是指市场营销人员通过市场调研，依据消费者的需要和欲望、购买行为和购买习惯等方面的差异，把某一产品的市场整体划分为若干消费者群体的市场分类过程。每一个消费者群体就是一个细分市场，每一个细分市场都是由具有类似需求倾向的消费者所构成的群体，所有细分市场的总和便是整体市场。

市场细分是企业为了准确地确定目标市场必须采用的一种方法和手段。市场细分有利于企业目标市场的选择和提高企业的经营效果，有利于企业发挥优势，集中力量占领市场，同时也有利于企业最大限度地满足消费者的潜在需

微课：
进行市场
细分

求，尽量扩大市场占有量。

市场细分的作用能否得到充分发挥，取决于企业采用什么方法对整个市场进行划分，划分的标准是否合理有效。

3.1.1　市场细分的标准

市场细分依据消费品市场和生产者市场的不同而有不同的细分标准。

1. 消费品市场细分标准

一种产品的整体市场之所以可以细分，是由于消费者或用户的需求存在差异性。引起消费者需求差异的变量很多，实际中，企业一般是组合运用有关变量来细分市场，而不是单一采用某一变量。消费品市场的细分标准可以概括为地理因素、人口统计因素、心理因素和行为因素，每个因素又包括一系列的细分变量，如表 3-1 所示。

表 3-1　消费者市场细分标准及变量

标准	变量	详细说明	应用举例
地理因素	地区	东部、西部、南部、北部、中部	某品牌酒店根据地域打造不同风格的酒店房间和大堂：东北部的酒店富有都市风格，西南部的酒店则更具乡村韵味
地理因素	城市规模	20 万人以下、20 万 ~50 万人、50 万 ~100 万人、100 万 ~300 万人、300 万 ~500 万人、500 万 ~1 000 万人、1 000 万人以上	
地理因素	人口密度	市区、郊区、乡村	
地理因素	气候	热带、亚热带、潮湿、寒冷	
人口统计因素	年龄	<6 岁、6—11 岁、12—19 岁、20—34 岁、35—49 岁、50—64 岁、≥65 岁	某牙膏品牌针对儿童、成年人和老年人提供三种不同种类的牙膏
人口统计因素	家庭规模	1 人，2 人，3 人，4 人，5 人，≥6 人	
人口统计因素	家庭生命周期	单身；已婚、无子女；已婚、有子女	
人口统计因素	性别	男性、女性	房地产商在房屋设计上常按照家庭规模设计不同的户型
人口统计因素	年收入	3 万元以下、3 万 ~6 万元、6 万 ~10 万元、10 万 ~20 万元、20 万 ~50 万元、50 万元以上	
人口统计因素	职业	国家机关、党群组织、企事业单位负责人；专业技术人员；办事人员和有关人员；商业、服务业人员；农、林、牧、渔、水利业生产人员；生产、运输设备操作人员及有关人员；军人；不便分类的其他从业人员	收入高的消费者一般喜欢到大百货公司或品牌专卖店购物，收入低的消费者则通常在住地附近的商店、仓储超市购物
人口统计因素	受教育程度	小学或以下、初中毕业、高中毕业、中专毕业、大专毕业、本科毕业、硕士毕业、博士、其他	
人口统计因素	国籍	中国、日本、韩国、美国、英国、德国等	

标准	变量	详细说明	应用举例
心理因素	生活方式	文化导向型、运动导向型、户外导向型	多血质型消费者选购商品时易受环境影响，商家通过商品包装、造型、命名等吸引这类消费者
	个性	多血质型、黏液质型、胆汁质型、抑郁质型	
行为因素	场合	普通场合、特殊场合	航空公司向经常搭乘航班的旅客赠送旅行保险以及飞行里程特别奖励等
	利益	质量、服务、经济、速度	
	使用者状况	从未使用、首次使用、经常使用、曾经使用	
	使用率	偶尔使用、适度使用、频繁使用	
	忠诚度	没有、适度、强烈、绝对	
	准备阶段	未知晓、知晓、已了解、有兴趣、想得到、企图购买	
	对产品的态度	热衷、积极、不关心、否定、敌视	

2. 生产者市场细分标准

生产者市场是指为了销售产品或提供服务而购买产品或服务的企业或个人。许多用来细分消费者市场的标准，同样可用于细分生产者市场，如根据地理、心理和使用率等变量加以细分。但由于生产者市场的特性，在实践中往往采用更有针对性的变量进行细分。有学者建议采用如表 3-2 所示的变量来细分生产者市场。

表 3-2　生产者市场的主要细分变量

主要细分变量	详细说明
人口变量	行业：服务于哪些行业？ 公司规模：服务于多大规模的公司？ 地区：服务于哪些地理区域？
经营变量	技术：应该把重点放到顾客重视的哪些技术上？ 用户与非用户状况：服务对象应该是高度使用者、中度使用者、轻度使用者还是未使用者？ 顾客能力：服务对象是需要大量服务的顾客还是少量服务的顾客？ 采购职能的组织：服务于采购组织高度集中的公司还是采购组织分散的公司？ 权力结构：服务的公司是工程、财务还是其他部门占主导地位？

主要细分变量	详细说明
经营变量	现有关系的性质：服务于与我们有牢固关系的公司还是简单追求理想的公司？ 总体采购政策：是服务于乐于采用租赁的公司、购买服务合同的公司、进行系统采购的公司，还是采用秘密投标的公司？ 采购标准：是服务于追求质量的公司、重视服务的公司，还是注重价格的公司？
情境因素	紧急：是服务于需要快速和随时交货或提供服务的公司吗？ 特殊应用：是否应注重产品特定的应用，而不是所有的应用？ 订单规模：是注重大订单还是小订单？
个性	买卖双方的相似点：是否应服务于那些人员和价值观与我们公司的人员和价值观相似的公司？ 对待风险的态度：是服务于敢于冒险的公司，还是回避风险的公司？ 忠诚度：是否应服务于那些对其供应商非常忠诚的公司？

3.1.2　市场细分的方法

根据上述的相应标准，可采用以下几种方法进行细分。

1. 单因素细分法

单因素细分法是指根据市场调查结果，选择影响消费者或用户需求最主要的因素作为细分变量，从而达到市场细分的目的。这种细分法以企业的经营实践、行业经验和对组织客户的了解为基础，找到一种能有效区分客户并使企业的营销组合产生有效对应的变量。例如，女性化妆品差异的主要影响因素是年龄，可以针对不同年龄段的女性设计不同的化妆品。

2. 双因素细分法

双因素细分法是根据影响市场需求的两种因素对整体市场进行细分。例如，服装市场可按照人口因素中的年龄和性别两个因素进行市场细分，如表 3-3 所示。据此，服装制造商可以根据自身的生产设备和技术选择合适的细分市场。

表 3-3　服装市场的双因素细分市场

性别	婴儿	儿童	青年	中年	老年
女	女婴市场	女童市场	青年女性市场	中年女性市场	老年女性市场
男	男婴市场	男童市场	青年男性市场	中年男性市场	老年男性市场

3. 多因素细分法

多因素细分法即用影响消费需求中两种以上的因素对整体市场进行综合

细分。例如，通过使用率、收入水平、年龄三个因素可将葡萄汁市场划分为多种不同的细分市场，如图3-2所示。

3.1.3　市场细分的模式

在有关市场细分模式的研究中，主要依据消费者对某产品最重要的两种属性的重视程度来划分市场，以形成不同偏好的细分市场，结果会出现三种不同的模式。例如，向冰激凌购

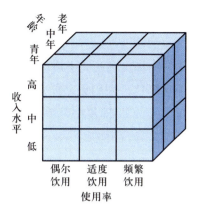

图 3-2　综合因素细分法

买者询问他们对甜度和奶油含量这两种产品属性的重视程度如何，出现的 3 种模式如图 3-3 所示。

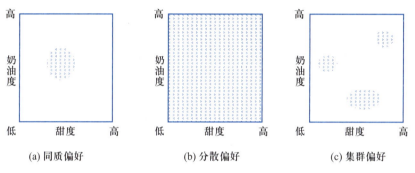

图 3-3　市场细分的模式图

1. 同质偏好

如图 3-3（a）所示，在这个市场上，所有消费者有大致相同的偏好，且相对集中于中央位置。这样的市场往往比较容易进入，但所面临的竞争也是非常激烈和残酷的，企业往往会付出相当的代价才能站稳脚跟，并稳定消费群。

2. 分散偏好

如图 3-3（b）所示，市场上的消费者偏好在市场空间四处扩散，这表示消费者对于产品的要求存在差异。先进入市场的品牌一般都会选择定位在市场的中心，以迎合最多的消费者，因为一个位于中心的品牌可使所有消费者不满之总和最小。新进入市场的竞争者，可能会把它的品牌设置在原有品牌附近，与其争夺份额；也可能会把品牌设置在一个角落里，以赢得对位于中心的品牌不满的消费者群体。如果这个市场上有多个甚至更多的品牌，则它们很可能会分布在整个空间的各处，来体现与其他竞争品牌的差异性。当然，这里面可能会存在市场领先者，它们的选择往往比较大众化，所留下的空间就给了相对弱小者补缺营销、个性化营销的机会。

3. 集群偏好

如图 3-3（c）所示，市场上出现几个群组的偏好，客观上形成了不同的细分市场。进入此类市场的企业有三种选择：① 定位于中央，尽可能赢得所有顾客群体，采用无差异营销；② 定位于最大的或某一"子市场"（图中的某一集中区域），即集中营销；③ 可以发展数种品牌，各自定位于不同的市场部位，实施差异营销。

营销瞭望
生为中华民族，当效力于中华民众

"生为中华民族，当效力于中华民众"，这是著名华侨实业家、外交家、教育家张弼士常对人所说的一句话。张弼士，1841 年出生于广东大埔县，1856 年赴荷属巴达维亚（今印尼雅加达）谋生。1866 年起，张弼士先后开办裕和、万裕兴等公司，成为南洋巨富，1892 年后历任清政府驻槟榔屿首任领事、新加坡总领事、中国通商银行总董、粤汉铁路总办等。他不仅提出吸收侨资主张，而且身体力行回国办厂。1894 年后，张弼士在国内投资兴办烟台张裕葡萄酿酒公司、广厦铁路公司、雷州垦牧公司等，1910 年任全国商会联合会会长。

据考证，张弼士是中国第一辆拖拉机的制造者，第一批工业化国产机器制砖厂、玻璃制造厂、机器织布厂的创始人。他一生致力于"实业救国"，主张"主权自掌，利不外溢"的爱国主义思想，迄今都值得我们学习。

3.1.4　市场细分的原则

通过对市场的细分可以得到若干个细分市场，但并不是所有的细分市场都是有效的。有效的市场细分应遵循以下原则：

1. 差异性

细分市场上消费者对商品需求的差异性能明确加以反映和说明，能清楚界定。企业对消费者的需求进行细分时，必须获得可靠的依据，才能进行市场细分。如对鲜花市场进行细分时，重阳节、七夕、母亲节、春节等不同时期的市场差异就非常明显。

2. 可衡量性

可衡量性是指细分的市场是可以识别和衡量的，即细分出来的市场不仅范围明确，而且对其容量大小也能大致做出明确的判断。如果细分后的市场太过模糊，企业对该细分市场的特征、客户特征、数量都一无所知的话，这种细分就失去了意义。例如，以地理因素、消费者的年龄和经济状况等因素进行市场细分时，这些消费者的特征就很容易衡量。

3. 可进入性

可进入性是指在现有资源条件下，企业的营销工作有可行性，并能够利用现有营销力量进入细分后的某个细分市场。例如，通过适当的营销渠道，产品可以进入所选中的目标市场；通过适当的媒体可以将产品信息传达到目标市场，使有兴趣的消费者通过适当的方式购买到产品等。

4. 可盈利性

可盈利性是指所选择的细分市场有足够的需求量且有一定的发展潜力，以使企业获得长期稳定的利润。进行市场细分时，企业必须考虑细分市场上顾客的数量，以及他们的购买能力和购买产品的频率。每一个市场必须足够大，能够保证企业在其中经营时可以盈利。如果细分市场的规模过小，成本耗费大，获利小，就不值得去细分。

5. 稳定性

细分市场在一定时期内保持相对稳定，以便企业制定较长期的营销策略，有效地开拓并占领该目标市场，获取预期收益。消费者的消费心理是经常变化的，若细分市场变化过快，目标市场犹如昙花一现，则企业经营风险也会随之增加，甚至会对企业造成严重损失。

同步实训
对市场进行细分

试对某个行业（如自行车、洗发水、方便面、计算机、手机、汽车等）的市场进行细分。

实训目标：该项目帮助学生训练掌握"企业市场细分"的基本知识与基本技能。

实训要求：

（1）正确运用市场细分的方法。

（2）对"企业市场细分"的具体内容有准确把握。

（3）要求教师提供一个"企业市场细分"范例，供学生借鉴。

（4）要求教师对学生提供的"市场细分报告"进行指导、评价。

实训步骤：

（1）把学生分成若干小组，对所选定的行业市场进行调查走访，了解相关情况，掌握相关数据。

（2）对调查数据进行分析整理，以小组为单位讨论确定其细分变量和细分方法，并分析不同细分市场上消费者的需求特点与购买习惯。

（3）撰写"××市场细分报告"，详细陈述该市场的需求特点、竞争状况、消费者的购买行为习惯、所选择的市场细分变量，以及对其进行细分的过程。

3.2 选择目标市场

任何企业拓展市场，都应在细分市场的基础上发现可能的目标市场并对其进行选择。目标市场（target market）是指在市场细分的基础上，企业经过分析、比较和选择，决定作为自己服务对象的一个或几个子市场。企业要选择目标市场，是因为对企业来说，并非所有的细分市场和可能的目标市场都是企业所愿意且能够进入的。而且作为一个企业，无论规模多大，实力多强，都无法满足所有买主的所有需求；由于资源的限制，企业不可能有足够的人、财、物力来满足整体市场的需求。因此，为保证营销效率，避免资源的浪费，企业必须把营销活动局限在一定的市场范围内。否则势必会分散企业的力量，达不到预期的营销目标。鉴于上述原因，企业必须在细分市场的基础上，根据自身的资源优势权衡利弊，选择合适的目标市场。

3.2.1 目标市场选择模式

一般地，企业在评估各个细分市场以后，可以根据自己的具体情况，选择一个或几个细分市场作为目标市场，目标市场的选择一般有五种模式，如图3-4至图3-8所示（其中M1、M2、M3代表细分市场，P1、P2、P3代表产品）。

1. 市场集中化模式

市场集中化模式是企业只选取一个细分市场，只生产一种产品，供应单一的顾客群，进行集中营销（见图3-4）。如某服装厂只生产女童服装，满足女童穿衣的需求。市场集中化模式适合于具备以下条件的企业：在该细分市场从事专业化经营并能取胜的优势条件；限于资金能力，只能经营一个细分市场；该细分市场中没有竞争对手；准备以单一产品市场为出发点，取得成功后向更多的细分市场扩展。

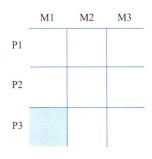

图3-4 市场集中化

通过此模式，企业可以更加了解市场的需要，并树立特别的声誉，在该细分市场建立牢固的市场地位。另外，企业通过生产、销售和促销的专业化分工，也可以获得相当的经济效益。但是，这一方式的市场过于狭小，长此以往，企业很难获得大规模的发展。所以，这是一种容易进入市场的方式，但不是一种长期发展方式。它只能是企业长期发展战略的一部分，或者是企业整体发展战略的一部分。

2. 产品专业化模式

产品专业化是指企业集中生产一种产品并向各类细分市场销售（见图3-5）。如某服装生产厂商只生产西装并向男女老少等各类顾客销售。产品专业化的特点是企业专注于某一种或一类产品的生产，有利于形成和发展生产和技术上的优势，在该专业化产品领域树立形象。局限性是当该产品领域被一种全新的技术所代替时，该产品销售量有大幅度下降的危险。

3. 市场专业化模式

市场专业化是指企业生产满足某一类顾客群体的需要，专门生产这类消费者需要的各类产品（见图3-6）。如某工程机械公司专门向建筑业用户供应推土机、打桩机、起重机、水泥搅拌机等建筑工程中所需要的机械设备。由于经营的产品类型众多，能有效地分散经营风险。但由于集中于某一类顾客，当这类顾客由于某种原因需求下降时，企业也会遇到收益下降的风险。

4. 选择专业化模式

选择专业化是指企业选取若干个具有良好盈利能力和发展潜力，且符合企业的目标和资源优势的细分市场作为目标市场。该目标市场模式中的各个细分市场之间较少或基本不存在联系（见图3-7）。该模式的优点是可以有效分散经营风险，即使出现某个细分市场亏损，企业仍可在其他细分市场取得盈利。选择专业化模式的企业应具有较强的资源和营销实力。

5. 市场全面化模式

市场全面化是指企业生产的多种产品能够满足各类顾客群体的需要，全面覆盖市场（见图3-8）。只有实力雄厚的大型企业才能选用市场全面化模式，

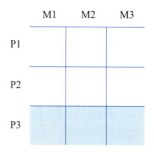

图 3-5　产品专业化

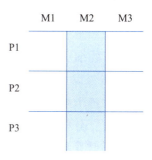

图 3-6　市场专业化

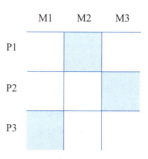

图 3-7　选择专业化

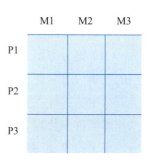

图 3-8　市场全面化

这种市场模式由于量大面广，能够收到良好的营销效果。例如，比亚迪集团在汽车市场、海尔集团在家电市场上，均采取市场全面化的目标市场选择模式。

3.2.2　目标市场评估与选择

在市场细分过程中，也许会发现很多机会，所以必须对这些细分市场加以选择和评价。在细分市场评价中，首先要评价各个细分市场的盈利潜量和销售预期，也就是进行"市场规模测量"；然后要评价这个市场是否容易渗透，这就涉及竞争分析，以及对自身资源和覆盖市场模式的评价。

1. 目标市场的评估

市场细分使得企业所面临的市场机会得到充分显示，但并不意味着进行市场细分以后，每一个市场都值得进入。因此，在市场细分的基础上，企业应对各个细分市场的盈利潜量、增长率、市场结构等方面进行评估，在综合比较、分析的基础上，从中选择一定数目的细分市场作为目标市场，以使企业的营销资源与最佳市场机会相结合。企业需要从以下几方面评估目标市场。

（1）细分市场潜量。是指在一定时期内，在消费者愿意支付的价格水平下，经过相应的营销努力，产品在该细分市场可能达到的销售规模。市场潜量是从行业的角度考虑某一产品市场需求的极限值，是企业制定营销决策的前提。对市场潜量的预测需要对社会商品的购买力、购买力指数、居民消费动向、生产规模和商品库存等进行必要的调查研究。

对细分市场潜量分析的评估十分重要。如果市场狭小，没有发掘潜力，企业进入后就没有发展前途。市场潜量不仅指现实的消费需求，也包括潜在需求。从长远利益看，消费者的潜在需求对企业更具吸引力。细分市场只有存在着尚未满足的需求，才需要企业提供产品，企业也才能有利可图。

（2）细分市场增长率。这项评估主要研究潜在细分市场是否具有适当的增长率。一般来说，较高的市场增长率会带来较多的利润总额，所有企业都希望目标市场的销售量和利润具有良好的上升趋势，但竞争者也会迅速进入快速增长的市场，从而使利润率下降。

（3）细分市场结构。一个具有市场潜量和成长率的细分市场，可能面临激烈的竞争。著名管理学家迈克·波特认为，一个企业在市场中的竞争地位取决于五个主体：行业竞争者、潜在进入者、替代者、购买者和供应者。

如果许多势均力敌的行业竞争者同时进入同一个细分市场，或者在这个细分市场上已有很多颇具实力的竞争企业，那么该细分市场的吸引力就会下降，尤其是当该细分市场已趋向饱和或萎缩时。

潜在进入者既包括在其他细分市场中的同行企业，也包括那些目前不在该行业经营的企业，如果该细分市场的进入障碍较低，则该细分市场的吸引力也会下降。

替代者的产品从某种意义上限制了该细分市场的潜在收益，替代品的价格越有吸引力，该细分市场增加盈利的可能性就被限制得越紧，从而使该细分市场吸引力下降。

购买者和供应者对细分市场的影响表现在他们的议价能力上。如果某细分市场上购买者的压价能力很强，或者供应者有能力抬高价格或降低所供产品的质量或服务，那么该市场的吸引力就下降。

（4）细分市场特征与企业资源优势的吻合程度。企业所选择的目标市场应该是企业能充分发挥自身优势和力所能及的。对一些适合企业目标的细分市场，企业必须考虑它是否具有在该市场获得成功所需要的技术水平、资金实力、经营规模、地理位置、管理能力等资源条件。所谓优势是指企业的能力较竞争者略胜一筹。如果企业进入的是不能发挥自身优势的细分市场，那就无法在市场上站稳脚跟。

2. 目标市场的选择策略

企业在决定目标市场的选择和经营时，可根据具体条件考虑以下几种不同策略，使自己的营销力量到达并影响目标市场。

（1）无差异性市场营销策略（undifferentiated targeting strategy）。是指把整个市场作为一个目标市场，它致力于寻找消费者需求的共同之处而忽略不同之处。为此，企业推出单一产品和单一营销手段来满足消费者的需求。例如，可口可乐公司曾以单一口味、统一价格和瓶装、同一广告主题将产品推向所有顾客。

无差异市场营销策略曾被当作"制造业中的标准化生产和大批量生产在营销方面的化身"。其最大的优点在于成本的经济性，单一的产品降低了生产、库存和运输的成本，统一的广告促销节约了市场营销费用。这种目标市场覆盖策略的缺点也十分明显。它只停留在大众市场的表层，无法满足消费者各种不同的需要，面对市场的频繁变化显得缺乏弹性，同时也容易受到竞争对手的冲击。当企业采取无差异营销策略时，竞争对手会从这一整体市场的细微差别入手，参与竞争，争夺市场份额。

（2）差异性市场营销策略（differentiated targeting strategy）。与无差异市场营销策略截然相反，差异性市场营销策略充分肯定消费者需求的异质性，在市场细分的基础上选择若干个细分子市场为目标市场，分别设计不同的营销策略组合方案，满足不同细分子市场的需求。

差异性市场营销策略的优点很明显，企业同时为多个细分市场服务，有较高的适应能力和应变能力，经营风险也得到分散和减少；由于针对消费者的特色开展营销能够更好地满足市场深层次的需求，从而有利于市场的发掘，提高销售总量。这种策略的不足在于目标市场多，经营品种多，管理复杂，成本高，还可能引起企业经营资源和注意力分散，导致顾此失彼。

（3）集中性市场营销策略（concentrated targeting strategy）。指企业集中所有力量，在某一细分市场上实行专业生产和销售，力图在该细分市场上拥有较大的市场占有率。例如，生产空调的企业不是生产各种型号和款式、面向不同顾客和用户的空调，而是专门生产安装在汽车内的空调。

集中性市场营销策略因为服务对象比较专一，企业对其特定的目标市场有较深刻的了解，可以深入地发掘消费者的潜在需要；企业将其资源集中于较小的范围，进行"精耕细作"，有利于形成积聚力量，建立竞争优势，可获得较高的投资收益率。但这种策略风险较大，一旦企业选择的细分市场发生变化，如消费者偏好转移或竞争者策略改变等，企业将缺少回旋余地。

（4）定制营销策略（custom marketing strategy）。定制营销是指企业在大规模生产的基础上，将每一位顾客都视为一个单独的子市场，通过与顾客进行个体的沟通，明确并把握特定顾客的需求，为其提供不同方式的满足，以更好地实现企业利益的活动过程。定制营销也被称为一对一营销、个性化营销。若将市场细分进行到最大限度，则每一位顾客都是一个与众不同的细分市场。由于现代信息技术和现代制造业的迅猛发展，使得为顾客提供量体裁衣式的产品和服务成为可能。

定制营销的突出优点是能极大地满足消费者的个性化需求，提高企业竞争力；以需定产，有利于减少库存积压，加快企业的资金周转；有利于产品、技术上的创新，促进企业不断发展。但定制营销有可能导致营销工作的复杂化，增大经营成本和经营风险，因此，定制营销需要建立在定制的利润高于定制的成本的基础之上。另外，生产领域的定制营销还对企业的设计、生产、供应等系统和管理的信息化程度有很高的要求，一般的生产企业可能还很难做到，但仍是众多企业努力的方向。

目标市场营销策略与细分市场的对应关系，如图3-9所示。

知识链接：消费4.0时代——定制消费

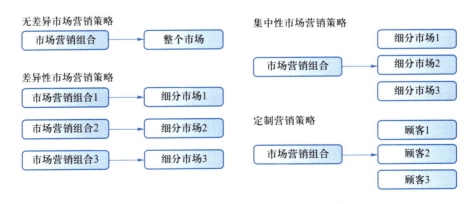

图3-9 目标市场营销策略与细分市场的对应关系

同步案例
抖音成就海底捞创意新吃法

背景与情境： 海底捞有一个创意菜品叫"鸡蛋灌面筋"，通过抖音的传播，一度成为海底捞最红的吃法。这道菜究竟怎么吃？首先把生鸡蛋放在杯中打散，加入虾滑；然后在面筋球上戳个小洞，把打好的鸡蛋和虾滑倒进去并封口；最后下锅煮，等到面筋球漂浮起来就可以吃了。煮熟后，用筷子将其剖开，鸡蛋包裹着虾滑，看起来就非常的美味，口感也非常细腻，就好像在吃火锅版的肉糜炖蛋。

这个视频曾获得近 150 万次的点赞，并带来"鸡蛋灌面筋"的走红，引起了海底捞门店新一轮的排队狂潮。

资料来源：华红兵.移动营销管理 [M]，3 版.北京：清华大学出版社，2020.

问题： 为什么创意菜品"鸡蛋灌面筋"能够在极短时间内形成"顾客潮"？试分析。

分析提示： 2021 年，中国短视频市场规模达到 2 916.4 亿元，短视频已成为人们日常生活的一部分。其中，抖音发展迅猛，2021 年日活跃用户数超过 6 亿，已成为极具影响力的新内容平台，推广效果好。海底捞的创意菜品"鸡蛋灌面筋"就是通过抖音传播，它直观诱人，深深打动了消费者的心。由此说明，企业尤其是餐饮企业和创新快消品企业，应充分了解并积极利用快手、抖音等新媒体营销平台，促进新产品的"广而告之"。

3.3 明确市场定位

市场定位（marketing positioning），通常还被称为产品定位或竞争性定位。它是根据竞争者现有产品在市场上所处的地位和消费者或用户对产品某一特征或属性的重视程度，努力塑造出本企业产品与众不同的、给人印象鲜明的个性或形象，并把这种形象和个性特征生动有力地传递给目标顾客，使该产品在市场上占据强有力的竞争位置。通俗地讲，市场定位是塑造一种产品在市场上的独特位置，使本企业与其他企业严格区分开来，使顾客明显感觉和认识到这种差别，从而在顾客心目中占有特殊的位置。

3.3.1　市场定位的规则与步骤

市场定位的目的是在竞争中树立一种独特的产品或企业的形象，以期在顾客心目中留下深刻的印象。因此企业必须遵循一定的规则与步骤才能收到预期效果。

1. 市场定位的规则

各个企业经营的产品不同，面对的顾客也不同，所处的竞争环境亦不相同，因而市场定位依据的规则也不同。市场定位规则主要有：

（1）根据具体的产品特色定位。产品特色定位是根据产品本身的特征，确定它在市场上的位置。构成产品内在特色的许多因素都可以作为市场定位所依据的原则，如产品构成成分、材料、质量、档次、价格等。例如，"雀巢咖啡，味道好极了"是从产品的质量上加以定位的。

（2）根据顾客得到的利益定位。产品本身的属性及由此衍生的利益、解决问题的方法也能使顾客感受到它的定位。例如，六神花露水强调其中草药成分，能有效祛痱止痒；香味清新，能有效去除汗味，在炎热的夏天给人带来清凉感觉。

（3）根据使用者的类型定位。根据使用者的心理与行为特征及特定的消费模式塑造出恰当的形象来展示其产品的定位。例如，"海澜之家，男人的衣柜""百事可乐，年青一代的选择"都是根据使用者的不同加以定位的。

（4）根据竞争的需要定位。根据竞争者的特色与市场位置，结合企业自身发展需要，将本企业的产品或定位于与其相似的另一类竞争者产品的档次，或定位于与竞争直接有关的不同属性或利益。例如，"七喜"汽水的定位是"非可乐"，强调它是不含咖啡因的饮料，与可乐不同。

事实上，许多企业进行市场定位依据的原则往往不止一个，而是多个原则同时使用，因为要体现企业及其产品的形象，市场定位必须是多维度、多方面的。

职业道德与营销伦理
家电产品虚标能效行为须禁止

背景与情境： 作为世界上最大的发展中国家，中国积极推进碳达峰、碳中和，把碳达峰、碳中和纳入国家经济社会发展全局，彰显着大国责任与担当。家电节能补贴政策就是其中体现在消费领域的一个重要举措。该政策实施后，推广成效显著，节能家电市场份额大幅提升，并较好地拉动了国内消费。然而，市场监管部门抽查检测发现，个别企业虚标产品节能等级，骗取政府补贴，导致消费者要为这些所谓的节能家电支付更多的水费、电费。这些所谓的节能家电达不到节能降耗、保护环境的目的。

问题：请分析案例中存在怎样的道德伦理问题？有什么启示？

分析提示：国家补贴节能家电，目的是鼓励生产厂家通过技术创新等方式，提高家电的节能水平，为消费者节省能源开支，同时减少能源的消耗，节约能源就是保护环境。因此，企业在遵循市场定位规则的同时，更要保证所宣传的产品与实际相符，保持诚信，诚实经营，承担起保护环境的社会责任。

2. 市场定位的步骤

实现产品的市场定位，需要通过识别潜在竞争优势、企业核心优势定位和制定发挥核心优势的战略三个步骤来实现。

（1）识别潜在竞争优势。这是市场定位的基础。通常企业的竞争优势表现在两方面：成本优势和产品差别化优势。成本优势使企业能够以比竞争者低廉的价格销售相同质量的产品，或以相同的价格水平销售更高质量的产品。产品差别化优势是指产品独具特色的功能和利益与顾客需求相适应的优势，即企业向市场提供的产品在质量、功能、品种、规格、外观等方面能够比竞争者更好地满足顾客需求。

首先，企业必须进行规范的市场研究，切实了解目标市场需求特点以及这些需求被满足的程度。一个企业能否比竞争者更深入、更全面地了解顾客，是企业能否取得竞争优势、实现产品差别化的关键。然后，企业还要研究主要竞争者的优势和劣势，知己知彼，方能战而胜之。企业可以从以下三个方面评估竞争者：① 竞争者的业务经营情况，如估测其近三年的销售额、利润率、市场份额、投资收益率等；② 评价竞争者的核心营销能力，主要包括产品质量和服务质量的水平等；③ 评估竞争者的财务能力，包括获利能力、资金周转能力、偿还债务能力等。

（2）企业核心优势定位。核心优势是与主要竞争对手相比，在产品开发、服务质量、销售渠道、品牌知名度等方面，企业在市场上可获取显著差别利益的优势。这些优势的获取与企业营销管理过程密切相关。通常的方法是分析、比较企业与竞争者在经营管理、技术开发、采购、生产、市场营销、财务和产品等方面究竟哪些是强项，哪些是弱项，从中选出最适合本企业的优势项目，以初步确定企业在目标市场上所处的位置，进行最终定位，形成企业的核心优势。

（3）制定发挥核心优势的战略。企业在市场营销方面的核心优势不会自动在市场上得到充分表现，企业必须制定明确的市场战略来充分表现其优势和竞争力。企业要通过一系列宣传促销活动，将其独特的竞争优势准确传播给潜在顾客并在顾客心目中留下深刻印象。为此，企业首先应使目标顾客了解、知道、熟悉、认同、喜欢和偏爱本企业的市场定位，在顾客心目中建立与该定位相一致的形象；其次要通过各种努力强化目标顾客形象，保持目标顾客的了解，稳定目标顾客的态度和加深目标顾客的感情来巩固与市场定位相一致的形象；最后应注意目标顾客对其市场定位理解出现的偏差或由于企业市场定位宣传上的失误而造成的目标顾客模糊、混乱和误会，及时纠正与市场定位不一致的形象。

3.3.2　市场定位的策略

企业可依据营销环境、产品特征、资源禀赋的差异，采取不同的市场定位策略。

1. 差异性定位策略

企业一旦选定了目标市场，就要在目标市场上为其产品确定一个适当的市场位置和特殊印象。但在实际营销中经常会发现这样一种情况，即在同一市场上出现许多相同的产品，这些产品往往很难给顾客留下深刻的印象。因此，企业要使产品获得稳定的销路，就应该挖掘特色，获得竞争优势。差异性定位可以培养消费者对品牌的忠诚度。差异性有以下几方面的内容。

（1）产品实体差异化。产品实体差异化是指从产品质量、产品式样、产品特色等方面实现差异化。寻求产品特征是产品差异化策略经常使用的手段，如表3-4所示。

表3-4　产品实体差异化

产品特征	内容	案例
产品质量	使用效果、耐用性能、可靠程度	汽车行驶更平稳、操作更容易、速度更快
产品式样	独特的样式、风格、对产品的展示方法	剃须刀外形设计炫酷
产品特色	产品功能、技术含量、包装、服务	牙膏的防蛀、美白、去除牙渍功能

（2）服务差异化。当实体产品不易与竞争产品相区别时，竞争制胜的关键往往取决于服务。服务差异化包括产品的送货、安装、用户培训、咨询、维修等方面。不同行业的服务有不同的内容，也有不同的重点。企业应先对服务事项进行排列，再确定重点。以零售业为例，零售服务差异化包括如表3-5所示的内容。在确定了服务事项后，根据顾客的需求、企业自身的特点，以及竞争对手策略，来确定服务差异性定位。

表3-5　零售服务差异化

服务环节	服务事项
售前服务	承接订货、接受订单、广告、橱窗展览、内部展览、试衣间、营业时间、时装展览、折价以旧换新

服务环节	服务事项
售中服务	送货、常规包装、礼品包装、调试、退货、换货、整修、安装、货到付款
附加服务	多种形式付款、一般性解答、免费停车、餐厅、修理、内部装潢、赊购、休息室、代客照顾孩童

（3）形象差异化。形象是公众对企业及其产品的认识与看法。企业或品牌形象可以对目标顾客产生强大的吸引力和感染力，促其形成独特的感受。有效的形象差异化需要做到：① 建立一种产品的特点和价值方案，并通过一种与众不同的途径传递这一特点；② 借助可以利用的一切传播手段和品牌接触（如标志、文字、媒体、气氛、事件和员工行为等），传达触动顾客内心感受的信息。

即使产品实体和服务都与竞争企业十分相似，顾客依然可能接受一种企业产品形象的差异化。例如，李宁在多变的运动服装市场上保持吸引力。

（4）渠道差异化。通过设计分销渠道的覆盖面、建立分销专长和提高效率，企业可以取得渠道差异化优势。如某些计算机产品，就是通过开发和管理高质量的直接营销渠道而获得差异化的。

（5）员工差异化。培养训练有素的人员，是一些企业，尤其是服务性行业中的企业取得强大竞争优势的关键。训练有素的员工具有能力强、礼貌、可信、可靠、沟通能力良好等特点。例如，航空公司的声誉与其空中乘务员的工作质量紧密相关。

2. 避强定位策略

避强定位，是指避开强有力的竞争对手的市场定位。其优点是：能避开与强大竞争对手的直接冲突，在消费者心目中迅速树立起自己的形象。由于这种定位方式风险相对较小，成功率较高，常常为很多企业所采用。

3. 迎头定位策略

迎头定位，是指企业根据自身的实力，为占据较佳的市场位置，不惜与市场上占支配地位的、实力最强或较强的竞争对手正面竞争的定位方式。这种方式一旦成功就会取得巨大的市场优势，因此对某些实力较强的企业具有较大的吸引力，但缺点是具有较大的风险性。实行迎头定位，一方面要知己知彼，尤其要清醒地估计自己的实力；另一方面还要求市场有较大的容量。

4. 重新定位策略

重新定位，是指随着企业的发展、技术的进步、市场环境的变化，企业对过去的定位作修正，以使企业拥有比过去更强的适应性和竞争力。市场一直在不断变化，企业市场定位会因市场变化而重新定位。重新定位一般有三种情况。

（1）因产品变化而重新定位。这是因产品进行了改良或产品发现了新用途，为改变顾客心目中原有的产品形象而采取的再次定位。

（2）因市场需求变化而重新定位。由于时代及社会条件的变化以及顾客需求的变化，产品定位也需要重新考虑。

（3）因扩展市场而重新定位。市场定位常因竞争双方状态变化、市场扩展等而变化。重新定位是重要的，但是要变中求稳，否则频繁改变定位会造成人们对品牌形象的混乱印象，不利于营销，也会加大成本。

3.4 识别市场营销机会

市场营销机会（marketing opportunity），是指对企业营销富有吸引力的而且具有竞争优势的领域或动向。把握市场营销机会是现代企业经营成功的重要前提，而其关键在于识别市场营销机会。

3.4.1 现存市场营销机会的识别

现存市场营销机会的识别是着眼于当前市场，主要包括从以下几个方面寻找营销机会。

1. 从供需缺口中寻找营销机会

某类产品在市场上供不应求时，就表明了可供产品在数量、品种方面的短缺，反映了消费者的需求尚未得到满足，这种供需缺口对于企业来说就是一种市场机会。寻求供需缺口可采用以下几种方法。

（1）需求差额法。即从市场需求总量与供应总量的差额来识别市场机会。可用下列公式表示：

$$需求差额 = 市场需求量 - 产品供应量$$
$$产品供应量 = 国内产量 + 进口产量 + 库存量$$

（2）结构差异法。即从市场供应的产品结构与市场需求结构的差异寻找市场机会。产品的结构包括品种、规格、款式、花色等。有时供需总量平衡但供需结构不平衡，仍然会留下需求空缺，分析供需结构差异，企业便可从中发现市场营销机会。

（3）层次填补法。即从需求层次方面来寻求市场机会。市场需求层次可分为高、中、低三档，通过分析各层次需求的满足情况，找出未被满足的层次，生产相应产品予以填补。

2. 从市场细分中寻找营销机会

从市场细分中寻找营销机会的主要方法有：

（1）深度细分法。即把某项细分标准的细分程度加深拉长。如服装按型号可分为小、中、大号。如果采用延伸法把细分度拉长，则可分为特小号、小号、中号、大号、特大号和特型号等。也可将细分度加深，如特型号中分宽长型、宽短型、窄短型等。深度细分照顾了消费者复杂的需求差异，通过这些细分，可以发现未被满足的市场。

（2）双因素细分法。即采用两个标准细分，例如，西服可以用性别、年龄两个标准细分成若干个次级市场。

（3）多因素细分法。即采用多种标准对市场进行细分，如按文化程度、购买动机、生活方式、年龄、职业、收入等标准，可以细分出更多的市场，从中发现被他人忽略的市场机会。

3. 从产品缺陷中寻求营销机会

产品缺陷往往影响消费者的购买兴趣及重复购买的可能，不断弥补产品的缺陷可能给企业带来新的生机。例如，某生产照相机的企业，最初投放市场的数码照相机型号复杂、笨重、不易操作，针对上述缺陷，研制推出一种快速自动照相机，弥补了原照相机的不足，产品一上市大受欢迎。以后，他们又在消费者调查中了解到该照相机耗电快，给消费者带来不便。为克服这些缺点，研制人员研制出一种更趋完美的能够弥补上述缺陷的超小型、新式照相机，新式照相机很快在市场畅销。

4. 从竞争对手的弱点中寻求营销机会

研究竞争对手，从中找出竞争对手产品的弱点及营销的薄弱环节，也是寻找营销机会的有效方法之一。例如，某大电器公司以"取竞争者之长，补竞争者之短"的方式参与市场竞争，在竞争对手成功地开发出自动洗碗机之后将其带回实验室，对产品的功率、性能、零件数量、种类及成本构成等逐一进行评估，以发现其弱点加以改进。这样，该公司很快开发出一种性能更好、价格更低的全自动洗碗机，赢得市场。

🖥 营销瞭望
倡导大学生理性消费

部分大学生出现了不理性消费的现象，他们盲目攀比，甚至通过网贷过度消费，引发了很多问题，引起社会高度关注。大学生作为一个特殊群体，其消费观念和消费行为不仅关系到自身的成长，而且会对社会各方面产生一定的影响。因此，必须倡导大学生理性消费，坚决拒绝校园网贷行为。所谓理性消费，是指消费者在消费能力允许的条件下，按照追求效用最大化原则进行的消费。从心理学的角度分析，理性消费是消费者根据自己的学习和知觉做出合理的购买决策，如当物质还不充裕时的理性消费者追求的是物美价廉、经久耐用的商品。可以说，大学生理性消费对其思想教育成效的提升以及大学生自身素质的提高有着重要意义。

3.4.2 未来市场营销机会的识别

未来市场营销机会的识别主要着眼于未来市场变化，包括从市场发展趋势、社会时代潮流、科学技术创新和营销手段变革等方面寻求营销机会。

1. 从市场发展趋势中识别营销机会

市场发展趋势包含两方面内容：一是指某类产品市场（包括销售、消费、需求）增长比率；二是指市场客观环境的变化动向。据此，有以下两种识别方法。

（1）增长比率法。市场增长比率的正变化，表明了未来市场需求的增长，企业应以超前的眼光，创造营销机会。

（2）环境变化法。即从市场宏观环境变化中创造机会。环境变化往往使机会与挑战并存，经营者既要以敏锐的眼光从变化动向中预测未来，把握营销机会，还要以非凡的创造力，善于把挑战转化为机会。例如，在我国大中型城市中，人口出现老龄化趋势，这意味着老年人市场逐步扩大，企业可深入细分老年人市场，开发出能最大限度地满足其需求的产品。

2. 从社会时代潮流中识别营销机会

社会发展的各个时代都会形成流行的"涡心"。例如，当今时代的一个潮流是回归自然，许多企业顺应潮流，把握机遇，推出了"自然产品"，如用植物原料制造出的药品、化妆品、饮料等。这些产品激发了人们的新需求。

3. 从科学技术创新识别营销机会

现代科学技术的发展趋势表现出三大特征：① 新材料的应用。近年来新材料的开发主要集中在高功能聚合物、精密陶瓷、复合材料和高级合金上。目前这类新材料市场规模达数万亿美元。② 新能源的利用。即用新的能源取代旧的能源，如新能源汽车替代传统汽车等。③ 新技术的应用。21 世纪是数字化的时代，将数字技术广泛地应用到生产领域可以创造新的市场机会。总之，随时关注世界科学技术的发展动态，及时地将新技术引入生产领域，将给企业带来无限生机。

4. 用营销手段识别营销机会

通过采用创新的营销手段，创造新的营销机会。例如，某搬家中心决意要将"烦恼的搬家"变为"愉快的旅行"，设计出一种命名为"21 世纪的梦"的搬家专用车，这种车分为前后两部分，前半部分上层是豪华客厅和休息场所，娱乐设备齐全，下层是驾驶室；后半部分为行李车厢，同时还提供 3 000 多项与搬家有关的服务。此车一推出，预约搬家者蜂拥而至。这是通过创新的服务来创造新的营销机会。另外还可通过预报商品流行，来引发消费者的需求，如预报服装家具流行款式、流行色；还可以利用广告宣传、新闻报道等创造营销机会。

如今，SWOT分析法越来越成为企业发展战略的重要工具，也成为企业发现营销机会、开发营销机会的好方法。SWOT分析法是企业发展战略分析的一种方法。它指企业通过市场调查，将与研究对象密切相关的各种主要内部优势（strength）、劣势（weakness）、外部的机会（opportunity）和威胁（threat）等一一列举出来，进行全面评估，并依照矩阵形式排列（见图3-10），然后用系统分析的思想，把各种因素相互匹配起来加以分析，从中得出一系列相应的结论，而结论通常带有一定的决策性。

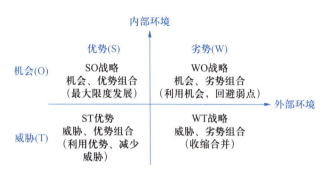

图 3-10　SWOT 分析法

 **同步案例**
"喜茶"的跨界营销：产品力是最好的营销力

背景与情境： 当下，很多企业尝试通过跨界营销来获取更多的流量入口。喜茶作为新式茶饮的领军品牌，每一次跨界营销活动，都能在整个行业内获得很好的市场反应，让消费者感慨喜茶"很有趣""很会玩"。那么，喜茶的跨界营销究竟是怎么做的呢？

跨界第一步：挑选合作伙伴

喜茶会很看重跨界合作品牌的内核是否与喜茶相一致，并且很看重对方品牌能否和喜茶平等合作，同时，喜茶也会主动去寻找一些品牌进行跨界合作。每一次喜茶的跨界活动都会产生很大的反响，基本每次活动的微信文章阅读量都超过40万次。能让每次跨界活动都产生这么好的效果，其中很重要的原因就是喜茶会选择与自己品牌内核一致的合作方，如百雀羚等，追求创意、趣味性和设计感。

跨界第二步：强调设计和创意，注重客户体验

喜茶的流量型跨界营销，追求的是极致的创意设计和灵感。从产品包装到线下每家门店的设计，从图案设计到文案写作，都在诠释灵感与禅意。甚至喜茶引领了整个茶饮行业门店装修的潮流。喜茶的跨界营销活动并不追求销量结果，而是希望通过不同的层面让更多人了解喜茶品牌的初心，让他们了解喜茶可以带给他们一个怎样的世界，一种怎样的体验。而不是直接让消费者来购买新出的产品。

跨界第三步：针对不同的消费者展示品牌形象

消费者需要新鲜感，所以喜茶也不断地在产品和品牌方面为消费者带来惊喜。喜茶在不断尝试和不同品牌进行跨界合作，每一次跨界做的周边和呈现内容都是不一样的。喜茶品牌的关键词是酷、灵感、设计及年轻化，喜茶在与不同品牌合作的时候，会结合品牌的调性与喜茶的契合点来完成。如喜茶和回力合作，面向时尚的年轻群体，展现的形象是运动潮流；而和小黄鸭合作，主要群体就会是可爱的女生，打造可爱、梦幻的感觉。

资料来源：市场部网站，引文有删减。

问题：喜茶在跨界营销中是如何识别市场营销机会的？

分析提示：作为国内新创品牌，喜茶发展迅速，现已成为新茶饮行业中的佼佼者，这与其独特的产品力、营销力密不可分。该品牌在让茶饮这一中华传统文化行为焕发出新生命力的同时，也注重在社会时代潮流中识别市场机会，不断创新营销方法。例如，针对不同消费群体的特性与其他优秀品牌跨界合作，展示与之相契合的品牌形象，形成营销合力，通过产品"惊喜"体验不断吸引消费者。

学习训练

▲ 单选题

1. 某企业根据国内东西部地区人们口味的不同推出味道不同的饼干，这种消费者市场细分的标准是（　　）。

    A. 地理因素   B. 人口统计因素

    C. 心理因素   D. 行为因素

2. 无差异性目标市场面对的是（　　）。

    A. 整体市场   B. 一个子市场

    C. 多个子市场   D. 相关市场

3. 如果市场是异质市场，则宜采用（　　）。

    A. 差异性市场营销   B. 无差异市场营销

    C. 集中性市场营销   D. 差异性或集中性市场营销

4. 市场潜量是从（　　）的角度考虑某一产品市场需求的极限值，是企业制定营销决策的前提。

    A. 行业   B. 企业

    C. 地区   D. 社会

5. 企业所选择的细分市场有足够的需求量且有一定的发展潜力，这是市场细分的（　　　）原则。

    A. 差异性   B. 可衡量性

    C. 可进入性   D. 可盈利性

▲ 多选题

1. 市场细分的有效性包括（　　　）。

    A. 可衡量性   B. 可进入性

    C. 可盈利性   D. 差异性

2. 集中性市场营销策略的优点在于（　　　）。

    A. 市场占有率高   B. 经营风险小

    C. 营销对象集中   D. 有效集中资源

3. 企业市场定位的策略主要有（　　　）。

    A. 差异性定位策略   B. 避强定位策略

    C. 迎头定位策略   D. 重新定位策略

4. 运用市场细分寻找营销机会的主要方法有（　　　）。

    A. 深度细分法   B. 双因素细分法

    C. 多因素细分法   D. 单因素细分法

5. 未来市场营销机会主要从（　　　）中识别。

    A. 市场发展趋势   B. 社会时代潮流

    C. 科学技术创新   D. 营销手段变革

▲ 判断题

1. 每一个细分市场都是由具有类似需求倾向的消费者所构成的群体，所有细分市场的总和便是整体市场。（　　　）

2. 市场细分时只选用一个因素进行细分即为单因素细分法。（　　　）

3. 产品专业化的特点是企业专注于某一种或一类产品的生产，有利于形成和发展生产和技术上的优势，在该专业化产品领域树立形象。（　　　）

4. 一个有效的目标市场必须要有足够的市场需求。（　　　）

5. 产品缺陷往往影响消费者的购买兴趣及重复购买的可能，不断弥补产品的缺陷可能给企业带来新的生机。（　　　）

▲ 案例分析

突破困境的中国本土品牌

背景与情境：李宁公司是"体操王子"李宁在 1990 年创立的专业体育品牌公司，于 2004 年 6 月在中国香港上市。30 多年来，"李宁"品牌尽管有本土知名优势，初创阶段也曾经风光，但面对国际知名运动品牌的挤压和自身经营失误一度陷入困境：高管离职、裁员、库存过剩；股价由 32 港元跌至 5 港元；三年连续亏损累计达 30 多亿元。

李宁公司痛定思痛，抓住数字经济机遇，调整经营策略，重塑品牌形象，完成全渠道布局，终于步入新的发展阶段，开始向"互联网＋运动生活体验"提供商的角色转变：2016 年围绕着产品体验、运动体验和购买体验提出打造"李宁式体验价值"；2018 年采取"单品牌、多品类、多渠道"的发展策略，并登上纽约时装周，成为首个亮相该时装周的中国运动品牌。李宁引发"什么时候国产品牌有那么好看的产品""以前没钱就买李宁，现在没钱买不起李宁"等评论，打破世界对于"中国运动品牌没有好设计"的看法。

特别值得一提的是，"李宁"品牌首次登陆纽约时装周时，以"悟道"为主题，以李宁"过去、现在、未来"为线索，诠释其"悟道"的历程：感悟品牌的价值，挖掘企业的历史，传承中国传统文化，结合现代潮流趋势，重新塑造产品形象。李宁的主营业务始终坚守运动服装和鞋类领域，打造"国潮"运动时尚爆款；同时拓展电商渠道，采用外包生产和特许分销商的模式，在国内建立起庞大的供应链管理体系和分销网络。在国际市场上，李宁持续在北美、欧洲、中东、中亚、东南亚等地区开拓业务，努力打造畅销全球的国潮品牌。

资料来源：新华社新媒体，引文有修改。

问题：

1. 试用 SWOT 分析法谈谈"李宁"品牌为什么能突破困境。

2. "李宁"品牌突破困境对国产品牌发展有何启示？

第 4 章

制定市场营销规划

中国商谚

贵中看贱，贱中看贵。

学习目标

※ 知识目标

- 掌握竞争策略的内涵
- 了解竞争对手的反应模式
- 了解处于不同市场地位的企业的营销策略
- 熟悉企业营销策划的基本类型与流程

※ 技能目标

- 能够科学分析企业竞争对手
- 能够依据企业所处地位恰当选择市场竞争策略
- 能够承担校园营销项目策划相关工作

※ 素养目标

- 树立正确的市场竞争观念，健康有序竞争
- 自觉践行合作共赢理念，不断提升自我
- 培养精益求精的职业精神，科学规划大学职业生涯

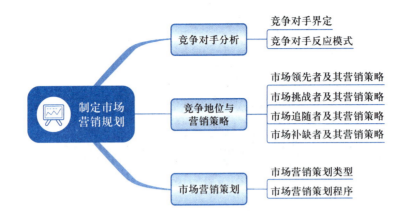

引例
伊利与蒙牛在竞争中共同成长

1993 年，呼和浩特市回民奶食品加工厂股份制改造为"内蒙古伊利实业股份有限公司"，后成立内蒙古伊利实业集团股份有限公司，简称"伊利"。如今，伊利已成为全国乳品行业的龙头企业之一，并以强劲的实力领跑中国乳业。

1999 年 7 月，同样在呼和浩特市，蒙牛乳业成立，在创立伊始的六年时间内，蒙牛的业务规模增长了 200 多倍，经历了"火箭速度"的发展。目前，蒙牛是全球八强乳品企业，制定了"再创一个新蒙牛"的战略规划。

作为行业老大与老二，又同为来自大草原的乳业企业，伊利与蒙牛从来都不缺乏竞争，从原材料争夺到终端市场销售、从产品价格到销售渠道、从营销手段到公关策略，他们的竞争几乎已经渗透到了企业经营中的所有环节：前者打造乳业第一品牌，后者进行品牌比附定位；蒙牛聚焦航天资源，以"航天品质，健康中国"主题进行营销，伊利赞助 2022 年北京冬奥会……

尽管伊利与蒙牛在市场竞争中比拼，却又相互借力、相互合作，演绎着彼此相长、保持旺盛的共同发展之路。

竞争使伊利和蒙牛都发展壮大。

竞争是促成进化和发展的最好动力，市场营销活动离不开竞争。但竞争不是"零和游戏"。健康有序的竞争是企业自我发展和提升的动力源泉。所以，企业从事市场营销活动，必须迎接竞争、参与竞争；必须进行具体、深入的市场竞争分析；必须选择适当的竞争策略，进行认真的市场营销规划。这就是本章所要探究的问题。

4.1 竞争对手分析

《孙子兵法》曰："知彼知己，百战不殆；不知彼而知己，一胜一负；不知彼，不知己，每战必殆。"这是市场竞争的重要原则。如果一个企业不知道与谁竞争，不知道竞争对手营销行动的意义何在，那么也就无法制定与之相应的竞争策略，获取市场份额，获得竞争胜利也就无从谈起。所以，对竞争对手的分析非常重要。

4.1.1 竞争对手界定

认识竞争对手（competitor）并不容易，因为真正的竞争对手不一定是提供同样产品或服务的组织。一个企业实际的和潜在的竞争对手范围很广，它更可能被新出现的、不知名的竞争对手打败。所以，界定企业的竞争对手是一项复杂的工作。

1. 竞争对手类型

如何认清真正的竞争对手？根据产品替代原则，可以将竞争对手划分为以下几个层次：

（1）品牌竞争对手（brand competitor）。即把同一行业以相似的价格向相同的顾客提供相同产品或服务的企业视为竞争对手。由于品牌几乎是区别产品或服务的唯一因素，所以这类竞争对手是企业主要的现实竞争对手，如伊利与蒙牛、华为与小米等互为品牌竞争对手。

（2）行业竞争对手。即把同一行业生产不同档次、型号、品种产品的企业视为竞争对手，如比亚迪将所有的汽车制造商都视为行业竞争对手。

（3）市场竞争对手。即把为满足相同需求而提供不同产品的企业视为一般的竞争对手，如某汽车公司可以认为自己不仅与其他汽车制造商竞争，还与摩托车、自行车等制造商竞争。

更为广义的是，只要是向同一个消费群体提供产品或服务的企业，都可以视作竞争对手。

2. 正确认识竞争对手

竞争对手并不一定是威胁，大多数竞争对手的存在对提升企业的竞争优势、维护市场稳健运行是有益的。

（1）竞争对手可以增强本企业的竞争优势，体现在：增强企业的变革动力；帮助企业解决由市场需求波动所带来的难题；提高产品或服务差异化的能力；提供产品保护和改善劳资关系等。

（2）竞争对手可以优化产业结构，体现在：竞争对手的存在可以增加整个产业的市场需求，在这个过程中企业也可能相应地增加自身的销售额。竞争对手的存在可以为消费者提供更多的选择，有效降低中间商的后向一体化等威胁。

（3）竞争对手可以同我方企业共同进行市场开发，体现在：共同分担市场开发成本；降低买方风险；加速技术标准化或合法化的进程等。此外，竞争对手还可以遏制潜在进入者插足市场。当竞争对手在与自己争夺客户，抢占市场份额，从而降低企业自身的盈利水平时，必须竭尽全力与其竞争，赢得市场。由此可见，竞争对手的存在有利有弊，必须正确判断，积极地与良性的竞争对手开展合作。

3. 科学评估竞争对手

认识竞争对手存在的益处与威胁，需要有科学的评估方法与机制。一般地，企业应该从以下几方面入手：

（1）建立完备的竞争对手信息系统。对竞争对手进行分析需要大量的信息资料，所以，企业必须长期建立完备的竞争对手信息系统，这样才能全面、综合地了解竞争对手的真实情况，从而制定有针对性的竞争策略。

（2）分析竞争对手的现行战略。对竞争对手现行战略的分析，目的在于揭示竞争对手正在做什么，能够做什么，具体包括：研究开发能力，产品设计等因素在产品成本中所占的比重，价格制定策略，产品市场占有率，市场分布情况，销售渠道和营销策略等。

（3）分析竞争对手对自身和所在产业的评价。一个企业对自身的评价，往往能够反映其行为取向，如竞争对手是否满意目前自身在市场中的地位，有哪些营销策略；竞争对手如何评估同业中其他企业的潜在竞争力等。

（4）判断竞争对手的目标。在分析了竞争对手的战略后，还要深入分析竞争对手的未来目标、财务目标、市场定位目标等。此外，竞争对手领导者的个人背景、工作经验及其个人行为对组织目标的影响也比较重要，应进行分析。

（5）分析竞争对手的潜在能力。既要了解竞争对手的薄弱环节，也要了解竞争对手的潜在能力。因为，潜在能力决定竞争对手对其组织战略行为做出调整的可能性、时间、性质和强度。这就决定了竞争对手日后的发展空间，所以潜在能力分析至关重要。

4.1.2 竞争对手反应模式

估计竞争对手在遇到"攻击"时可能采取什么行动，做出何种反应，有助于企业正确地选择"攻击"的对象、因素和力度，实现每一次竞争行动的预期目标。

1. 竞争对手反应模式的类型

竞争对手的反应可以受到各种假设的影响，也可以受到经营思想、企业文化和某些起主导作用的观念的影响，还可能受到其领导者心理状态的影响。一般来讲，常见的竞争对手反应模式的类型主要有以下几种。

（1）从容型的竞争对手。有些竞争对手对其他企业的某一攻击行动采取漫不经心的态度，或不迅速反应，或反应不强烈。它可能深信顾客是忠诚的，也可能等待行动时机，还可能缺乏反击的能力等。为此，企业应探明此类竞争对手行为的具体原因。

（2）选择型的竞争对手。有些竞争对手可能对某些方面的进攻做出反应，而对其他方面的进攻则无反应或反应不强烈。例如，某一竞争对手对威胁其主营业务的攻击反应强烈，而对其次要业务的进攻则反应冷淡。对此类竞争对手，企业要在具体分析的基础上选择竞争因素。

（3）迅猛型的竞争对手。这类的竞争对手对向其所在领域发动的任何进攻都会做出迅速而强烈的反应。这类竞争对手多实力较强，这种反应无非是向同行表明，对它的任何攻击都将徒劳无益。

（4）随机型的竞争对手。这类竞争对手对某一攻击行动的反应不可预知，它可能采取反击行动，也可能不采取反击行动。应对这类竞争对手的难度要大一些。

2. 选择良性的竞争对手与之合作

如前所述，要积极地与良性的竞争对手开展合作。那么，什么是良性的竞争对手？其基本特征包括以下几点。

（1）遵守行业规则。良性的竞争对手了解行业规则并按照规则行事。它会与同行业中的企业合作进行市场开发，共同培育市场，改善现有的产品技术，不会为了赢得市场地位而不择手段。

（2）自我认知客观。良性的竞争对手对行业以及自身的地位会有一个现实的评价。它既不会高估行业发展的潜能从而过度地提高生产能力，或者为了获得市场份额不惜代价地引发价格战；也不会对生产投入不足而为潜在进入者提供机会，或者低估自己的能力而不敢对市场新进入者进行阻击。

（3）明晰成本。良性的竞争对手按照成本合理的原则来进行定价，不会随便哄抬物价或低价抛售。

（4）有适度的目标。良性的竞争对手满足于当前的市场地位和利润水平，产品研发和生产扩张也稳定在一定水平上，不会打破产业间的平衡格局。

（5）有一定的信誉、资源和危机感。良性的竞争对手有足够的资源和能力，能够生产出为消费者所信赖的产品。这一方面维护了行业和产品的声誉，满足了需求；另一方面会对潜在进入者构成威胁。

4.2　竞争地位与营销策略

微课：
竞争地位与
营销策略

为达到营销目标，企业在不同时期、不同状态下要制定不同的竞争策略。竞争策略（competition strategy）是指企业依据自己在行业中所处的地位，为实现竞争战略和适应竞争形势而采用的各种具体行动方式。一般地，企业在行业中所处的地位可具体分为市场领先者、市场挑战者、市场追随者和市场补缺者四种类型。

4.2.1　市场领先者及其营销策略

市场领先者（market leader）是指某一行业中拥有最大的市场占有率，在价格变动、新产品开发、分销覆盖面和促销强度等方面都起主导作用的某一大企业。例如，大疆无人机、格兰仕微波炉、格力空调等，均为各自所在行业的市场领先者。

一般拥有占绝对优势的市场占有率（通常在40%以上）的企业即市场领导者，在市场竞争中以维护优势统治地位为主要目的，并在以下三个方面采取行动：不断扩大市场需求、维护现有市场占有率和扩大市场占有率。

1. 不断扩大市场需求

当一种产品的市场需求在不断扩大时，收益最大的往往是处于市场领先者地位的企业。所以促进产品总需求量不断增长，扩大整个市场容量，是此类企业维护竞争优势的积极措施。市场领先者企业为达到扩大市场需求总量的目的，主要有以下途径可选择。

（1）寻找新的消费对象。每一种产品都有吸引消费者的潜力。如果消费者不想买它，可能出于多种原因，如不知道产品益处，产品价格不当或缺乏某些特点等，企业要针对这些原因进行营销。如香水公司可以努力说服那些不用香水的女士使用香水（市场渗透策略），或者说服男士使用香水（新市场策略），或者向国外出口香水（地理扩展策略）等。

（2）开辟产品新的用途。即通过发现并推广产品的新用途来扩大市场，如手机最初只是通话工具，进入智能机时代后相继开发出多种新功能，促使消费者不断更新手机，从而提高了市场需求量。

（3）刺激增加使用量。即通过刺激原有消费者群体增加每次使用量或使用频率等方法，来达到扩大市场需求总量的策略。

2. 维护现有市场占有率

在市场领先者企业面临的竞争对手中，相对总会有一个或几个实力雄厚者。要防止和抵御其他企业的强攻，维护自己现有的市场占有率，是领先者企业守住阵地的有效竞争策略。

市场领先者企业可以通过以下两个途径达到维护市场占有率的目的。

（1）进攻措施。即在降低成本、提高销售效益、产品创新、服务水平等方面争取能始终处于行业领先地位，同时针对竞争对手的薄弱环节主动出击。

（2）防御措施。即根据竞争的实际情况，在企业现有阵地周围建立不同防线。如构筑在企业目前的市场和产品上的防线；构筑不仅能保护企业目前的阵地，而且能扩展新市场，作为企业未来新的防御和进攻中心的防线等。

3. 扩大市场占有率

市场占有率与投资收益率密切相关。一般来说，企业的市场占有率越高，其投资收益率相应就越大。许多企业把市场占有率作为营销目标，领先者企业可以根据经济规模的优势，降低成本，扩大市场占有率。

市场领先者企业在采用扩大市场占有率的竞争策略时，必须注意三个问题：① 引起反垄断的可能性有多大？② 为提高市场占有率所付出的成本有多大？③ 采用何种营销组合策略？

4.2.2　市场挑战者及其营销策略

市场挑战者（market challenger）是指在行业中仅次于市场领先者的企业，其拥有的市场占有率可达 30% 甚至更高一些。它们同样具有较强的竞争优势，往往有能力、有欲望向市场领先者发起挑战，争取取代市场领先者的地位。

1. 确定挑战目标

明确企业的竞争对手和主攻方向，是市场挑战者企业成功与否的基础。一般有以下三种挑战目标可供市场挑战者企业选择。

（1）向处于领先者地位的企业挑战，意在夺取其市场份额和产品优势。对市场领先者进攻的风险最大，一旦成功便能"梦想成真"。

（2）向与自己实力相当的企业挑战，意在扩展自身市场份额以改变市场地位。进攻同等规模的企业与进攻市场领先者的目的一样，即一般都不是以打垮、吃掉对方为目标，而是为了争取更大的市场占有率。

（3）进攻力量薄弱的小企业，意在夺取其市场份额或进行兼并，扩充自身实力。在市场竞争中，这一目标的结果往往是把中小企业赶出现有市场或吞并它们。

2. 选择挑战竞争策略

市场挑战者企业发起挑战是一种主动的攻击行为，进攻方向及具体运用的营销策略是经过认真选择的。

（1）正面进攻。当市场挑战者企业实力明显高于对方企业时，可以采用局部正面或全面进攻的策略。比如，经营和竞争对手相同的产品，进行价格竞争，或者采用势均力敌的促销措施等。这是集中全力向对手主要市场阵地发动攻击的策略，进攻的是对手的强项而不是弱项，胜负取决于双方力量的对比。

（2）迂回进攻。如果竞争对手的实力较强，正面防线非常严密，市场挑战者企业可以采用迂回进攻的策略。如选择竞争对手忽视的细分市场进攻，或者选择竞争对手产品销售薄弱、服务较差的地区进攻。这是集中优势力量攻击对手弱点的策略，成功的可能性更大。

（3）游击进攻。如果挑战者企业暂时规模较小、力量较弱，可以采用游击进攻的策略，针对竞争对手的不同侧面，根据自己的力量进行小规模、时断时续的攻势。如进行有选择、有限度的降价，采用突然的促销措施，与中间商联合行动等，以达到打击对手士气、争取消费者的目标。这是以小型的、间断性的攻击手段逐渐削弱对手的实力，以占据长久立足点的策略。

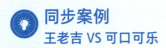

同步案例
王老吉 VS 可口可乐

背景与情境： 王老吉与可口可乐，一个是起源于广东一带而红遍全国的凉茶饮料品牌，一个是行销全球的百年碳酸饮料品牌。这两者之间能否较量、谁胜谁负，是一个热议的话题。

有专家认为"考虑到凉茶的配方、工艺及独特的养生理念，很难想象有第二种饮料能够超越凉茶在中国的地位。"

王老吉凉茶发明于清道光年间，至今已有近 200 年的历史，被公认为凉茶的始祖，有"药茶王"之称。到了近代，王老吉凉茶更随着华人的足迹遍及世界各地。现在所讲的是作为凉茶饮料品牌的红色罐装的王老吉。

事实上，王老吉凉茶进入全国市场时，就被拿来与可口可乐做比较，其内部确实很关注可口可乐，在销量、市场渠道上会重点拿碳酸饮料以及茶饮料等品类做比较，因为这些品类的市场相对成熟，可以学习它们的一些专业的操作手法。比如，除了常规的市场推广、陈列外，还对可口可乐的销售数据和促销活动比较敏感，当它们做促销时，王老吉也会跟进做一些。

当然，对于王老吉的迅猛发展，可口可乐并没有视而不见。2017 年 5 月，可口可乐宣布推行"全品类战略"，2022 年 6 月，可口可乐宣布推出健康工房夏枯草植物草本饮料。

问题： 王老吉能够取代可口可乐吗？

分析提示： 从情感上讲，或许我们都希望民族企业胜出；但站在市场竞争的角度，又必须理性分析。虽然王老吉与可口可乐都有百年历史，但作为一般性的消费品，王老吉流行市场的时间就不及可口可乐，可口可乐"神秘的配方"是其独特的核心竞争力。王老吉是防治"上火"的功能型茶饮料，而"上火"是一个普遍性的中医概念，在中华文化圈中有一定的基础，可以走差异化路线，不直接与可口可乐竞争；也可以连同其他凉茶品牌企业，共同把市场做大。或许在不久的将来，具有中国特色的凉茶饮料也会成为世界级品牌。

4.2.3　市场追随者及其营销策略

市场追随者（market follower）是指那些模仿市场领导者的产品、市场营销因素组合的企业。它是"一种积极的跟随"。市场挑战者是企图通过竞争行动来夺取领导者的市场，甚至存有争夺市场领先地位的雄心；市场追随者则不以击败领先者为目标，而仅仅是模仿市场领先者的行动，依附于市场领先者，以从中取得利润。在市场竞争中，行业的"亚军"企业并不是非当挑战者不可。当领先者企业有足够的实力抵御各种攻击时，亚军企业不如追随领先者企业，缓和矛盾。特别是在钢铁、肥料、化工等资本密集型的同质产品行业中，难以实现产品差异化和形象差异化，服务质量趋同，价格敏感性较高，采用的进攻策略可能招致激烈的价格战和被挑战者的还击，此时，亚军企业更适合充当市场追随者的角色。

市场追随者为了选择一条不会导致竞争对手还击的发展道路，可采用以下策略。

1. 紧跟其后

紧跟其后，是指市场追随者尽可能在各个细分市场和市场营销组合领域模仿市场领先者。从表面上看，这种市场追随者如同市场挑战者，只要它们不采取攻击性的手段刺激市场领先者，就不会发生直接的冲突。

2. 有距离追随

有距离追随，是指市场追随者在目标市场、产品革新、公认的价格水平和分销等主要方面追随市场领先者，而在其他次要方面则保持一定的距离。这种距离包括收购同行业的小企业、适当多元化经营等。市场追随者采用这种策略较容易被市场领先者接受，一方面它没有干扰市场领先者的营销战略，另一方面让市场追随者获得一定的市场占有率还有助于使市场领先者免受垄断指责。

3. 有选择追随

有选择追随，是指市场追随者在某些方面步市场领先者的后尘，另一些方面则自行其是。它只模仿市场领先者行之有效的策略，在能发挥自己特长的领域则致力于创新。这种亦步亦趋的策略可能使其以后发展成为市场挑战者。

4.2.4　市场补缺者及其营销策略

市场补缺者是指那些专门为被大企业忽略或不屑一顾的小市场提供有效服务的小企业。这里所指的小市场通常称"补缺市场",又叫利基市场(niche market),往往既没有风险,又有利可图,为小企业所青睐。所以,市场补缺者往往会因这种市场无强大的竞争压力而获得经营上的成功。

1. 理想的补缺市场

市场补缺者要想获取经营成功,关键在于找到理想的补缺市场。这种补缺市场应具备以下特征:

(1)具有相当规模的购买力,并可获得盈利。

(2)具备发展潜力。

(3)强大的竞争者对该市场没有兴趣。

(4)企业具备为该市场服务所必需的能力和资源。

(5)企业已在顾客心目中建立良好的信誉,能以此抵御竞争者的攻击。

2. 市场补缺策略

小企业要成为一个成功的市场补缺者,就必须是服务于某一小市场的专家,实施专业化经营,即力争在小市场中获得较大的市场份额,通过高度专业化经营获取最大限度的收益。

(1)竞争理念。市场补缺者是因补缺而生,因补缺而存,因补缺而发展,所以必须始终坚持补缺理念,以连续不断地创造新的补缺市场为基础,即"不断拾遗补阙"和"多头补缺",而不是仅仅忠于一个补缺基点。具体讲,要积极地创造补缺市场、扩大补缺市场和保护补缺市场。

① 创造补缺市场,就是在补缺理念指导下,企业积极适应特定的市场环境和市场需要,努力开发专业化程度较高的新产品,从而创造无数的补缺市场。

② 扩大补缺市场,就是企业在补缺理念指导下开发出专业化程度很高的新产品以后,还要进一步提高产品组合的深度,创造出更多需要这种专业化产品的市场需求者,以扩大市场占有率。

③ 保护补缺市场,就是企业在补缺理念指导下关注竞争者的动向,及时采取相应的策略,提高客户忠诚度,全力维护自己在特定市场上的领先地位。

(2)营销策略。市场补缺者的营销策略在于落实专业化经营的竞争理念,即通过服务于最终用户、服务于特定顾客、服务于特定产品来实现营销目标。

① 服务于最终用户,指针对某些最终用户进行专业化经营,如各种产品维修、维护服务,用于维修的零配件的生产与供应、各种咨询服务等。

② 服务于特定顾客,指为某些特定顾客服务,既可起拾遗补阙的作用,又

有利于专业化经营。例如，专门为另一个企业提供差异化产品，这一产品具有标准化生产不易兼顾的功能；专门为千差万别的顾客提供定制产品，成为加工专家；只为某一家大企业提供所需的产品和服务等。

③ 服务于特定产品，其中包括：只为各个行业生产某一层次所需的产品；只生产一条产品线的一种产品甚至其中的一种零件，以发挥自己的专长，如汽车行业的某企业只生产一种优质的汽车零部件。

职业道德与营销伦理
价格战招来两败俱伤

背景与情境：两家大型卖场在广州一条繁华街道上相继开业。甲店周末大酬宾，每只"吊烧鸡"30元的活动刚结束2天，乙店就贴出本周"感谢街坊（广州方言，指附近居民），正宗 ×× 吊烧鸡每只 25 元！"；随后，甲店又提出"真情馈赠，吊烧鸡 15 元！"；跟着，乙店挂出"天天特价，商品比某某店更便宜"的海报……你方唱罢我登场，引来市民的一片热闹。但一段时间后，店家因价格过低导致亏本，难以为继，市民也因疲倦而不堪其扰。

问题：试分析两家大型卖场的竞争策略。

分析提示：靠价格比拼显然不是明智的竞争策略，最终必是两败俱伤。另外，竞争者的信息是用来指导企业经营或改进服务的，但如果竞争企业之间彼此用来相互贬低对方，声称本企业产品价格比竞争对手更便宜，则是违背市场竞争伦理的。

4.3 市场营销策划

从管理的基本职能看，企业市场营销活动离不开计划、组织、协调和控制。所以，市场营销计划是企业营销工作的重点，而市场营销计划又必须通过市场营销策划来具体落实。

4.3.1 市场营销策划类型

随着企业市场营销活动的深入，市场营销策划作为一门新兴的涉及多学科的综合性应用科学已被广泛应用。它是一门研究企业如何进入市场、分析外部环境、进行资源配置、激发营销创意，以及进行具体营销活动方案设计的基本方法、基本技巧的子学科。

1. 市场营销计划与市场营销策划

市场营销计划与市场营销策划两者相互联系又相互区别。它们都是对未来工作的预先安排，但又有不同，前者着重于"计"，后者着重于"谋"；前者指导后者，后者是前者的具体化；前者讲究程序、逻辑，后者突出创意、创新、创造。

（1）市场营销计划（marketing plan）。计划，即工作或行动以前预先拟订的具体内容和步骤。市场营销计划是对企业未来一个时期市场营销工作的基本描述，包括提要、指导思想、任务、目标、具体指标、政策、措施和控制等。它可使企业的市场营销工作按既定计划有条不紊循序渐进地推进，从而避免营销活动的混乱或盲目性。

市场营销计划具有以下特点：① 市场营销计划是企业计划的中心，是企业各部门计划中最重要的一个；② 市场营销计划涉及企业的各主要环节；③ 市场营销计划日趋重要和复杂，一般有比较明确的时间界限，且通常是以日历习惯，即一个月、一个季度或一年、五年来制订。

（2）市场营销策划（marketing planning）。策划，即筹划、谋划，人们通过它来设定目标、战略和战术。策划是一个操作性的概念，是一个过程。任何一项活动都离不开策划，市场营销活动也是这样。所谓市场营销策划，是指围绕企业营销目标，在充分调查分析外部环境的基础上，根据企业现有的资源条件，激发创意，制定一套具体的市场营销活动方案的过程。

市场营销策划是为了某一目标而进行的创造性思考和实践的管理活动。所以，从本质上讲，市场营销策划是企业的一种计划活动，是在计划指导下开展的工作，但又不同于程序化的计划，它富有创意，其时效性、开放性、灵活性和挑战性都远比计划要大而强。

2. 市场营销策划类型

根据不同的划分标准，市场营销策划可以划分为不同的类型。从策划的层次上讲，可以分为战略策划和战术策划；从策划范围上讲，可以分为综合策划和项目策划等。而且，在每一种类型下市场营销策划又可进一步细分，如市场营销战略策划可具体分为市场定位策划、市场竞争策划、企业形象策划和品牌策划等。

由于每个完善的市场营销策划都离不开目标市场，离不开市场营销组合中的4个要素，即产品、价格、渠道和促销，所以下面将重点介绍目标市场策划、产品策划、渠道策划、价格策划和促销策划。

（1）目标市场策划。它是指企业在完成市场细分，确立目标市场应考虑的因素后，选定目标市场、确定目标市场策略的设计过程。

（2）产品策划。它是指企业从产品的设计、开发、上市时机、投放市场到退出市场的全过程行动方案的设计过程。实践中，产品策划还可以进一步划分为产品名称策划、产品包装策划、产品品牌策划、新产品推广策划等。

（3）渠道策划。它是指企业关于产品分销通道的策划，即企业如何设计、选择和管理产品由生产领域转移到消费领域的分销通道设计过程。

（4）价格策划。它是指企业如何根据产品定价影响因素及市场竞争需要，设计合理的价格策略，争取与占有市场的设计过程。

（5）促销策划。它是指企业如何充分利用各种促销工具并有机整合，促进市场营销目标实现的设计过程。在实践中，企业也可以根据需要，就某一个促销工具进行策划，如广告策划、营销推广策划和公共关系策划。

4.3.2　市场营销策划程序

市场营销策划是一项系统工程。它除了前面章节所讨论的需要进行市场调研、掌握足够有效的信息外，还要懂得进行市场营销策划的基本原则和流程。

1. 市场营销策划的基本原则

企业开展市场营销策划活动将面临各种各样的问题与矛盾，为了提高策划的科学性和准确性，在策划过程中必须遵守以下原则。

（1）客观性原则。任何市场营销策划都必须以客观事实为依据，充分考虑企业的资源条件，提出切实可行的行动方案。

（2）创新性原则。市场营销策划活动本身就是一项创造性的活动。创新是策划的生命力所在。所以，企业必须运用创新思维，提出解决市场营销问题、实现市场营销目标的新创意、新思路和新方法。

（3）系统性原则。市场营销策划是一项系统工程，其系统性表现为两个方面：一是进行市场营销策划必须系统考虑内外部各因素的相互影响，以及各策略之间的配合等；二是市场营销策划活动是企业经营活动的一部分，策划工作的完成有赖于企业各部门的支持与配合。

（4）战略性原则。企业进行市场营销策划时必须从战略的高度去思考，力求高瞻远瞩又细致周全，使战略与战术完美结合。

（5）效益性原则。企业在进行市场营销策划过程中要注意控制成本，力求以较小的投入获得较大的效果。

（6）可操作性原则。市场营销策划的目的是实施并获得预期目标。所以，企业所制定的市场营销策划方案必须是可操作的，否则只能纸上谈兵。

同步案例
从"劲王枸杞汁"到"劲王野战饮料"

背景与情境： 红豆食品公司是一家从事杂交枸杞系列产品开发、生产的企业，拥有种植基地和与之配套的三条生产线。由于企业充分利用当地资源条件优势，且具备杂交枸杞种植、深加工到综合利用的能力，以及多年经营经验而深受当地政府的支持。随着市场开发和产品升级，企业重点发展的"劲王枸杞汁"（枸杞鲜汁）也建成投产。但是，市场营销策划专业公司对"劲王枸杞汁"进行市场营销策划时，认为这种产品完全没有市场，并提出新的创意，将产品命名为"劲王野战饮料"。

在市场营销策划公司的建议下，企业将精力、财力和物力重点投向了"劲王野战饮料"。该产品刚推出时销售较其他产品好，但一段时间后就开始下降，到最后完全停产。

问题： 试分析"劲王野战饮料"的市场营销策划。

分析提示： 对红豆食品公司这样的中小企业进行市场营销策划，首先要考虑充分利用已有的枸杞种植基地与生产线，即要遵从客观性、系统性和效益性等原则。如果市场不行需要转向，也不应该轻易放弃自己的特色优势。企业自身资源能力有限，又将重点贸然投向新产品"劲王野战饮料"，这样的市场营销策划自然要失败。

职业道德与营销伦理
满足需求就是企业的经营宗旨吗？

背景与情境： 乐乐出版有限公司发现一本科技读物在当地非常畅销，于是进行系统策划并以盗版印制的方式及时投放当地市场。由于市场供不应求，且盗版的科技读物价格便宜，该企业在满足需求的同时取得可观的利润。

问题： 试分析该出版有限公司的策划行为。

分析提示： 这是考验企业如何追求顾客满意与坚守道德营销的一个命题。企业在满足消费需求时，既要看对顾客是否有利，也要看对他人或社会是否有利。盗版书籍质量虽然不及正版书籍，但价格便宜，因而受到不少消费者的欢迎。问题是制作和出售盗版书籍损害了著作权所有人的利益，从竞争角度讲也是非法谋取竞争对手的市场收益，所以，该出版有限公司的做法是不对的。

2. 市场营销策划的流程

市场营销策划的流程一般应包含以下几个基本步骤。

（1）分析现状。分析现状是进行市场营销策划的逻辑起点。因为在企业开展市场营销活动时，首先要面对外部市场环境特别是竞争状况，以及自身资源条件的限制，所以市场营销策划的第一步工作就是进行充分的市场调查，全面分析现状。

（2）确定目标。目标是市场营销策划的基础。策划目标的确定关系到营销策略的制定以及将来整个营销活动的方向和行动，如是尽快占有市场还是尽快收回投资，是全面推进还是重点突破等。目标不同，策略的选择也必不相同。企业要根据现状分析、经营目标和营销计划来确定目标，既不要低估也不要高估企业的营销目标，否则会赚不到应有的利润，甚至既浪费资源又达不到目的。

（3）选择策略。策略是实现市场营销目标的行动纲领。在市场营销策划过程中，企业必须根据营销目标，以及市场机会与威胁、企业的优劣势等问题，确定目标市场战略，选择合适的市场营销手段及组合策略。

（4）构思方案。方案是企业根据市场营销活动目标及策略提出的假设性行动步骤和方法，相当于一部电影的剧本，包括做什么，谁去做，什么时候做，经费有多少等。由于市场营销策划活动是一项创造性活动，创意是其核心，所以在提出假设性解决方法时，要开动脑筋，大胆设想，尽力寻找多种实用方法，再比较、择优。

（5）试测评估。前面虽然经过反复讨论形成了详细的市场营销工作方案，但还不能确保成功。因为市场变化万千，而且市场竞争对手的反应不尽相同，企业不可控制的因素还很多。为了提高针对性、时效性，企业可以将工作方案进行局部或小范围的测试，然后进行评估、修正。

（6）撰写文稿。撰写文稿即编制具体的市场营销策划书。这是企业进行市场营销策划的最后一个步骤。市场营销策划书的主要内容和基本结构是：① 封面，包括策划方案名称、编写部门、提案日期、策划人员、保密等级及编号；② 前言，包括任务说明、策划过程、策划方法及预期效果；③ 目录，包括策划内容标题及页码；④ 摘要，即策划内容要点；⑤ 正文，即策划书的核心，包括策划主题及目标、环境分析、营销目标、营销战略、营销组合策略、行动方案、财务预算和控制方案等；⑥ 结束语，总结策划要点及必要提示；⑦ 附件，包括数据资料、问卷样本、访谈记录等。

经过以上步骤，就可以基本形成一套切实可行的市场营销活动方案。

学习训练

▲ 单选题

1. 同一行业以相似的价格向相同的顾客提供相同产品的企业是（   ）。

    A. 行业竞争对手   B. 市场竞争对手

    C. 广义竞争对手   D. 品牌竞争对手

2. 某一行业中拥有最大的市场占有率，并在价格变动、新产品开发、分销覆盖面和促销强度等方面都起主导作用的某一大企业称为（   ）。

    A. 市场挑战者   B. 市场追随者

    C. 市场补缺者   D. 市场领先者

3. 在整个市场营销策划中，起核心作用的是（   ）特征。

    A. 目标   B. 创意

    C. 信息   D. 点子

4. 有些竞争对手可能对某些方面的进攻做出反应，而对其他方面的进攻则无反应或反应不强烈，这是（   ）的竞争对手。

    A. 从容型   B. 选择型

    C. 迅猛型   D. 随机型

5. 市场追随者的营销策略是一种（   ）的跟随。

    A. 积极   B. 消极

    C. 挑战   D. 都不是

▲ 多选题

1. 常见的竞争对手反应模式的类型主要有（   ）的竞争对手。

    A. 从容型   B. 选择型

    C. 凶暴型   D. 随机型

2. 良性的竞争对手的基本特征有（   ）。

    A. 对行业的设想符合实际   B. 专心于某一市场的经营

    C. 有适度的退出壁垒   D. 有适度的目标

3. 企业在行业中所处的地位可具体分为（   ）。

    A. 市场领导者   B. 市场挑战者

    C. 市场追随者   D. 市场补缺者

4. 理想的补缺市场的特征包括（   ），以及企业已在顾客心目中建立良好的信誉，并能够抵御竞争者的攻击等特征。

    A. 具有相当规模的购买力，并可获得盈利

    B. 具备发展的潜力

    C. 强大的竞争者对该市场没有兴趣

D. 已具备为该市场服务所必需的能力和资源
5. 市场领导者的营销策略主要有（　　　　　）。
A. 不断扩大市场需求　　　　　B. 保持现有销售额
C. 维护现有市场占有率　　　　D. 扩大市场占有率

▲ 判断题

1. 竞争对手都是"敌人"，企业必须竭尽全力打击对方。（　　）

2. 在行业中处于次要地位的企业只能采取市场挑战者策略。（　　）

3. 市场补缺者必须坚持专业化经营的竞争理念，通过服务于最终用户、服务于特定顾客、服务于特定产品来实现营销目标。（　　）

4. 企业有了市场营销计划就不必进行市场营销策划了。（　　）

5. 健康有序的竞争，是企业自我发展和提升的源泉。（　　）

▲ 案例分析

太阳雨品牌在竞争中成长

背景与情境： 太阳雨集团是一家全球化的清洁热能公司，它在 20 多年前还只是一个区域性品牌，消费者并不关注。作为后来者，太阳雨希望打破市场格局，成为市场领先品牌。为此，太阳雨选择了当时的产业第一品牌作为竞争标杆，并分析其竞争优势及行业默认的通用利益点，寻找市场痛点。通过市场调研分析，太阳雨发现超过 60% 的消费者反映，目前使用的太阳能热水器保温效果差。晴天、白天时水是热的，但到晚上使用时水温却降低了。可见，太阳能热水器"集热"是基础，"保温"才是关键。太阳雨凭借一项"保温技术"国家专利使保温效果比一般热水器高出近 40%，迎合了市场需求，以此全力抢占市场空白点，并将这个概念不断升级，演绎出"保温墙"的产品概念，使消费者接受的概念视觉化，形成一个直观符号。

20 多年来，太阳雨一直专注于太阳能的产品研发与推广，先后通过国家"3C"认证，中国环境标志认证等权威认证，旗下产品在德国、美国、韩国、欧盟等国家相继取得了 50 多个产品认证。2021 碳中和高峰论坛上，经世界纪录协会严格评定，太阳雨集热器瞬时集热效率创造了新的世界纪录，并成为行业首家"绿色工厂"，引领行业进行"绿色制造"。太阳雨通过差异化竞争战略和不断创新，成为行业中的领先品牌。

问题：

1. 太阳雨是通过什么竞争战略改变自身市场地位的？

2. 联系实际，谈谈现代企业如何进行市场竞争。

▲ 实践演练

"市场营销策划程序化运作"训练

【实训目标】

1. 能够编写市场营销策划程序化运作方案。

2. 能够组织实施市场营销策划程序化运作方案。

3. 能够评估市场营销策划程序化运作效果。

4. 培养信息处理、革新创新、团队合作、解决问题等核心能力。

5. 养成良好的职业道德和职业作风。

【实训内容】

组织一次市场营销策划活动。让学生参与市场营销策划活动的各个环节，对市场营销策划工作有更深入的了解，编写市场营销策划报告。通过实训，培养相应的专业能力与职业核心能力；通过践行职业道德规范，促进健全职业人格的塑造。

【组织形式】

将班级学生分成若干实训小组，根据实训内容和项目需要进行角色划分。

【实践要求】

1. 将职业核心能力与职业道德和素养训练融入专业能力训练。

2. 对本次实训活动进行总结，完成本次实训课业。

【情境设计】

"邓老凉茶"为了响应团省委的号召，决定捐助 500 万元，在省内乃至全国高职院校设立"大学生就业创业中心"1 000 家，资助在校大学生进行创业训练。假如你是这个项目的子负责人，请结合自己所在院校的实际情况，为"邓老凉茶——×× 学院大学生就业创业中心"进行市场营销策划设计。

由学生分组确定市场营销策划项目，运用市场营销策划的程序和方法，依次开展市场营销策划工作，撰写、交流、修改和展示《×× 市场营销策划方案》，体验市场营销策划工作程序化运作的全过程。

【实训时间】

本章学习后的课余时间，用一周时间完成。

【操作步骤】

1. 将班级学生分成若干个实训小组，模拟公司营销团队进行角色分工，由教师布置实训任务。

2. 各小组要了解所要策划的市场营销项目，充分交流以确定目标和策划工作思路。

3. 各小组运用市场营销策划的程序和方法，依次进行市场营销环境分析和市场行为分析。

4. 教师指导各小组进行市场营销策划程序化工作的组织与实施。

5. 各小组撰写《×× 市场营销策划方案》。

6. 各小组分析评价《×× 市场营销策划方案》。

7. 在班级交流、讨论各小组完成的《×× 市场营销策划方案》，教师对交流情况进行点评。

8. 将附有教师点评的各小组《×× 市场营销策划方案》在网络平台上展示，供学生相互借鉴。

【成果形式】

撰写《×× 市场营销策划方案》。具体的结构与体例请参照书后的市场营销综合实训范例。

第 5 章

开发产品策略

中国商谚

人叫人千声不应，货叫人点首而来。

学习目标

※ 知识目标

- 掌握产品整体概念及其构成层次
- 了解产品生命周期及其策略
- 掌握现代企业品牌内涵及其策略
- 了解产品包装的种类与功能
- 理解现代营销观念背景下新产品开发的积极意义

※ 技能目标

- 能够辨识产品生命周期各阶段的市场特点
- 能够进行新产品开发和市场推广
- 能够正确运用现代品牌策略和包装策略

※ 素养目标

- 树立国家品牌意识，推广优秀的中国产品
- 传承中华优秀文化，讲好中国故事
- 培养勇于创新，注重品质的职业精神

【思维导图】

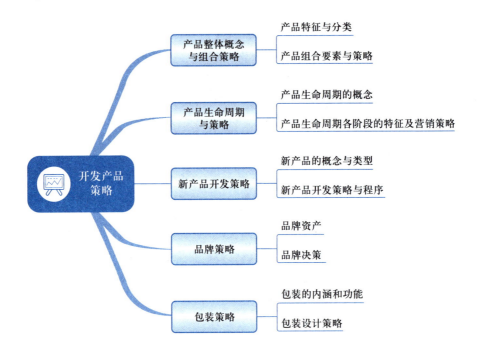

引例
南大机器人公司的眼光

　　南大机器人公司成立于 2015 年，是一家主营新能源锂电池自动化设备、工业机器人自动化的生产企业。它创办不久就先后以独特的眼光与南方职院等院校合作，共建"校中厂"，开设现代学徒制班，充分发挥校企各自的技术、智力及场地优势，研发新产品。2020 年年初，应对新冠疫情，该公司以过硬的技术和加工生产能力快速研制口罩机，支援江门等地区。南大机器人公司的第一台全自动平面口罩机从研发到交付仅用了 18 天，彰显了科技战"疫"的力量。

　　多年的校企深度合作使南大机器人公司的产品获得了市场的广泛认可，也培养了很多人才，并被确立为广东省首批产教融合型企业。2021 年 8 月，荣获创客广东创新创业大赛一等奖。

　　实践证明，产品是市场营销的基础，其他各种市场营销策略都是以产品策略为核心展开的。如何从产品的整体概念出发开发出既受消费者欢迎，又能为企业获取利润的产品，是本章需要探讨与学习的内容。

5.1 产品整体概念与组合策略

人们通常理解的产品是指具有某种特定物质形状和用途的物品，是看得见、摸得着的东西。这是对产品的一种狭义的定义。而广义的产品（即市场营销学中的产品整体概念）是指人们通过购买而获得的能够满足某种需求和欲望的物品的总和，它既包括具有物质形态的实体产品，又包括非物质形态的虚拟产品、服务和权益。这一概念是市场经营思想的重大发展。理解它是树立正确营销观念的前提，并对企业的经营具有重大意义。

微课：
产品整体
理论

5.1.1 产品特征与分类

在现代营销观念下，产品分类的思维方式是：每一个产品类型都有与其产品特点相适应的市场营销组合策略。因此，产品特征、产品分类与市场营销策略紧密相关。

1. 产品特征

企业要确定好各产品的营销组合策略，首先得将产品按其特点分类。现代营销观念下的产品具有以下特征。

（1）产品是有形特征和无形特征构成的综合体。有形特征包括产品实体及其品质、颜色、式样、品牌和包装等；无形特征包括可以给购买者带来附加利益的心理满足感和信任感的服务、保证、形象和声誉等。产品的有形特征和无形特征是相辅相成的，无形特征包含在有形特征之中，并以有形特征为后盾；而有形特征又需要通过无形特征来强化，如表 5-1 所示。

表 5-1 有形特征和无形特征

有形特征		无形特征	
物质因素	化学成分、物理性能	信誉因素	知名度、偏爱度
经济因素	效率、维修保养、使用效果	保证因素	"三包"和交货期
时间因素	耐用性、使用寿命	服务因素	运送、安装、维修、培训
操作因素	灵活性、安全可靠		
外观因素	体积、重量、色泽、包装、结构		

（2）产品是一个动态的概念。产品的价值是由顾客决定的，而不是由生产者决定的。随着市场消费需求水平的提高，市场竞争焦点不断转移，对企业产品提出了更高要求。为适应这样的市场态势，产品整体概念处在不断再外延的趋势之中。当产品整体概念再外延一个层次时，市场竞争又将在一个新领域

展开。企业可在产品整体概念中的任何一个因素，包括产品的效用、包装、款式、安装、指导、维修、品牌、形象等，根据市场需要的不断变化进行创新设计，形成与众不同的特点。

（3）产品是有层级的。产品整体概念由四个基本层次组成，即核心产品、有形产品、附加产品和心理产品。现代市场的竞争不仅要看企业生产什么产品，而且要看其产品能提供何种附加利益，如包装、服务、顾客咨询、融资、送货、仓储等。企业新发展的成功不仅取决于核心产品，还要看其他三个产品层次，有关产品层次的整体构成见图5-1。

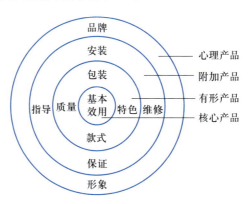

图 5-1 产品层次的整体构成

① 核心产品（core product）。核心产品是产品整体概念中最基本和最实质的层次。它指产品给顾客提供的基本效用和利益，是顾客需求的中心内容。顾客是否愿意支付一定的货币来购买产品，取决于产品的基本效用能否实现某种利益或欲望的满足。如买车是为了代步，买食物是为了充饥，买化妆品是希望增加魅力。因此，企业在开发产品、宣传产品时应明确产品能提供的利益，这样产品才具有吸引力。

② 有形产品（tangible product）。这是指核心产品得以实现的产品形式。即呈现在市场上的产品的具体形态或外在表现形式，主要包括产品的款式、质量、特色、包装等。如冰箱，有形产品不仅指冰箱的制冷功能，还包括冰箱的质量、造型、颜色、容量等。具有相同效用的产品，其表现形态可能有较大的差别。因此，企业在进行产品设计时，除了要重视用户所追求的核心利益外，也要注意应如何以独特的形式将这种利益呈现给目标顾客。

③ 附加产品（augmented product）。这是指顾客因购买产品所得到的全部附加服务与利益，包括保证、咨询、送货、安装、维修等，是产品的延伸或附加。它能够给顾客带来更多的利益和更大的满足。随着科学技术的发展以及企业生产和管理水平的提高，不同企业提供的同类产品在核心产品和有形产品层次上越来越接近，这使得附加产品在市场营销中的重要性日益突出，逐步成为

决定企业竞争能力高低的关键因素。

④ 心理产品（psychological product）。这是指产品的品牌和形象提供给顾客的心理满足。产品的消费往往是生理消费和心理消费相结合的过程。随着人们生活水平的提高，人们对产品的品牌和形象看得越来越重，所以它也是产品整体概念的重要组成部分。

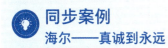

同步案例
海尔——真诚到永远

背景与情境： 海尔冰箱与某公司合作实施"新鲜计划"，采用独特的技术，增加保鲜盒，将保鲜技术与食品储存方式结合，实现了蔬果的增鲜，还对食品的保鲜度进行了细分。之所以推出这样的计划，是因为海尔一直在听取和收集消费者的意见，针对消费者对冰箱保鲜功能不足的"抱怨"，提出了解决方案。

在海尔看来，服务不仅是配送、安装、维修、保养等，而且前置到了研发等最前端，可以说是"从零开始"。最优质的服务就是对消费者潜在需求的积极把握，并为其提供解决方案，满足他们的需求。如果没有对消费者的服务之心，好的产品是不会凭空产生的。海尔就是这样，靠全流程的每个细节来诠释"真诚到永远"的品牌诉求，从而获得了家电领头羊、产品质量好、服务好这一品牌形象。

问题： 海尔是如何通过增加产品功能来满足顾客的需求的？

分析提示： 海尔新保鲜冰箱的核心产品是食物冷冻保鲜。此外，海尔新保鲜冰箱还通过如外形、颜色、容量等有形产品，售后服务一类的延伸产品以及海尔品牌所带给顾客的心理满足等不同层次使得顾客满意。

2. 产品分类

在拟订个别产品的营销计划时，需要依据不同的产品类型来进行。市场营销学认为，与营销策略有关的产品分类方法主要有以下两种。

（1）按照耐用性和有形性可以将产品分为有形产品（非耐用品、耐用品）和无形产品（即服务）。

① 非耐用品（nondurable goods）是指使用时间较短，甚至一次性消费的商品。这类产品单位价值较低、消耗快，消费者往往经常购买、反复购买、大量使用，并希望能在最方便的地方买到。所以，当企业生产的是非耐用品时，除了在产品质量上下功夫以外，还应该在销售网点上多下功夫。这类产品包括饮料、食品、汽车润滑油等。

② 耐用品（durable goods）是指在正常情况下能多次使用，无须经常购买

的有形物品。消费者在购买这类商品时比较慎重。生产这类商品的企业要注重技术创新和提高产品质量，同时要做好售后服务以满足消费者的购后需求。这些产品包括电器、家居及办公室装饰用品、小型工具、运动用品、住房及汽车等。

③ 服务（service）是指所有产出为非有形产品的经营活动，可以是经营者提供的行业咨询、教育培训等活动，也可以是提供给顾客的某种满足感。服务具有无形、不可分割、可变、不经久等特点。服务通常在生产时被消费，并以便捷、愉悦、舒适、健康等形式提供附加价值。

（2）按照用途，产品可以分为消费品和工业品两大类。

① 消费品（consumer goods）是直接用于最终消费的物品。消费品又可根据消费者购买行为和购买习惯分为以下四类产品。

● 便利品（convenience goods），指消费者要经常、反复、即时、就近地购买，且购买时不用花时间比较和选择的商品，如牙膏、鲜花、肥皂等。

● 选购品（shopping goods），指消费者在购买过程中花较多时间对功效、质量、款式、色彩、风格、品牌、价格等特点进行比较的商品，如衣物、家具、家电等。

● 特殊品（specialty goods），指具有特定品牌或独具特色的商品，或对消费者具有特殊意义、特别价值的商品，如具有收藏价值的收藏品、结婚戒指等。

● 非渴求品（unsought goods），指消费者不熟悉或虽然熟悉但不感兴趣，不主动寻求购买的商品，如罕见疾病保险或专业性书籍等。

② 工业品（industrial goods），指企业购买后用于生产其他产品的物品。工业品可分为以下三种。

● 材料与部件（materials and parts），指完全要转化为制造商所生产的成品的产品。它们又分为原材料（如农产品类的谷物、棉花、家畜、水果、蔬菜等和天然产品类的鱼类、木材、原油、铁砂等）和半成品及部件（如构成材料类的棉纱、铁、水泥、钢材、电缆等和零部件类的轮胎、油泵、仪表、集成电路、小型电机等）。

● 资本项目（capital items），指间接生产或转化为成品的物品，包括装备（如厂房、办公室等建筑物和发电机、机床、电梯等固定设备）和设备（如打字机、办公桌、手动工具等）。

● 供应品与业务服务（supplies and business services），通常是指寿命较短的商品和服务项目，它们促进了最终产品的开发和管理。供应品可分为操作用品（如润滑油、煤、打字纸、铅笔等）和维护用品（如油漆、钉子、扫把等）。业务服务则包括维修和业务咨询，可以与产品实体一起购买，但本身属于无形产品。

5.1.2　产品组合要素与策略

应该用整体观点看待市场营销中的产品。一般来说，一个企业不会经营孤立的一个产品，而是生产或经营多种产品。这些产品在市场中的相对地位以及对企业的贡献都不同。因此企业必须随着外部环境和企业自身条件的变化，充分发挥特长，把产品组合的诸因素有机结合起来，实现动态性的、相对优化的、始终使企业获得最大利润的最佳产品组合。

1. 产品组合及其相关概念

所谓产品组合（product mix），就是指企业所经营的全部产品的有机构成，或者是各种类产品的数量比例，或者是企业的产品花色品种的配备，包括所有的产品线和产品项目。产品组合涉及的概念有宽度、深度和关联度等。如某家用电器公司依照消费者的需求和自身实力生产电视机、洗衣机、冰箱和空调，其产品组合如表 5-2 所示。

表 5-2　某家电公司的产品组合表

	产品组合的宽度			
	电视机	洗衣机	冰箱	空调
产品组合的深度	激光电视 平板电视	单缸洗衣机 双缸洗衣机 全自动洗衣机	单门冰箱 双门冰箱 多门冰箱 对开门冰箱 十字对开门冰箱	移动空调 壁挂式空调 柜式空调

（1）产品组合的宽度（width），也叫产品广度，是指企业生产经营多少种不同的产品线，即技术上和结构上密切相关的，具有同类功能、满足消费者同类需要的关系密切的一组产品。产品线数量越多，产品组合的广度越宽。表 5-2 中的电视机、洗衣机、冰箱、空调就是 4 条产品线，或四个产品系列。

（2）产品组合的深度（depth），也叫产品长度，是指企业的每一条产品线中有多少种不同品种、规格的产品，即产品项目。同类产品品种越多，其产品组合的深度就越大。如在表 5-2 中，冰箱产品项目有 5 个。

（3）产品组合的关联度（consistency），是指各产品种类（产品线）之间在最终用途、生产条件和销售方式或其他方面相互联系的密切程度。如专业商店产品组合的关联性较强，而综合商店产品组合的关联性较小。表 5-2 中的 4 个产品系列均属于家用电器，所以产品组合的关联度较大。

2. 产品组合策略

企业根据市场情况和经营实力对产品组合的广度、深度和关联度实行不同的有机组合，称为产品组合策略。**产品组合策略主要规划产品线及个别产品项**

目的决策方向，是市场营销策略的重要组成部分。常见的产品组合策略有以下几种。

（1）扩大产品组合策略（product-mix enlarging）。扩大产品组合策略是指增加产品组合的广度或深度，即增加产品系列或产品项目，扩展经营范围，生产经营更多的产品以满足市场需要。其优点有：① 有利于充分利用企业的人力、财力等各种资源，发挥各种生产能量，降低成本，增强企业竞争能力；② 减少季节性与市场需求波动的影响，分散企业经营风险，增强企业经营的稳定性；③ 可充分利用企业的商誉获得大量采购同类原材料的折价优惠，有利于提高企业的市场营销效率；④ 适应顾客多方面的需要，有利于扩大营业规模。

（2）缩减产品组合策略（product-mix pruning）。缩减产品组合策略，就是取消一些产品系列或产品项目，集中力量生产经营一个系列的产品或少数产品项目，实行高度专业化，试图从生产经营较少的产品中获得较多的利润。缩减产品组合的优点是：① 企业可集中资源、技术于少数产品，提高产品质量，降低消耗；② 减少资金占用，加快资金周转；③ 扩大少数产品的生产规模，以便从事大批量生产，产生规模效益；④ 减少产品脱销断档现象的出现，加强对消费者的销售服务；⑤ 使广告宣传、渠道分配等目标集中，提高效率。

（3）产品延伸策略（product-line stretching）。产品延伸策略是指部分或全部改变企业原有产品线的市场地位，把产品线延长，使其超出目前组合的范围。产品延伸的目的是适应顾客需求的变化和充分利用剩余生产能力，开辟新市场。产品延伸可通过三种形式来实现，如表5-3所示。

表5-3 产品延伸的实现方式

实现方式	含义	适用状况
向上延伸	原来只定位于低档产品市场的企业，渐次增加中、高档产品项目	高档品市场具有较高的销售增长率和利润率； 企业在技术设备、营销能力等方面已经具备进入高档品市场的条件； 企业希望拥有高、中、低档齐备的完整产品线
向下延伸	原来只定位于高档产品市场的企业，增加一些较低档的产品项目	企业发现高档产品市场增长缓慢，不得不去开拓较低档的产品市场； 企业利用生产高档产品的声誉，吸收购买力较弱的顾客慕名购买此产品线中较低档的产品； 企业最初进入高档市场，是为了树立本企业信誉
双向延伸	生产中档产品的企业，逐渐向高、低档产品两个方向延伸	补充企业的产品线空白； 企业规模发展到一定阶段，具备进入各档产品市场的条件； 企业需要扩大市场份额，强化企业的市场地位

5.2 产品生命周期与策略

一种产品在市场上的销售情况和获利能力是随着时间的推移而变化的。这种变化的规律就像生命周期一样，从诞生、成长到成熟，最终走向衰亡。产品在经历导入、成长、成熟，以及衰退的过程中，每一个时期都有着不同的特点。因此，企业在进行营销活动时应据此制订不同的营销策略。

5.2.1 产品生命周期的概念

产品生命周期（product life cycle）是指某种产品从进入市场到被市场淘汰并退出市场所经历的全部过程。产品进入市场标志着产品生命周期的开始，产品退出市场则标志着产品生命周期的结束。

典型的产品生命周期共包括四个阶段：导入期、成长期、成熟期和衰退期。各阶段划分如图 5-2 所示。

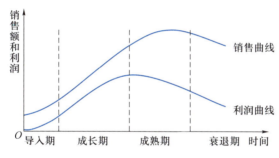

图 5-2 产品生命周期

对产品生命周期的阶段划分，便于营销者根据产品不同阶段的特征，分析产品的营销状况，并在不同发展阶段制订不同的营销组合，掌握营销活动的主动权。同时也有利于把握新产品开发和上市的时机，及时更新换代，替代老产品。

5.2.2 产品生命周期各阶段的特征及营销策略

在产品生命周期的不同阶段，消费者认知、竞争状况、销售量和获利水平等也不同，企业应采取不同的营销策略。

1. 导入期

导入期（introduction stage），又称投入期、介绍期或试销期，一般指产品从发明投产到投入市场试销的阶段。其主要特征是：产品刚刚进入市场进行试销，尚未被消费者所接受，销售额增长缓慢；生产批量小，试制费用大，产

微课：
产品的生命
周期与策略

品的生产成本高；由于消费者对产品不熟悉，促销费用较高；企业利润少，甚至会发生亏损；产品在市场上一般没有竞争者。根据以上特点，企业需要积极收集市场对新产品的反馈，大力开展宣传活动，开辟销售渠道，打开销路。具体策略有：

（1）由现有名牌产品来扶持提携新产品。

（2）邀请关键意见消费者试用新产品。

（3）利用一些优惠条件推动中间商积极经销。

（4）向消费者宣传、介绍产品的用途、性能、质量，主要促销对象是"创新采用者"。

（5）促销与价格组合运用，可选择采取快速掠取策略、缓慢掠取策略、快速渗透策略或缓慢渗透策略等。

2. 成长期

成长期（growth stage）又称畅销期，指产品在试销取得成功以后，转入成批生产和扩大市场销售的阶段。其主要特征是：销售量迅速增长；产品设计和工艺基本定型，可以成批或大批生产，生产成本显著下降；企业利润迅速上升；同行业竞争者开始仿制这类产品，竞争开始加剧，其产销的垄断性基本消除。在这一阶段，企业的营销策略应突出一个"快"字，以便抓住市场机会，迅速扩大生产能力，以取得较大的经济效益。其具体策略有：

（1）集中企业的人力、物力、财力，改进和完善生产工艺，迅速增加和扩大产品生产。

（2）加强促销活动，广告宣传应从介绍产品本身转为树立产品形象和企业形象，为产品争优创名牌。

（3）进一步细分市场，扩大目标市场。

（4）加强对分销渠道的管理，线上线下结合，建立高绩效的全渠道分销体系。

3. 成熟期

成熟期（mature stage）是产品市场生命周期的一个"鼎盛"时期，在其前半期销售额逐渐上涨并达到最高峰，在一个相对短暂的稳定时期后，其销售额开始缓慢回落，进入转折的成熟期后半期。

由于成熟期既是产品市场生命周期中的"巅峰"时期，又是一个由"盛"到"衰"的转折时期，因此，成熟期的产品特点集中体现在如下几个方面：市场需求量已趋向饱和，销售量达到最高点；生产规模大、产品成本低，利润也将达到最高点；很多同类产品进入市场，产品价格相差不大，竞争处于"白热化"阶段；在成熟期的后期，产品销量和利润的增长速度变慢，甚至趋近于零或负数。

成熟期是产品生命周期中持续时间较长的一个阶段。成熟期的长短直接影响产品经济效益的大小，企业要努力延长产品成熟期的时间，可采取的具体策略有：

（1）产品改革，亦称产品再推出。这种策略有品质改良，如提高耐用性、可靠性；有性能改良，如增加适应性、方便性；有形态改良，如提高产品的外形美。

（2）市场改革，包括寻找尚未采用本产品的新市场或市场中的新部分；增加产品的新用途，创造新的消费方式等。

（3）市场组合改革，即改变某些市场组合的因素，以增加销售量，如运用降低价格、改进包装、扩大分销渠道、采用新广告、加强销售服务等手段刺激现有顾客增加使用率。

（4）转移生产场地，即把处于成熟期的产品转移到某些生产成本低、市场潜力大的国家和地区。

4. 衰退期

衰退期（decline stage）又称滞销期，指产品不能适应市场需要，走向被市场淘汰或更新换代的阶段。产品进入衰退期后会呈现以下特点：销售量和利润由缓降变为急降；产品陈旧且日趋"老化"，已有新产品进入市场，正在逐渐替代老产品；大幅度减价处理库存产品，竞争对手纷纷退出，竞争突出表现为价格竞争。面对处于衰退期的产品，企业需要在认真研究分析后决定采取什么策略，在什么时间退出市场。具体策略有：

（1）继续策略，指企业在一段时间内继续沿用以往的营销策略，保持原有的目标市场和营销渠道。这是因为新老产品之间有一个交替阶段，或者还会有一部分顾客有继续使用老产品的习惯。

（2）集中策略，指把企业的人力、物力、财力集中到最有利的细分市场，从有利市场中获得利润。

（3）转移策略。各地区的经济水平发展不同，有些产品在发达地区已是老产品，而在欠发达地区可能是新产品。此时企业可转移目标市场，如从城市转向农村，从国内转向国外。

（4）放弃策略。对于衰落比较迅速的产品，企业应当机立断，放弃经营。

综合以上分析，产品生命周期各阶段的特征及营销策略可归纳如表 5-4 所示。

表 5-4　产品生命周期各阶段的特征及营销策略

项目		阶段			
		导入期	成长期	成熟期	衰退期
特征	销售额	低	快速增长	缓慢增长	减少
	利润	易变动	顶峰	下降	低或无
	现金流量	负数	适度	高	低
	顾客	创新使用者	大多数人	大多数人	怀旧者
	竞争者	稀少	渐多	最多	渐少
策略	策略重心	扩张市场	渗透市场	保持市场占有率	提高生产率
	营销支出	高	高（但百分比下降）	下降	低
	营销重点	知晓产品	强化品牌偏好	提高品牌忠诚度	选择性营销
	营销目的	提高产品知名度及产品使用率	追求市场最大占有率	追求最大利润并保持市场占有率	减少支出并增加利润回收
	分销方式	选择性分销	密集式分销	更加密集的分销	排除不合适、效率差的渠道
	价格	成本加成策略	渗透性价格策略	竞争性价格策略	减价策略
	产品	以基本型为主	改进产品，增加种类及服务保证	差异化、多样化的产品及品牌	剔除弱势产品项目
	广告	争取早期使用者，建立产品知名度	大量营销	建立品牌差异及利益	维持品牌忠诚度
	销售追踪	大量促销及产品试用	使消费者需求增加	鼓励改变，改用公司其他品牌	将支出降至最低

5.3　新产品开发策略

产品组合中新产品的比重，是衡量一个企业产品组合的合理程度与优化程度的标志。现代市场营销学认为，开发新产品有着非常重要的地位。实质上，创新产品是市场营销观念核心思想"满足消费者不断变化的需求"的具体体现。对一个企业来说，开发新市场和开发新产品是保证企业生存与发展的两条主要途径，而开拓新市场归根结底是以开发新产品为前提的，所以新产品的研究与开发便成为企业经营决策的重大问题。

5.3.1 新产品的概念与类型

人们通常理解的新产品与市场营销观念下新产品的概念是有区别的，后者具有多样性。

1. 新产品的概念

通常意义上的新产品，是指具有全新的功能或者是对原有功能进行主要改良的产品。这实际上只是从技术角度来定义新产品。而现代市场营销观念对新产品的定义则是从企业、市场和技术三个角度来进行的。对企业而言，新产品（new product）是第一次生产销售的产品，对市场而言是第一次出现在市场上的产品，而从技术方面看则是指在产品的原理、结构、功能和形式上发生了改变的产品。

现代市场营销学意义上的新产品更注重消费者的感受与认同，它是从产品整体性概念的角度来定义的。凡是产品整体性概念中任何一部分的创新、改进，只要能给消费者带来某种新的感受、满足和利益的相对或绝对新的产品，都叫新产品。

2. 新产品的类型

按照产品的研究开发过程和普遍接受程度，营销学将新产品分为以下几种类型。

（1）全新产品（new-to-the-world product），是指通过应用新的科学技术和工艺材料生产制造出前所未有的、能满足消费者需求的一种全新产品，如尼龙、电灯、电话、计算机等的初次问世。全新产品往往具有划时代的意义，能够对社会生产和生活方式产生重大影响。但由于研制难度大、时间长、投资多、风险高，往往很难开发出来。

（2）革新产品（reformed product），是指采用新技术、新材料、新元件对原有产品作较大革新而创造的换代产品。如计算机经历了从电子管、晶体管、集成电路、大规模集成电路直至人工智能的各个阶段，每个阶段都是前一阶段的革新产品。革新产品往往能给消费者带来新的满足，或者是提高消费者的满足程度。

（3）改进产品（improved product），是指对现有产品的品质、特点、款式、包装、花色品种等方面进行改进而形成的产品。相对于革新产品，这种产品只是对原来产品的改进，是由基本型派生出来的改进型，与原有产品差异不大，具有研制容易、竞争激烈的特点。如药物牙膏、数字手表即是对传统牙膏与手表的改良。改进产品有利于提高原有产品的质量，实现产品多样化，满足消费者对产品品质的更高要求，或满足不同消费者对同种产品的不同需求。

（4）仿制产品（copied product），是指企业仿造市场上已出现的新产品，换上自己的商标后推向市场。仿制时虽可能有局部的改进或创新，但基本原理和结构与被模仿的产品是一样的。仿制产品难度小、投资少，易为消费者所接受，但会使市场竞争更加激烈。企业在仿制新产品时，应注意避免产品侵权。

（5）产品线补充型新产品（additions to existing product lines），是指在原有的产品大类中开发出新的品种、花色、规格等，从而与企业原有产品形成系列，扩大目标市场。企业利用产品结构上的某些组合特征，寻找新的市场卖点，以利于竞争。这种新产品进入市场时只要具有某一特征，就很容易被消费者接受和普及。

（6）降低成本型新产品（cost reduction product），主要是指企业利用新科技，改进生产工艺或提高生产效率，削减原产品的成本，但保持原有功能不变的新产品。这种产品很受消费者欢迎，特别适合在企业及品牌声誉较好的中高端产品基础上开发。

（7）重新定位型新产品（repositioning product），是指企业把现有产品投入新市场进行重新定位的产品。这类产品的推出赋予生产厂家利用现有的客户群体开拓潜在市场的经营理念，表现为突破产品本身的限制，而扩展营销组合策略的功能，因而具有很强的竞争优势。例如，阿司匹林最初是退热止痛的常用药，但后来医生发现它还可以用做抗血凝剂，所以又将其用于治疗中风和心脏病，从这个意义上来看，这就是一种新产品。

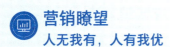

营销瞭望
人无我有，人有我优

沈万三，元末明初人，一位从外地迁徙到江南的普通农民。他白手起家，精道善商，不仅做多地生意，而且还充分利用苏州良港和江浙丝绸、茶叶、工艺品等特产，大做海外贸易。经过数年打拼，沈万三成为"资巨万万，田产遍天下"的江南第一富商。其经商哲学是"人无我有，人有我优，人优我贱"。在中国商文化中，这短短的12个字很好地诠释了营销理念中的"创新""品质"和"价格"，对今天数字时代的企业营销活动仍然具有指导意义。

5.3.2　新产品开发策略与程序

对企业而言，开发新产品具有十分重要的战略意义，它是企业生存与发展的重要支柱。然而，新产品开发又是一项艰难的、具有很大风险的工作。面对市场、技术的诸多不确定性，企业在新产品开发程序和策略应用中应积极谨慎，切勿盲目轻率，这样才能有效地规避新产品开发的风险并创造竞争优势。

1. 新产品的开发策略

新产品开发策略是一种发现确凿的新产品市场机会并能有效地利用企业资源的策略。正确的新产品开发策略要服从企业总体经营战略的要求，应当对开发新产品的目标予以准确的定义，还要尽可能地对开发途径及开发过程中所需的协调、控制给予原则性的指导。同时，处理好以下四个决策也非常重要：① 以市场为中心或以生产技术为中心；② 以创新为主或以应用、模仿为主；③ 是自主开发还是联合开发；④ 是以开发全新产品为主还是以改进现有产品为主。

几种典型的新产品开发策略如下：

（1）领先策略（leading strategy）。领先策略指企业努力追求产品技术水平和最终用途的新颖性，保持技术上的持续优势和市场竞争中的领先地位。新产品开发的目标是迅速提高市场占有率，成为该新产品市场的领先者，当然它要求企业有很强的研究与开发能力和雄厚的资源，中小企业显然不适合运用此策略。

（2）进取策略（enterprising strategy）。进取策略由以下要素组合而成：① 竞争领域在于产品的最终用途和技术方面，新产品开发的目标是通过新产品市场占有率的提高使企业获得较快的发展；② 大多数新产品选择率先进入市场；③ 开发方式通常是自主开发；④ 以一定的企业资源进行新产品开发，不会因此而影响企业现有的生产状况。新产品创意可来源于对现有产品用途、功能、工艺、营销策略等的改进。改进型新产品、降低成本型新产品、重新定位型新产品都可成为其选择。也不排除具有较大技术创新的新产品开发。该策略相对领先策略的风险较小。

（3）追随策略（following strategy）。采取追随策略时企业并不抢先研究新产品，而是紧跟本行业实力强大的竞争者，迅速仿制竞争者已成功上市的新产品来迅速占领市场并维持企业的生存和发展。紧跟策略的研究开发费用较小，但容易受到专利的威胁，市场营销风险较大。因此，这种策略要求企业具有较强的跟踪竞争对手情况与动态的能力，具有较强的消化、吸收与创新能力，使模仿改进的新产品更具竞争力。许多中小企业在发展之初常采用该策略。

（4）防御策略（recoverying strategy）。防御策略的产品竞争领域是市场上的新产品，新产品开发的目标是维持或适当扩大市场占有率，以维持企业的生存。采用该策略时新产品开发的频率并不高，多采用模仿型新产品开发模式，以自主开发为主；也可以采用技术引进方式。产品进入市场的时机通常比较滞后。成熟产业或夕阳产业中的中小企业常采用此策略。

同步案例
格力式创新：让世界爱上"中国智造"

背景与情境：多年来，格力集团加强自主核心技术研发，并在创新道路上持续发力，通过科技创新与国内外企业角逐，成为行业当之无愧的领跑者。国家知识产权局统计数据显示，截至 2022 年 6 月，格力电器累计申请国内外专利 100 030 件，专利授权量 57 683 件。其中，发明专利申请量为 49 963 件，PCT[①] 专利申请量为 2 310 件，专利数量和质量稳步增长，创新发展动能持续增强。从 2016 年起，格力电器发明专利授权量连续六年稳居全国前十位，2021 年位居全国第七位，也是家电行业中唯一一家进入前十位的企业。

2021 年格力家用空调全球市场占有率达 20.2%，品牌零售销量再次登顶全球第一名。据了解，格力电器产品已远销 180 多个国家和地区，家用空调市场占有率连续 17 年稳定保持全球第一，5 亿用户共同见证"格力造"的领先科技和卓越品质。

问题：格力空调产销量稳居国内外第一而成为市场领跑者，为什么？

分析提示："冰冻三尺非一日之寒"。格力空调产销量连续数十年位居国内、世界前列，其成功再次证明"创新是企业的灵魂，是企业发展的唯一动力"。现代企业要高度重视技术创新和产品研发，确保关键技术自主可控。同时还要加大投入，保护自身的知识产权，把创新发展主动权牢牢掌握在自己手中。只有这样，才能提升企业的核心竞争力，在激烈的市场竞争中取得优势。

2. 新产品的开发程序

新产品开发由创意与概念的形成开始，到产品在市场上成功销售为止，其间包括众多不同职能部门的参与以及大量时间和金钱的投入。因此，如何有效规划新产品的开发程序，管理新产品开发活动，是所有企业都在关注的重要课题。

一般新产品开发的程序步骤可以分为以下几个阶段。

（1）寻求创意。寻求创意有两层含义：① 分析市场，了解市场整体趋势，了解目标市场上的竞争品有哪些弱点可以利用，消费者还有哪些需求没

---

① PCT 指 Patent Cooperation Treaty，即专利合作条约。

有得到满足，有没有还处于空白阶段的细分市场区格；② 在市场调查分析基础上，通过激发内部员工（如企业销售人员、高层管理人员等）的热情来构思创意，或者从企业外部相关人员（如顾客、经销商、竞争者、科学家等）和机构（如市场研究公司、广告代理商、大学、咨询公司、同行业协会等）征集创意方案。

图片：
新产品的
开发程序

（2）甄别创意。这一阶段是指从征集到的创意方案中选择出可行性较强的、具有开发条件的构思。甄选时，除了创意要符合当前的市场需求外，还要考虑两个因素：① 该创意是否与企业的战略目标相适应，如企业的利润目标、销售目标、销售增长目标，以及形象目标等；② 企业是否具备足够的能力开发这种创意，如企业的资金能力、技术能力、人力资源能力和销售能力。

（3）形成产品概念。经过甄别后保留下来的产品创意要进一步发展成产品概念。所谓产品概念是指将产品构思以文字、图案或模型描绘出来，形成一个比较具体、清晰和明确的概念，如初步确定产品的克重、规格、价格、包装、诉求点等要素，作为未来开发产品的具体指导与沟通基础。

（4）分析可行性。这是从技术、经济、生产条件、市场环境、社会制约等方面对某一拟订开发的新产品方案进行全面调查研究和科学的分析、比较、评价，确定最终是否开发这一新产品的过程。可行性分析主要包括以下两个方面。

① 技术可行性分析，即根据用户对产品的需求或某些标准，分析考察产品方案对各种技术性能的实现程度。该分析由技术工艺部门负责，一般包括外形设计分析、材料与加工分析、价值工程分析。

② 市场可行性分析，又称商业分析，其实质是经济效益分析。这需要由研发部门、生产部门、市场营销部门和财务部门共同讨论分析。在初步拟订营销规划的基础上，进一步判断新产品概念是否符合企业目标。市场可行性分析一般包括预测新产品销售额和根据销售额推算成本与利润。

（5）设计与试制。新产品设计一般分为初步设计、技术设计和工作图设计三个阶段。新产品试制一般包括样品试制和小批试制。样品试制是校核设计的质量、产品的结构和性能等；小批试制是校核工艺、检查图纸的工艺性等。对决定试制的新产品，既要进行商标、装潢设计，也要进行成本财务分析和初步定价。

（6）试用与试销。多数新产品需要进行试用或试销检验。试用是指请用户直接试用样品，企业跟踪观察并及时收集试用实况，特别要注意用户使用习惯以及用户对包装、装潢、商标设计的要求等。试销是指将产品及其商标、装潢与广告、销售服务的组织工作置于一个小型市场环境中，实地检验用户反应。

（7）批量上市。如果新产品试销成功，即可进行批量生产，投入市场。产品投放市场时必须以试用试销过程中取得的信息为依据，制定出有效的营销组合策略，以便快速进入和占领市场，达到一定的市场占有率，此时企业必须再次投入大量资金。新产品投放市场初期往往利润很低，甚至会亏损，因此，企业在此阶段应做好以下决策：何时推出新产品，何地推出新产品，向谁推出新产品，如何推出新产品。

5.4 品牌策略

品牌是产品整体概念的重要组成部分，无论对于生产经营者还是对于消费者，乃至一个地区或一个国家都有着极其重要的作用。对于企业来说，品牌是商战中的王牌；对于消费者来说，品牌是一种信任；对于一个国家来说，品牌是国力的象征。

5.4.1 品牌资产

品牌是有价值的，是现代企业的一项重要资产。它是企业在长期的市场经营中形成的，并反映了未来企业的市场经营收入预期。一个成功的品牌能够改变企业的命运。

1. 品牌内涵

品牌（brand）是指用来识别一个卖主的产品或服务的名称、符号、术语、记号或设计，或者这些因素的组合，是用来区别本企业与同行业其他企业同类产品的商业名称。品牌是一个集合概念，主要包括品牌名称、品牌标志、商标三个部分。

（1）品牌名称（brand name），即品牌中可以用语言来称呼和表达的部分，如华为、格力、小米、海尔等。

（2）品牌标志（brand symbol），即品牌中可以被识别和辨认但不能用语言来称呼和表达的部分，包括符号、图案、设计、与众不同的颜色等。如凤凰自行车的凤凰图案、小天鹅品牌的天鹅图案、华为品牌的花瓣图案等。

（3）商标（label），是商品上的一种特定标记，它是将品牌图案化固定下来，在政府有关部门依法注册后，获得专用权并受法律保护的品牌或品牌的一部分。经注册登记的商标标有"®"标记或"注册商标"字样。商标与品牌都是产品的标记，商标必须办理注册登记，而品牌则无须办理。

2. 品牌资产

品牌资产（brand equity）是指有关品牌的所有营销活动给消费者造成的心理事实，是与品牌、品牌名称和标志相联系，能够增加或减少企业所销售产品或服务的价值的一系列资产与负债。它主要包括品牌忠诚度、品牌认知度、品牌感知质量、品牌联想和其他专有资产（如商标、专利、渠道关系等）。这些品牌资产通过多种方式向消费者和企业提供价值。

品牌资产具有四个特点：① 品牌资产是无形的；② 品牌资产以品牌名称为核心；③ 品牌资产会影响消费；④ 品牌资产依附于消费者而非产品。品牌资产有正也有负，会因消费者的品牌经验和市场而变化。因此，品牌资产的维持或提升，需要营销宣传或营销活动的支持。

5.4.2 品牌决策

品牌决策是企业整个产品战略中不可缺少的一个部分。企业是否给产品命名，如何命名，如何设计品牌以及是否向政府申请注册，这些活动都直接影响产品价值的增加。

品牌决策包括以下几种。

1. 品牌化决策

品牌化决策，是指企业决定是否为产品确定品牌。创建一个品牌对企业来说是一项极具挑战性的决策，不仅需要付出高昂的成本和艰苦的努力，而且需要承担该品牌可能得不到市场认可的风险。无品牌、简包装的商品虽然能大幅度降低营销成本，有利于扩大产品销路，但鉴于品牌对企业、消费者乃至社会起着不可估量的作用，并能为产品带来的一系列优势，多数企业仍然要使产品品牌化。对于那些在加工过程中无法形成一定特色的产品，以及那些消费者只看重产品的式样和价格而忽视品牌的产品，品牌化的意义就不大。

2. 品牌归属决策

当企业决定对产品使用品牌后，接着要决定的是使用谁的品牌，是使用制造商的或经销商的，还是混合使用？也就是要做出品牌归属决策。通常，在制造商具有良好市场信誉、拥有较大市场份额，特别是制造商品牌已成为名牌后，应使用制造商品牌；在制造商资金能力薄弱、市场营销力量相对不足、企业名气小或生产的产品还不被市场所了解的情况下，可采用声誉较好的经销商的品牌。具体的品牌归属决策如下所示。

（1）制造商品牌（manufacturer brand）。所谓制造商品牌是指制造商使用自己的品牌。有些享有盛誉的制造商也将其著名商标转让给别人使用，收取一定的特许使用费。一般情况下，品牌是制造商的产品标记，制造商决定产品的设计、质量、特色等。

（2）经销商品牌（distributor brand）。近年来，随着商业的发展，商业企业逐步形成了自己的声誉，在消费者中产生了一定的影响，因此产生了经销商品牌，如某大型连锁超市经销的90%的商品都使用自有品牌。强有力的批发商也常使用自己的品牌，以增强对价格、供货时间等方面的控制能力。

（3）混合品牌（mixed brand）。制造商还可以决定令某些产品使用自己的品牌，某些产品使用经销商品牌。选择的标准是看选用哪种品牌对企业更有利。企业也可以在征得经销商同意后联用制造商品牌与经销商品牌，构成联合商标。

3. 品牌统分决策

企业在决定使用自己的品牌之后，面临着使用一个或几个品牌，还是不同产品分别使用不同品牌名称的决策。这就是品牌统分决策。一般有以下模式可供选择。

（1）个别品牌（individual names）。个别品牌是指企业生产的各种不同的产品分别采用不同的名称。个别品牌策略又包括：① 不同的产品采用不同的品牌；② 相同的产品依据其质量、式样、花色等不同而采用不同的品牌；③ 质量、式样、花色完全相同的商品在不同的市场上采用不同的品牌。采用个别品牌便于消费者区分不同质量档次的商品，也有利于企业的新产品向多个目标市场渗透，企业不会因某一品牌信誉下降而影响整个企业的声誉，不足之处是促销费用较高。例如，上海美加净生产的牙膏就是采用这一模式，企业分别采用"美加净""植尚""白玉""泡泡娃""至臻克敏"等子品牌，以示质量和价格的区别。

（2）统一品牌（blanket family names）。统一品牌是指企业生产的所有不同种类的产品都统一使用一个品牌。采用这一品牌可以利用企业已有声誉迅速增强系列产品的声誉，建立一整套"企业识别体系"和统一的品牌；让商品具有强烈的可识别性，特别是在原有产品已有很好声誉的情况下，很容易使消费者接受企业的新产品；有利于节省大量新产品的设计和宣传费用，便于开展系列广告；统一品牌下的各种产品可以互相声援、扩大销售面。但不可忽视的是，任何一种产品的失败都可能使其他产品受到牵连从而影响全部产品和整个企业的声誉。例如，"海尔"系列产品基本上就是采用统一品牌这一模式。

（3）分类品牌（separate family names）。分类品牌是指企业对生产的各类产品分别命名，每一类产品使用一个品牌。这种模式可以区分在需求上具有显著差异的产品类别，对于多角化经营企业尤其适用。这实际上是对前面两种做法的一种折中。如我国第一汽车制造厂生产的载重车使用"解放"牌，而小客车使用"红旗"牌。

（4）企业名称加个别品牌（company trade names with individual product names）。具体做法是：企业对各种不同的产品分别使用不同品牌，但在每一个品牌名称前冠以企业名称。这种策略既有利于企业推出新产品，使企业各类产品相互推动，壮大声势，节省广告宣传费用，又可使各品牌保持相对独立性并具有各自的特色。例如，比亚迪汽车公司所生产的各种类型的汽车，都使用"BYD"三个字母作为统一的企业名称，后面再分别加上秦、汉、唐、宋、元等不同的品牌名，以表明这些汽车都是比亚迪汽车公司生产的，但它们又各有特点。

4. 品牌扩展决策

品牌扩展决策又称品牌延伸决策，是指企业利用已具有市场影响力的成功品牌来推出改良产品或新产品。这样可以使新产品借助已成功品牌的市场声誉，在节省促销费用的情况下顺利进入市场。如果品牌扩展获得成功，就可进一步扩大原品牌的影响和企业声誉。但是，如果将著名品牌扩展使用到与其形象、特征不相吻合、不相接近的产品领域，则可能损害原品牌形象；如果将高品质形象的品牌扩展到某些低价值产品上，还可能会使消费者反感。总之，品牌扩展决策是一把双刃剑，若延伸不当会有较大风险，企业应根据实际情况谨慎行事。

5. 多品牌决策

多品牌决策，是指企业在同一种产品上同时使用两个或两个以上相互竞争的品牌。多种不同的品牌可以吸引消费者更多的注意，特别是那些求新好奇的品牌转换者；多品牌可使产品深入多个不同的细分市场，企业能占领更广阔的市场；多品牌也有助于企业内部多个产品部门之间的竞争，提高效率，增加总销售额。采用多品牌策略的主要风险是每种品牌的产品只有较小的市场份额，不能集中到少数几个获利水平较高的品牌上，使企业资源分散消耗于众多的品牌上。当然，企业可以剔除表现欠佳的品牌，使得多个品牌的总销量超过单一品牌的市场销量，以增强企业在某一市场领域的竞争力。如宝洁公司的洗发液就有"海飞丝""飘柔""潘婷""沙宣"等多个品牌。

5.5　包装策略

包装是产品整体概念的重要组成部分，是商品的形象，其重要性远远超出了作为容器保护商品本身，更加成为刺激消费需要，提高市场竞争力的重要手段。包装策略（packaging strategy）是产品策略的重要一环。

5.5.1 包装的内涵和功能

包装在现代市场营销活动中显示出越来越重要的作用，它对产品的促销具有十分重要的意义，人们把包装比喻为"无声的推销员"。

1. 包装内涵

包装（packaging）是指设计并生产产品的容器或包扎物的一系列活动。这种容器或包扎物被称为包装物（package）。产品包装一般有三个层次：主包装（primary package）、次包装（secondary package）和运输包装（shipping package）。主包装又称内包装，指盛装产品的直接容器，如装洗手液的瓶子；次包装又称中包装，指用于保护产品和促进销售的直接容器外面的包装，如用来包装洗手液瓶子的硬纸板盒；运输包装，又称外包装，指便于储存和搬运，保护商品不被损坏而进行的包装，如装有六盒洗手液的波纹箱。此外，包装上的标签、装潢等也属于包装的范畴。

2. 包装功能

在市场营销活动中，包装主要有以下功能。

（1）保护商品。保护商品是包装最基本的功能。包装不仅能防止商品物理性的损坏，如防冲击、防震动、耐压等，也可以防止包括各种化学性及其他方式的损坏，如各种复合膜的包装可以在防潮、防光线辐射等方面同时发挥作用。

（2）提供方便。合理的包装便于运输与装卸，便于保管与储藏，便于携带与使用，便于回收与废弃处理。具体表现为时间、空间和省力三方面的方便性。

（3）促销增值。促销增值功能是包装最主要的功能之一。在产品云集的货架上，不同企业依靠商品的不同牌号或规格来表明商品的性质结构、化学成分、使用说明及保管方法，展现自己产品的特色以区别于其他厂家的商品。从这个意义上说，包装不仅能体现出商品的内在品质，帮助消费者正确地使用产品，而且能通过精巧的造型、醒目的商标、得体的文字和明快的色彩等艺术语言宣传产品，吸引顾客的注意力并满足他们心理与生理的需求。因此，优良、精美的包装既是优秀的推销，又可以提高商品的价值，使顾客愿意付出较高的价格购买，直接增加利润。

5.5.2 包装设计策略

由于包装在产品营销中的重要性，企业要认真做好包装设计，使包装充分显现产品的特色与魅力。因此，企业需要运用适当的包装策略，使包装设计发挥更大的作用。常用的包装设计策略主要有以下几种。

（1）类似包装（similarity packaging），指企业所有产品的包装采用共同或相似的形状、图案、特征等。这样既可以节省包装设计成本，又便于顾客识别出本企业的产品，尤其是对忠实于本企业的顾客，类似包装无疑具有促销作用。这一策略也有利于提高企业的整体声誉，壮大企业的声势，特别是新产品上市时，容易迅速进入市场。但类似的包装策略只能适宜于质量相同的产品，品种差异大、质量水平悬殊的产品则不宜采用。

（2）配套包装（sets packaging），又称组合包装，即在同一包装内放入相关联的多种产品。这种策略不仅有利于充分利用包装容器的空间，而且有利于同时满足同一消费者的多种需要，方便使用，扩大销售。组合包装不仅能促进消费者的购买，也有利于企业推销产品，特别是推销新产品时，可将其与老产品组合出售，创造条件使消费者接受、试用。如化妆品的组合包装、医用药箱、工具包等，都属于这种包装方法。

（3）等级包装（levels packaging），即按照产品的价值、品质，分成若干等级，实行不同的包装（优质产品优质包装，一般产品普通包装），使包装与产品的价值相称、表里一致。这种包装策略有利于消费者辨别产品的档次差别和品质优劣，适用于生产经营的产品相关性不大，产品档次、品质差别比较明显的企业。这种策略的优点是能突出商品的特点，并与商品质量协调一致。缺点是加大了设计成本。

（4）附赠包装（attachment packaging），指在包装物内附赠物品或奖券，或包装本身可以换取礼品，以吸引顾客重复购买，扩大销售。如儿童用品中附赠玩具就是一种流行的附赠包装做法。

（5）再使用包装（reuse packaging），这种包装物在产品使用完后，还可有别的用处。这样，购买者可以得到一种额外的满足，从而激发其购买产品的欲望。如设计精巧的果酱瓶，在果酱吃完后可以作储存罐之用。这种包装物的重复使用起到了对产品的广告宣传作用，但使用该策略要避免因成本加大引起商品价格过高而影响产品的销售。

（6）变更包装（changing packaging），即对原产品包装进行某些改进或改换，以开拓新市场，吸引新顾客。当原产品声誉受损，销量下降时，通过变更包装可以遏制销量下降，保持市场占有率。变更包装策略既可以以新形象吸引顾客的注意力，又可以改变产品在消费者心目中的不良形象，有利于迅速恢复企业声誉，重新扩大市场份额。但对优质名牌产品，因为消费者早已熟悉了它们的包装，不宜采用这种策略。

职业道德与营销伦理
三鹿奶粉的"产品设计"

背景与情境： 20 世纪末及 21 世纪初，中国的乳制品行业进入激烈的竞争时期。为了在竞争中获胜，三鹿奶粉在产品设计时，为了提高蛋白质的检测值而将三聚氰胺这种可导致人体泌尿系统产生结石的化工原料过量地放进奶粉里，使得许多儿童吃了以后得了肾结石病。"三鹿奶粉"事件不仅导致三鹿集团破产，更导致消费者对整个乳制品行业不信任。

问题： 三鹿奶粉的产品设计符合营销伦理吗？

分析提示： 产品设计是以满足消费者需求为基础的。此例中消费者的需求就是儿童通过喝奶粉得到健康，可是三鹿公司只顾公司获利，无视相关法规，不顾消费者的利益，向市场提供不合格产品，没有让儿童使用这种产品后满足其健康的需求，相反还危害了儿童的健康。这种严重违反职业道德与营销伦理的行为可能为公司获得了一时的经济效益，但最终会失去顾客，失去企业生存空间。

学习训练

▲ 单选题

1. 酒店提供电视机、洗发水、美味早餐和便捷的入住手续以及良好的房间服务等，是整体产品概念中的（　　）。

    A. 期望价值 　　　　　　　　B. 附加产品

    C. 基础形式 　　　　　　　　D. 核心利益

2. 产品组合的（　　）是指它的产品组合中产品品目的总数。

    A. 广度 　　　　　　　　　　B. 关联度

    C. 长度 　　　　　　　　　　D. 深度

3. 某产品组合有 6 条产品线，产品项目共 27 个，则每条产品线的平均长度为（　　）。

    A. 6 　　　　　　　　　　　　B. 4.2

    C. 4 　　　　　　　　　　　　D. 4.5

4. 红色的八个太阳花瓣是华为公司的（　　）。

    A. 品牌标志 　　　　　　　　B. 品牌名称

    C. 品牌象征 　　　　　　　　D. 品牌图案

5. 产品整体概念中最基本、最实质的层次是（　　）。

    A. 核心产品　　　　　　　　　B. 有形产品

    C. 附加产品　　　　　　　　　D. 心理产品

▲ 多选题

1. 下列属于产品整体概念中基础形式的有（　　　）。

    A. 质量水平　　　　　　　　　B. 免费送货

    C. 外观式样　　　　　　　　　D. 品牌名称

2. 服务作为一种特殊的产品特征具有（　　　）。

    A. 无形性　　　　　　　　　　B. 不可分离性

    C. 易变性　　　　　　　　　　D. 易消失性

3. 在进行品牌使用决策时，生产企业决定使用自己的品牌叫作（　　　）。

    A. 服务品牌　　　　　　　　　B. 销售者品牌

    C. 私有品牌　　　　　　　　　D. 生产者品牌

4. 品牌是一个集合概念，主要包括（　　　）。

    A. 品牌名称　　　　　　　　　B. 品牌标志

    C. 商标　　　　　　　　　　　D. 包装

5. 典型的产品生命周期包括（　　　）等阶段。

    A. 导入期　　　　　　　　　　B. 成长期

    C. 成熟期　　　　　　　　　　D. 衰退期

▲ 判断题

1. 实体物品中的质量水平、外观颜色、式样及品牌名称等，是整体产品概念中的期望产品。（　　）

2. 消费者对产品已经熟悉，消费习惯也已形成，销售量迅速增长，表示产品已进入产品生命周期的成熟期。（　　）

3. 对企业而言，只有生产和销售市场上从来没有出现过的产品才算是新产品。（　　）

4. 比亚迪汽车公司生产秦、汉、唐、宋、元等子品牌的汽车，以满足不同价位的汽车市场需求，这属于品牌名称决策中不同类别的家族品牌名称。（　　）

5. 追求美化是产品包装最基本的功能。（　　）

▲ 案例分析

3M 公司的产品创新战略

背景与情境：3M 公司营销 60 000 多种产品。公司的目标是：每年销售量的 30% 从前 4 年研制的产品中取得。每年 3M 公司都要开发 200 多种新产品。新产品并不是自然诞生的。3M 公司努力创造一个有助于革新的环境。它通常要投资 7% 的年销售额用于产品研究和开发，相当于一般公司投资研究和开发费用比例的两倍。

3M 公司鼓励每一个人开发新产品。公司有名的 15% 的规则允许每个技术人员至少可用 15% 的时间来"干私活"，即搞个人感兴趣的工作方案，不管这些方案是否直接有利于公司。当产生一个有希望的构思时，3M 公司会组织一个由该构思的开发者以及来自生产、销售和法律部门的志愿者组成的冒险队。该冒险队培育产品，并保护它免受公司苛刻的调查。队员始终与产品待在一起，直到它成功或失败，然后回到原先的岗位上或者继续和新产品待在一起。有些冒险队在一个构思成功之前尝试了 3 次或 4 次。每年 3M 公司都会把"进步奖"授予那些新产品开发后三年内在国内销售额达 200 多万美元或在全世界销售额达 400 多万美元的冒险队。

在执着追求新产品的过程中，3M 公司始终与其顾客保持紧密联系。在新产品开发的每个时期，都对顾客偏好进行了重新估计。市场营销人员和科技人员在开发新产品的过程中紧密合作，并且研究和开发人员也都积极地参与开发整个市场营销战略。例如，3M 公司一位科学家想开发一种超强黏合剂，但他研制出的黏合剂却不是很黏。他把这种显然没什么用处的黏合剂给了 3M 公司其他科学家，看看能否找到什么方法使用它。过了几年一直没有进展。后来，3M 公司另一位博士在一张纸片上涂了点这种弱黏胶，结果这张纸条很好地粘上了，并且后来撕下来时也没有弄坏。于是便诞生了 3M 公司的可粘便条纸，该产品现已成为全世界办公设备畅销产品之一。

问题：

1. 3M 公司为什么每年要开发数百种新产品？

2. 3M 公司的产品创新战略给了我们什么启示？

第 6 章

实施价格策略

中国商谚

明码标价，客主两便。

学习目标

※ 知识目标

- 了解影响企业定价的主要因素
- 熟悉企业定价的流程
- 掌握企业定价的主要方法和技巧
- 理解产品价格策略的现实意义

※ 技能目标

- 能够科学使用成本导向、需求导向和竞争导向的定价方法
- 能够选用恰当的定价技巧，确定企业产品价格
- 能够适应竞争需要，正确使用价格调整手段

※ 素养目标

- 树立货真价实的诚信经营理念
- 培养科学理财的职业习惯
- 培养数据思维，提升数字化职业素养

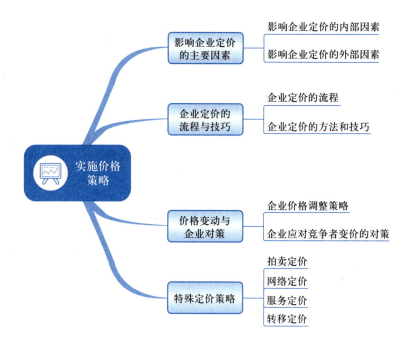

引例
高品质高定价营销策略

"金利来领带，男人的世界"，这则广告语在国内乃至世界都家喻户晓，金利来的产品行销近百个国家和地区。金利来的成功可以归功于它精准的目标市场定位和国际品牌打造，更归功于它的"高品质高定价"营销策略。

金利来坚持"快设计、快制作、快投产、快上市"，而且一上市就以优质、高价定位。质量有问题的产品决不上市销售，更不会降价处理；也从不搞节日或淡季降价推销，并在各地区保持价格统一。以给消费者传递非常清晰的信息：金利来领带绝对不会有质量问题，低价销售的金利来绝非正品，从而很好地维护了金利来的品牌形象和地位。

金利来领带采取"高品质高定价"营销策略，获取了可观的企业利润。作为其缔造者的"领带大王"曾宪梓先生则秉承客家人的传统，一生勤俭节约，最后将自己的资产全部捐献给了国家。

引例说明，产品价格在吸引消费者和企业获取利润方面都非常重要。事实上，价格是一把双刃剑，能为企业创造巨额利润，也能给企业带来毁灭性的打击。所以，价格策略是现代企业营销组合策略中极其重要的组成部分。本章将探究与训练如何使用价格策略。

6.1　影响企业定价的主要因素

定价策略（pricing strategy），是指企业通过对顾客需求的估量和成本分析，选择一种能吸引顾客、实现市场营销组合的价格的策略。价格是市场营销组合中最灵活、最难以确定的因素。它可以对市场做出灵敏的反应，又可以是市场营销组合中能直接产生收入，为企业提高利润的重要因素。国内市场营销界著名学者何永祺教授提出了"价格竞争是市场竞争的永恒主题"的观点。正确的定价策略对于企业成败至关重要。企业要制定正确的定价策略，首先应该正确分析影响企业定价的内外部因素。

6.1.1　影响企业定价的内部因素

影响企业定价的内部因素主要包括以下几点。

1. 企业的营销目标

企业的营销目标直接影响着产品价格的确定。不同行业的企业，同一行业的不同企业，以及同一企业在不同时期、不同市场条件下，都可能有不同的营销目标。一个企业对它的营销目标越清楚，产品的价格就越容易确定。企业营销目标主要有以下几种。

（1）维持生存。通常是在企业生产能力过剩，市场竞争激烈，大量产品积压，资金周转出现困难，企业生存受到威胁的情况下，迫不得已才选择这一目标。在此营销目标下，企业应为其产品制定较低的价格，以求收回成本，使企业继续经营下去。

（2）应对和防止竞争。企业对竞争者的行为十分敏感，尤其是价格的变动状况。在市场竞争日趋激烈的形势下，企业在实际定价前都要广泛收集资料，仔细研究竞争对手的产品价格情况，选择自己的营销目标：

① 稳定价格目标，即以保持价格相对稳定，避免正面价格竞争为目标的定价。

② 追随定价目标，即以对市场价格有影响的竞争者的价格为依据，根据具体产品的情况稍高或稍低于竞争者的定价。

③ 挑战定价目标，即低价入市，迫使弱小企业无利可图而退出市场或阻止竞争对手进入市场。

（3）当期利润最大化。当期利润额能否最大化取决于能否在准确估计成本和需求的基础上制定出推动销售规模增加的合理价格，因而追求最大利润的营销目标并不意味着企业要制定最高单价。当然，并不排除在某种特定时期及情况下，企业对其产品制定高价以获取短期最大利润。一些多品种经营的企业可以使用组合定价策略，即有些产品的价格定得比较低，有时甚至低于成本以招徕顾客，借以带动其他产品的销售，从而实现企业利润最大化。

（4）扩大市场占有率。市场占有率（或市场份额）是企业经营状况和产品竞争能力在市场上的直接反映，关系到企业的兴衰存亡。为获得较高的市场占有率，企业可以通过低价策略实现规模经济效应，保证企业产品的销路，取得市场控制地位，使利润稳步增长。这种低价策略可以是：

① 定价由低到高，即在保证产品质量和降低成本的前提下，企业以低价争取消费者，打开产品销路，提高企业产品的市场占有率。待占领市场后，再通过为产品增加某些功能，或提高产品的质量等措施逐步提高产品的价格。

② 定价由高到低，对一些竞争尚不激烈的产品，企业在入市时定价可高于竞争者的价格，利用消费者的求新心理，在短期内获取较高利润。待竞争激烈时，企业再适当调低价格，扩大销量，提高市场占有率。

（5）产品质量领先。**质量与价格相吻合是定价的一般原则**。要在市场上树立一个产品质量好的形象，企业往往需要在成本及产品研发等方面做较大投入，为补偿投入，往往要给产品或服务制定较高价格。反过来，这种较高的价格可能会提高产品的形象，吸引较高收入的消费者。这种目标还可以帮助企业在市场上树立产品质量领袖形象。

2. 企业的营销组合

企业的定价策略必须与市场营销组合的其他因素相配套。如在产品方面，质量、特性、功能、种类、标准化程度、是否易腐易毁、季节性、时尚性、生命周期阶段、附加服务和品牌形象等状况对价格有直接的制约作用。所以，企业在定价中要处理好质与价的关系，做到价格与质量相符，价格与特性、服务相符，根据企业产品品牌当前的形象或企业对产品品牌的预期形象确定价格水平。此外，企业的信息沟通能力，如当前或预期促销宣传的风格和力度，营销人员的素质和能力，还有营销网络的架构和中间商的信誉及服务能力等，也会制约价格策略的选择。

3. 产品成本

产品成本是决定产品价格最基础的、最重要的因素，也是商品价格的最低经济界限。一般来说，商品价格必须能补偿产品生产及市场营销活动中的所有支出，并补偿企业为经营该产品所承担的风险支出。产品的成本包括生产成本、销售成本、储运成本和机会成本。

尽管在营销活动中，有些企业在某些时候因各种原因采取了低于成本的定价，但这种定价是不能长期维持的，而且很可能会被政府有关部门判定为倾销行为而被禁止。成本的高低是影响定价策略的一个重要因素，只有当产品定价高于平均成本时，企业才会获得盈利。

6.1.2 影响企业定价的外部因素

影响企业定价的外部因素主要包括以下几点。

1. 市场需求

市场需求与价格之间是相互影响、相互作用的。在一般情况下，如果市场对某产品的需求量大于供应量，则产品的定价可适当提高，反之则应适当降低。实际上，产品价格水平的上升或降低，又反过来会影响到市场需求。

可以通过需求弹性来分析和揭示两者之间的关系。

需求弹性（price elasticity of demand）又称需求价格弹性，是指因价格变动引起的需求量相应变化的程度。可以用需求弹性系数 E 表示，其公式为：

$$E = \frac{\Delta Q}{Q} \div \frac{\Delta P}{P}$$

公式中：E——需求弹性系数；Q——原需求量；ΔQ——需求变动量；P——原价格；ΔP——价格变动量。

需求量与价格的变化是反方向的，会出现负数。定价时要考虑其弹性的强弱来决定企业的价格决策：① $E = 1$，称为标准弹性，采用通行市场价格；② $E > 1$，称为富有弹性，采用降价策略；③ $E < 1$，称为缺乏弹性，采用提价策略。

在以下条件下，需求可能缺乏弹性：① 市场上没有替代品或没有竞争对手；② 购买者对价格不在意；③ 购买者对产品有较强的购买习惯且不易改变等。

2. 市场竞争

市场营销理论认为，产品的最低价格取决于该产品的成本费用，最高价格取决于该产品的市场需求。而在最高价格和最低价格的幅度内的企业定价则取决于竞争者同种产品价格水平。如图 6-1 所示。

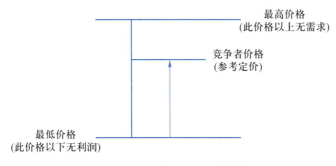

图 6-1　产品定价与影响因素的关系

在市场经济中，处于竞争优势的企业往往拥有较大的定价自由，而处于竞争劣势的企业则更多地采用追随性价格政策。

市场竞争一般有以下四种状态：完全竞争市场、不完全竞争市场、寡头竞争以及完全垄断市场。① 在完全竞争市场上，任何一个卖主或买主都不能单独左右某种商品的价格，价格在多次市场交换中自然形成，买卖双方均是价格的接受者；② 在不完全竞争市场上，市场竞争激烈，企业都会认真分析竞争对手的价格策略，密切注视其价格变动动向并及时做出反应；③ 在寡头竞争市场上，任一企业的价格决策都取决于其他企业的价格决策，几个寡头企业的竞争十分激烈；④ 在完全垄断市场上，企业没有竞争对手，一家或少数几家企业联合控制市场价格，定价时基本上可以不考虑竞争因素。

3. 政府干预

政府在企业定价方面的干预通常表现为一系列的经济法规，如在很多国家和地区都有《价格法》和《反不正当竞争法》等，在不同方面和不同程度上制约着企业的定价行为，同时也是企业定价时的重要依据，企业在制定价格时不可违背相关法规。

政府针对企业定价的政策、法规和措施有监督性的，有保护性的，也有限制性的。例如，某国在特殊时期利用行政手段对某些特殊产品实行最高限价、最低保护价政策；或是为刺激或抑制需求、扩大或减少投资而采取的提高或降低利率或税率的经济政策；以及为保护竞争、限制垄断，促进市场竞争的规范化、有序化而通过立法手段制定的一些相关法规。

📊 营销瞭望
一切以人民为中心

2021 年 12 月 3 日，国家医保局发布 2021 年国家医保目录调整结果。据统计，此次新增 74 种药品，其中 7 种为目录外非独家药品直接调入，67 种为目录外谈判成功药品，其中，这 67 种药品平均降价 61.71%。新纳入药品精准补齐肿瘤、慢性病、抗感染、罕见病、妇女儿童常见病等用药需求，共涉及 21 个临床组别。能够取得这样的成效是国家医保局药品采购谈判代表本着"人民健康至上"的高度责任感，以及创造性营销工作的结果。

正如国家医保局谈判代表、福建省医保局药械采购监管处张处长在与外资企业洽谈中所言，不仅中国人口基数有着巨大的市场空间，而且中国政府有着人民健康至上的为患者服务的巨大决心，希望企业努力再努力。她带领团队 5 人，与外企三位谈判代表经过 8 轮谈判、一个半小时磋商，动之以情、晓之以理，成功地将治疗罕见病脊髓性肌萎缩症药品的价格从每瓶 53 680 元降至 33 000 元。这充分体现了国家谈判代表的社会责任感和一切以人民为中心的工作精神。

6.2 企业定价的流程与技巧

价格的制定是企业价格策略的重要措施,是实现企业营销目标和总体战略的具体工作。价格的确定一定要根据科学规律并结合实践经验来进行,要在维护生产者和消费者双方经济利益的前提下,以消费者可以接受的水平为基准,根据市场变化情况,灵活反应,客观地做出符合买卖双方共同利益的决策。因此,产品价格的制定无论是整个流程的完整性还是方法和技巧的选择都非常重要。

6.2.1 企业定价的流程

企业定价是一种有计划、有步骤的活动,其流程一般可以分为六个步骤,如图 6-2 所示。

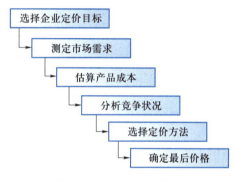

微课:
企业定价的
流程

图 6-2 企业定价的流程

1. 选择企业定价目标

企业的营销目标是靠各项营销组合因素密切配合才能实现的。要使定价能与其他营销组合因素配套,符合企业营销目标的要求,在制定产品价格时,必须先确定其定价目标,明确定价思路。企业在确定定价目标时,一定要具体情况具体分析:当企业的技术力量不够强、技术水平不高时,不宜以"产品质量领先"为定价目标,产品的价格不宜定高;如果企业的总体营销实力不强,产品以低价上市又不能对付竞争者的价格战,就不要以"扩大市场占有率"为定价目标。

2. 测定市场需求

测定市场需求主要是分析目标市场对产品的需求数量并预测需求的价格弹性。如果目标市场对产品的需求数量大,则产品的定价空间较大,对企业较为有利;反之,则不利于企业。另外,企业应根据需求弹性理论来测定消费者对产品价格变动的敏感程度。如果需求的价格弹性较大,说明消费者对价格比较敏感，此时不宜定价过高，与竞争者的同质产品价格相当即可；反之，则说明消费者对价格变动的敏感性不强，此时企业可将产品价格定得高于竞争者同质产品的价格，以获取较大利润。

3. 估算产品成本

市场需求的测定是对产品最高价格限制的预测，而产品成本的估算则是为企业产品最低价格的确定提供参考。市场营销观念下的产品成本不仅包括产品在生产过程中所消耗的成本，而且包括分销和促销过程中所产生的所有成本。这是企业产品的定价底线。任何企业在对产品进行定价时都要对成本进行估算并进行保本分析，以确定可参照的保本价格。

4. 分析竞争状况

对市场竞争状况的分析主要是指对竞争对手实力的分析，即对竞争者的成本、价格和可能的价格反应进行分析，从而帮助企业在市场需求和成本的合理范围内制定价格。一般情况下，竞争对手实力较弱时，企业定价的主动性较强，可将产品的价格定得高于竞争者的同质产品价格，以获取较高的当期利润，也可以将价格定得较低，以获取市场份额；如果竞争对手实力与本企业相当或更强大时，企业在制定价格时应特别慎重，要避免因价格对峙而形成的被动局面。

5. 选择定价方法

企业在选择定价方法时，要综合考虑影响定价因素中最基本的三个因素，也就是通常所说的3C定价模型。3C指顾客需求（customers demand）、产品成本（cost）和竞争者价格（competitors prices）。由于在实际定价时，可能会侧重于其中一个因素，因而形成了三种类型的定价方法。它们分别是：以成本为导向的成本加成定价法和目标收益定价法；以需求为导向的认知价值定价法和需求差异定价法；以竞争为导向的随行就市定价法和密封投标定价法。这部分内容将在"6.2.2 企业定价的方法和技巧"中展开讨论。

6. 确定最后价格

企业运用一定的定价方法制定的初步价格不能立即交付使用，还需要在考虑其他一些因素的基础上进行全面调整，才能确定最终价格。这些因素包括：国家有关价格的方针、政策、法律及法规，企业市场营销组合的其他因素，目标市场消费者的心理需求等。

6.2.2　企业定价的方法和技巧

在实践中，企业定价策略必须通过具体的定价方法和定价技巧，才能达到企业的营销目标。

1. 企业的定价方法

企业的定价方法有三种类型六种具体方法，它们分别是：

（1）成本加成定价法（markup pricing）。成本加成定价法是根据单位产品总成本和企业所确定的加成率来制定的单位产品的价格。其计算公式为：

$$产品价格 = 单位产品总成本 \times （1 + 加成率）$$

$$加成率 = \frac{毛利}{销售成本}$$

这种方法计算简便，企业和顾客都有公平感，但忽视了市场需求和竞争状况。一般适用于卖方市场条件下的产品。

（2）目标收益定价法（target-return pricing）。目标收益定价法是以预计销售量的总投资额为依据，再加上投资的目标收益率来制定价格的方法。其计算公式为：

$$产品价格 = \frac{总成本 + 目标利润}{预计销售量}$$

由于目标收益定价法全面地考虑了企业的投资收益，所以特别适合于投资大型企业的产品定价。但这种方法计算出来的价格是根据预计销售量推算的，并没有考虑市场的需求弹性和竞争者的价格，从而有可能影响目标收益率的实现。所以，此方法适合在产品销售情况较稳定时使用。

（3）认知价值定价法（perceived-value pricing）。认知价值定价法是根据消费者对产品价值的理解程度来定价的方法。这种定价方法的关键是正确估计买方对产品的价值认知，而不是卖方的成本。由于消费者对产品的评判往往会综合他们对产品性能、质量、服务、品牌的认知，结合购物经验和对市场行情的了解，并与同类产品进行比较。所以，企业在采用这种方法时，应利用市场营销组合中其他因素来影响消费者，以配合定价。

（4）需求差异定价法（demand-differences pricing）。需求差异定价法是企业对同种产品依据不同的细分市场制定不同价格的方法。这种方法制定的同一产品的价格差异，主要体现的是消费者对这一产品需求强度的差异，而不是体现产品成本的差异。这些差异主要体现在产品的型号、式样、花色，不同季节、日期、时间段，不同地区、位置等。但采用这种方法时必须考虑相关法律法规的限制。

（5）随行就市定价法（going-rate pricing）。随行就市定价法是使本企业产品的价格与行业竞争者产品的平均价格保持一致的方法。这种价格易为消费者接受并能与竞争者和平相处，可为企业带来合理、适度的盈利。无论在寡头竞争市场还是在完全竞争市场，都可采用这种方法。

（6）密封投标定价法（auction type pricing）。密封投标定价法是指卖方在买方的招标期限内，根据对竞争者报价的估计来相应制定竞争报价的一种定价方式。一般来说，报价高、利润大，但中标机会小；报价低，虽中标机会大，但利润低。因此，最佳报价应该是目标利润与中标概率之间的最佳组合。

2. 企业定价技巧

通过不同的定价方法确定下来的产品价格还只是产品的基础价格。接下来，企业还需根据不同的市场环境、产品供求状况以及企业目标等，灵活运用适当的定价技巧，制定最终销售价格，以达到扩大销售、增加利润的目的。

（1）产品生命周期定价技巧。产品生命周期定价技巧就是企业根据产品所处生命周期的不同阶段，灵活制定相应价格。

① 产品导入期的定价。产品导入期的定价实际上就是新产品的定价。它是新产品营销中一个十分重要的问题。新产品定价既要考虑尽快收回投资，获取利润，又要考虑消费者的接受程度，还要考虑是否会引发众多竞争对手的加入等问题。

新产品定价的技巧具体有以下几种类型。

一是撇脂定价法，又称高价法，即在新产品刚投入市场时制定较高价格，争取在短期内获取高额利润、收回投资。具体策略是，先将产品的价格定得较高，尽可能在产品生命初期，在竞争者研制出相似产品前，收回投资，获取可观的利润。而一旦因高价影响到预期销量，或招来竞争者，即可削价竞销。

二是渗透定价法，又称低价法，即将产品的价格尽量定得低一些，以达到尽快打入市场以扩大市场占有率，巩固市场地位的目的。

三是中间价格定价法，又称满意价格定价法，即将新产品价格定在高价与低价之间，使各方面都满意的定价策略。这种定价策略的特点是在考虑企业自身利益的情况下，与人为善，尽量不损害中间商、消费者和同行其他企业等各方面的利益。

② 产品成长期的定价。成长期初期市场价格的变动幅度较大，后期则变动幅度较小。企业如果在新产品导入期采用的是撇脂定价法，此阶段可分次陆续降低售价；如果在新产品导入期采用的是渗透定价法，成长期可继续运用该方法。对于在成长期新进入市场的企业来说，应该采用低于创新者价格的价格策略。

③ 产品成熟期的定价。成熟期产品虽已被大多数潜在购买者所接受，但由于这一时期的竞争激烈，企业产品的销售量开始下降。因此，此阶段企业应主动降价，延长成熟期；但同时也应该尽量避免价格竞争，利用营销组合的其他因素进行非价格竞争，如改进产品及服务质量，降低产品成本，提高销售人员素质，建立更密集、更广泛的分销渠道等。

④ 产品衰退期的定价。产品衰退期，激烈的竞争已经迫使市场价格不断降低，企业可继续降低价格。同时，也要逐步淘汰无利分销网点，减少促销，以减少产品成本，还要密切关注市场，注意及时将老旧产品退出市场。

（2）产品组合定价技巧。产品组合定价是指处理本企业各种产品之间价格关系的策略。在产品组合中，各种产品之间存在需求和成本的相互联系。产品组合定价就是在充分考虑不同产品之间的关系，以及个别产品定价高低对企业整体利润的影响等因素的基础上，系统调整产品组合中相关产品的价格，使整个产品组合的利润最大化。具体方法有：

① 产品线定价。企业开发产品时往往是开发产品线，而不只是单一产品。所以在采用产品线定价策略时，可以给某些产品定价很低，以吸引消费者购买产品线中的其他产品。同时为某些产品制定高价，为企业获取利润。产品线中的其他产品也要依据其在产品线中的角色不同而制定不同价格。这种价格策略的使用，关键在于合理确定产品的价格差距。

② 互补品定价。有些产品需要相互配合使用才能发挥出其使用价值，如剃须刀的刀架和刀片，隐形眼镜与镜片护理液，手机与自拍竿等。给互补产品定价时，企业可采用给主产品定低价，附属产品定高价的策略。企业可通过消费者重复购买附属产品获取利益。

③ 系列产品定价。当企业给系列产品，如化妆品套装、洗漱套装等定价时，可以将一组系列产品的价格定得低于单独购买其中每件产品的价格的总和。这种定价策略可以鼓励消费者成套购买企业产品，以扩大销售。

（3）心理定价技巧。心理定价是针对消费者的不同消费心理，制定相应的产品价格，以满足不同类型消费者的需求的策略。即根据消费者的需求心理制定价格。具体包括声望与整数定价、招徕与尾数定价和习惯定价等。

① 声望与整数定价。声望定价即企业凭借企业或产品的声望，在制定价格时以高价来增进消费者购买欲望的一种策略。这种策略利用了消费者求名好胜心理。在购买一些名牌优质产品、时尚产品及奢侈品的过程中，高价格能使他们得到精神享受。又由于消费者在购买这类产品时，追求的是优质、高价及方便，所以声望定价往往与整数定价结合使用，因为整数比尾数更能产生高质高价心理。

② 招徕与尾数定价。与声望定价相反，招徕定价是企业利用消费者的求廉或好奇心理，将产品价格定得低于竞争者的同类产品，以吸引顾客、带动其他产品的销售，从而提高企业整体经济效益。这种策略通常适用于一些基本生活用品。较整数定价而言，尾数定价会给消费者一种经过精确计算的、最低的、打了折扣的心理感觉。所以招徕定价通常会与尾数定价结合使用。

③ 习惯定价。习惯定价是指企业将某些需要经常、重复购买的产品价格定在消费者已经熟悉并"定格"的一种习惯性的价格水平上，以稳定消费者购买情绪的一种定价策略。如电池、肥皂、牙刷等家庭生活日常用品的定价，要遵循"习惯成自然"的规律，不宜轻易变动。降低价格会使消费者对产品质量产生怀疑；提高价格会使消费者产生不满情绪，导致购买转移。即便是在不得不

需要提价时，也应优先采取改换包装或品牌等措施，以减少抵触心理，并引导消费者逐步形成新的习惯价格。

（4）折扣定价技巧。折扣定价是指对基本价格作出一定的让步，直接或间接降低价格，以争取顾客，扩大销量。通过定价方法而确定的价格只是价目表上的价格，在实际销售中，为了争取顾客、鼓励顾客购买，企业常将价目表上的价格适当降低作为实际成交价。这种以折扣或让价方式优惠的手段就是折扣定价策略。折扣定价策略有现金折扣、数量折扣、交易折扣、季节折扣等。

① 现金折扣。也称付款期限折扣，即对现金交易或按约定日期提前付款的顾客给予价格折扣的一种减价策略。企业使用这一策略的目的是鼓励买方提前付清货款，及时回收资金，扩大经营。其折扣率的高低一般由买方提前付款期间利息率的多少、提前付款期限的长短和经营风险的大小来决定。

② 数量折扣。即企业根据代理商、中间商或顾客购买货物的数量多少，分别给予不同折扣的一种定价策略。使用这种策略的目的是鼓励和吸引顾客长期、大量或集中购买本企业产品。一般来说，购买的数量或金额越大，给予的折扣也就越大。数量折扣可以以一次性折扣和累计折扣两种形式实现。

③ 交易折扣。也称功能性折扣，即企业根据各类中间商在市场营销中担负的不同功能所给予的不同折扣。采取该策略的目的是利用中间商努力推销产品，占领更大的市场，争取更多的利润。一般而言，给予批发商的折扣要比给予零售商的折扣大。如果中间商能提供诸如运输、促销、资金融通等方面的支持，企业的折扣可以更多。

④ 季节折扣。季节折扣即企业对于在销售淡季购买本企业产品的顾客所给予的一种价格优惠措施。季节折扣的目的是鼓励购买者提早进货或进行淡季采购，以减轻企业仓储压力，使企业生产保持相对稳定，也减少因存货所造成的资金占用负担和仓储费用。此策略既适用于生产季节性商品的企业，也适用于一些常年生产但按季节消费的商品。

（5）地理定价。地理定价是企业根据目标消费群所处的不同地区来对产品进行定价。通常企业的产品会销售到不同地区，而产品在从产地运往不同销售地的过程中会产生不同的运输、装卸、仓储及保险费用。企业是否根据不同地区对相同的产品制定不同价格？如何合理分摊这些费用？这些就是地理定价技巧需要解决的问题。通常，当运杂费用较大时，企业要考虑地理差异进行定价，以提高买方进货的积极性。地理定价技巧主要包括产地定价、销售地定价、统一交货定价、分区定价、津贴运费定价等。

① 产地定价。产地定价是指以产地价格或出厂价为交货价，由买方负担全部运杂费用。这种策略对卖方来说较为便利，费用最低，风险最小，适用于销路好、市场紧俏的商品。但不利于吸引路途较远、运输费用较高的买主。

② 销售地定价。销售地定价是以产品到达销售目的地时的价格为交货价

格，是由卖方承担从产地到目的地的运费及保险费的价格。这一策略运用于价高利大且运杂费在成本中所占比重较小的产品，卖主把送货上门作为一项服务，以求扩大和巩固产品销量。

③ 统一交货定价。统一交货定价是指卖方对不同地区的顾客按出厂价加平均运费实行统一交货价格。这种策略简单易行，比较受远方顾客的欢迎，适用于体积小、重量轻、运费低或运费占成本比例较小的产品。

④ 分区定价。分区定价是指卖方根据顾客所在地区距离的远近，将产品覆盖的整个市场分成若干个区域，在每个区域内实行统一价格。这种策略对于卖方来讲，可以比较简便地协调不同地理位置顾客的费用负担问题，但对处于两个价格区域交界地的顾客来说会产生一定的矛盾。

⑤ 津贴运费定价。津贴运费定价是指为弥补产地交货价格策略的不足，减轻买方的运杂费、保险费等负担，由卖方补贴其部分或全部运费。该策略有利于减轻边远地区顾客的运费负担，适用于企业在市场竞争激烈时开拓新市场，保持和提高市场占有率。

6.3 价格变动与企业对策

企业的竞争与发展总是处在不断变化的环境中。为了应对客观环境和市场情况的变化，企业往往会对价格进行调整，主动降价或提价，或对竞争者的调价做出适当反应。

6.3.1 企业价格调整策略

为应对市场供求环境所发生的变化，企业可主动采取降价或提价的方式对产品进行价格调整。

1. 降价策略

企业实施降价的具体原因有：① 产品供过于求，生产能力过剩，需要扩大销售；② 市场竞争激烈，需要抑制企业产品市场占有率下降的趋势；③ 生产成本下降，需要挤占竞争对手市场；④ 企业急需回笼大量现金；⑤ 企业转产，在新产品上市之前要及时对老产品进行清仓处理；⑥ 政治、法律及经济环境发生变化，迫使企业降价。

企业在进行降价调整时必须特别慎重，尤其是大幅度降价，既可能引发价格战，也可能导致消费者对产品质量产生疑虑，从而抑制购买。所以，企业的产品价格在一定时期内应保持相对稳定，特别是与人们生活关系密切相关的日常生活必需品的价格不宜多变、大变。即使要做降价处理，也应结合使用多种策略和技巧，以达到预期的降价效果。这些策略包括：① 直接降低价格；② 增加免费服务项目；③ 增加产品性能；④ 赠送优惠券或礼品；⑤ 提高折扣等。

2. 提价策略

尽管提高价格可能引起消费者和中间商的不满，但成功的提价可以使企业的利润大大增加。因此在以下情况下，企业可考虑采用提价策略：① 由于通货膨胀，原材料价格上涨，引起企业成本增加；② 企业产品供不应求，无法满足市场需求；③ 竞争者同质产品提价；④ 利用价高质优心理，提高企业产品声望。

由于提价会引起消费者、经销商乃至企业推销人员的不满，从而减少或抑制购买，销售量下降与企业提价初衷相悖。所以企业应善于收集信息，适时地、慎重地使用这一策略。为了减少顾客不满，企业提价时应当向顾客说明提价的原因，并帮助顾客寻找节约途径。在技巧和方法上除了直接提高产品价格外，尽量采取间接提价方式，把提价的不利因素减少到最低程度。具体做法包括：① 推迟报价；② 减少免费服务项目；③ 减少产品功能或分量；④ 使用廉价原材料或包装材料；⑤ 降低或取消价格折扣；⑥ 取消产品组合中低利产品等。

6.3.2　企业应对竞争者变价的对策

现代市场经济条件下，价格竞争随时爆发。企业除了根据自身情况主动调整价格外，同样也会经常面临竞争者变价的挑战。面对竞争者的变价，企业不可能花很多时间来分析，必须在几天内甚至几小时内果断做出决定，迅速采取应对措施。因此，企业必须始终关注市场价格的变动，建立自己的价格反应机制，确定应对竞争者变价的程序，随时迎接来自竞争者的价格挑战。

1. 对竞争对手价格变动的评估

受到竞争对手的价格进攻时，企业必须先研究分析以下问题：竞争者变价的目的是什么？价格变动是暂时的还是长期的？如果对竞争者的挑战置之不理，企业的市场份额和利润将受到怎样的影响？同行其他企业对于这种价格变动会有什么反应？对于企业可能做出的几种反应，竞争者和其他企业会有什么举措？

2. 针对竞争者价格变动的可选策略

面对竞争者的变价，企业可根据其行业地位做出以下几种相应反应。

（1）非市场领先者的策略。作为非市场领先者，企业可选择的策略有：① 对于同质产品，如果竞争者降价，企业必须随之降价，否则企业会失去顾客。如果竞争者提价，且提价对整个行业有利，企业可随之提价；但如果企业有在不提价的前提下让最先提价的企业取消提价的策略，也可采用。② 对于异质产品，企业对竞争者价格调整的反应有较多余地。通常的做法是在不变动原价格的情况下，通过提高产品及服务质量、增加服务项目、扩大产品差异等间接调价或通过非价格手段与竞争者争夺市场。

（2）市场领先者的策略。作为市场领先者，在遭到其他企业的调价进攻时有以下几种策略可供选择：① 维持价格不变，通过改进产品质量、提高服务水平、加强促销沟通等非价格手段来反击竞争者。② 通过降价扩大销售，降低成本，保持市场占有率，但同时尽力保持产品质量和服务水平。③ 在提价的同时提高产品质量并推出新品牌，与竞争对手争夺市场。

同步案例
价格竞争的双刃剑

背景与情境： 成为市场的领先者之后，艾生网络能源公司便从低端市场策略转向采取措施维护市场的价格，以避免出现恶性的价格竞争。

在网络能源市场的竞争中，有很多小公司为了市场份额，不惜大幅降价参与竞争。为了避免网络能源市场无序竞争，该公司与业内某些大厂家进行不定期的会谈，以维护市场的秩序。但是，合理的价格竞争并不排除在外。公司总裁说："产品价格可以随着公司的运作、成本的降低而调整，以适应市场的变化。这种适应企业和市场变化趋势的价格调整，应该加以鼓励……主要厂家的价格协商，目的在于保持价格的理性。理性的价格竞争应该建立在降低企业经营和产品成本的基础上。比如，可以预见市场价格的下降情况，并根据要达到的利润额目标，计算出成本需要降低多少。"他指出，"我们将成本分成三块，就是物料成本、制造成本和间接费用，把这些成本分摊到每个产品、每个部门，看看到底能降低多少。通过产品设计、物料采购及管理达到降低成本的目的。"

虽然这种倒算成本的公式对同业厂商来说基本上是一样的，但是该公司把成本细化到每个产品，在分析产品成本的时候，同时考虑质量、价格和服务等三大竞争指标，并把它们作为关键绩效指标（KPI），对各部门进行绩效考核。这样的成本价格策略及管理方式的确具有竞争力。

针对网络能源产品的很多器件要从国外进口，如果没有达到一定的采购量，采购成本肯定比较高，因此，艾生网络能源公司与业内的同行厂家共建全球采购平台，使采购成本大幅度降低，收到了价格与竞争的双赢效果。

问题： 艾生网络能源公司从低端市场策略转向采取措施维护市场价格的依据是什么？

分析提示： 企业应根据市场变化确定自身的市场地位来进行价格调整，并且处理好市场、企业和竞争者之间的关系，强调理性定价以避免恶性价格竞争，否则不仅达不到在竞争中取胜的目的，还会造成行业价格混乱，遭到竞争者的围攻。

6.4 特殊定价策略

随着科学技术的不断发展和服务行业的快速扩张，企业定价策略也在不断创新。以下介绍几种较为特殊的定价策略。

6.4.1 拍卖定价

拍卖定价（auction-type pricing）是一种卖方引导买方公开竞价的定价法。拍卖定价主要有以下几种。

1. 英国式拍卖

英国式拍卖（the English auction）是最为人们所熟知的拍卖方法。其基本程序是：卖方先公布物品的底价，作为初始价格；通常会规定最少加价金额，由买家依次出价，直到无人再出价或拍卖时间结束，获胜者是出价最高的人。

2. 荷兰式拍卖

荷兰式拍卖（the Dutch auction）也称"降价拍卖"，是一种特殊的拍卖形式，指拍卖标的竞价由高到低依次递减，在第一个竞买人应价（达到或超过底价）时击槌成交，获胜者是出价最高的人。

3. 封闭式投标拍卖

封闭式投标拍卖（sealed-bid auction），是指由拍卖人事先公布拍卖标的的具体情况和拍卖条件，然后竞买人在规定时间内将密封的标书递交拍卖人，由拍卖人在事先确定的时间公开开启，当场确认所有人的报价后选择出价最高者成交。封闭式投标拍卖可分为两种类型：① 首价密封投标拍卖，在该种拍卖中，竞买人提交密封式投标并且投标最高者以其投标价格获得物品。② 次价密封投标拍卖，在该种拍卖中，竞买人提交密封式投标并且投标价最高者获得物品，但价格等于仅次于其投标的第二高投标价。

6.4.2 网络定价

网络定价（internet pricing）是指在网络营销过程中由买卖双方共同确定商品成交价格。由于网络信息公开、方便、易搜索等特点，网上购物已越来越受到顾客的青睐。企业为了有效地促进产品的网络销售，针对网上市场制定有效的价格变得越来越重要。

相比传统产品价格，网络价格具有全球性、动态性、透明性、低价性以及顾客主导性等特征。网络定价策略主要有以下几种。

1. 免费定价策略

免费定价策略（no-charge pricing）指企业为了实现某种特殊的目的，将产品和服务以免费的形式提供给顾客。该策略的目的：① 先让用户免费使用，待其形成习惯后再开始收费；② 发掘后续商业价值推广产品。

免费定价策略的主要形式有：① 产品和服务完全免费，如某公司免费开放门户站点，通过广告收入等获取间接收益；② 产品和服务实行限制免费，如产品或服务有限次地被使用，超过一定期限或者次数后，取消免费服务；③ 产品和服务实行部分免费，如一些研究公司的网站公布部分研究成果，如需获取全部成果必须付款；④ 产品和服务实行捆绑式免费，即购买某产品或服务时赠送其他产品和服务。

2. 低价策略

低价策略（low-price pricing）是指企业借助于互联网进行销售，将产品和服务以低于传统销售方式的价格提供给顾客的价格手段。由于互联网能帮助企业在渠道和促销等诸多方面降低产品成本，使得网络定价较传统定价低具备了可能性。

低价定价策略主要有：① 直接低价定价策略，是指制造业企业采用成本加一定利润，在网上进行直销时采用的定价方式；② 折扣策略，是指一些网上商店按照市面上流行的价格进行折扣的定价方式；③ 促销定价策略，是指企业利用网上消费者面广而进行诸如折扣、有奖销售或附带赠品销售等活动，其目的在于在网上打开销售局面或推广新产品的临时促销定价策略。

3. 个性化定价策略

个性化定价策略（customization pricing）是指在企业能实行定制生产的基础上，利用网络技术和辅助设计软件，帮助消费者选择配置或者自行设计能满足自己需求的个性化产品，同时承担自己愿意付出的价格成本的定价方式。这种定价策略针对的顾客有两类：一类是面对工业组织市场的定制生产，另一类是针对消费品的定制生产。

网络技术的互动性使个性化营销成为可能，也使个性化定价策略成为企业定价的新常态。

实训目标：训练个性化定制定价策略的基本技能。

实训内容：找一个服装连锁店，对顾客购买的服装进行个性化定制定价。

实训要求：

（1）明确"个性化定制定价策略"在企业定价策略中的重要意义。

（2）运用个性化定制定价原理，以服装连锁店为载体，帮助顾客完成个性化定制定价。

实训步骤：

（1）学生分组进入服装连锁店的分店。

（2）对愿意购买个性化服装的顾客拍照。

（3）将其照片在计算机里与原来有的服装样板进行试装。

（4）将原有的服装样版根据顾客的意见进行款式和颜色的修改（当然，学生也可以就顾客的身材和气质对改装的服装提一些建议，但最终还是由顾客决定其服装的款式和颜色）。

（5）根据顾客确定的服装款式和颜色进行报价（该报价为个性化定制定价），并制作成订单交给企业去定做。

组织形式：以学习小组为单位，每个小组进入一个服装连锁店。

考核要点：以获得定制服装顾客的数量及顾客的满意程度作为考核指标。

4. 拍卖竞价策略

拍卖竞价策略（internet auction pricing）是指由消费者通过互联网轮流公开竞价的策略，在规定时间内价高者胜。网上拍卖是目前发展较快、最市场化、最合理化的定价方式。由于目前购买群体主要是个体消费者，因此，比较适合网上拍卖竞价的是企业的积压产品，或是企业需要通过拍卖展示起到促销作用的新产品。

6.4.3　服务定价

服务产品不同于有形产品，具有无形性、人为性和不可储存性的特征。这些特点使得服务产品的定价比有形产品更困难。企业在为服务产品制定价格时，除了必须考虑成本、需求、竞争、服务产品的特征及企业的现实状况等客观因素外，还需要更多结合经营者的经验、领导者的直觉等主观因素。因此，服务的定价策略可以采用主观定价法、客观定价法与一些具体的定价技巧相结合。

1. 主观定价法

主观定价法（subjective pricing）是指企业根据顾客对服务的感觉价值和接受程度，主观调整服务的标准价格。服务定价的主观因素包括：① 服务效率的估价；② 服务企业的经验和能力；③ 服务企业的知名度；④ 服务工作的类型和难度；⑤ 服务的便利性；⑥ 额外的特殊开销；⑦ 市场价格水平；⑧ 加班费等。对于一些个性服务来说，服务对象和服务状况多种多样，根据具体情况灵活调整价格的主观定价法有其适应性。

2. 客观定价法

客观定价法（objective pricing）是指不论顾客种类而先设定服务单价，再乘以实际提供的服务单位数，以得出该项服务价格的方法。这种定价法适用于像律师、管理咨询师、心理医生、家庭教师等固定方式的、可以被分割的服务项目。收费标准可以根据经验或市场价格水平来确定。客观定价法的优点是易于计费，顾客心中有底；缺点是不能反映顾客对价格的感受，固定的价格对某些顾客而言过于昂贵，而对另一些顾客而言又会被当成档次过低的服务，从而降低竞争力。

3. 定价技巧

服务业经常使用的定价技巧主要有以下几种。

（1）折扣定价。折扣定价法是指企业对服务分销商和终端顾客进行包括现金折扣、数量折扣、交易折扣、季节折扣等优惠措施。服务企业通过折扣方式可以达到两个目的：① 促进服务的生产和消费；② 鼓励提早付款、大量购买和淡季消费。

（2）招揽定价。招揽定价是指企业将第一次订货或第一个合同的价格定得很低，希望借此获得更多的生意，而后来的生意则要求较高的价格。此方法适合于当顾客不满意目前的服务提供者或不精通所提供的服务时采用。

（3）保证定价。保证定价是指企业保证顾客必有某种结果产生后再付款的定价方式。比如职业介绍所的服务，必须等到当事人获得了适当的工作职位后才能收取费用。这种方法适用于服务业的以下情况：特定的允诺可以肯定；高质量的服务无法削价；顾客寻求的是明确的保证结果等。

（4）系列定价。系列定价是指该服务的价格本身维持不变，但服务质量、服务数量和服务水平则充分反映了成本的变动。特别适合如租赁公司这类有固定收费的系列标准服务，因为这类服务产品的质量、数量和水平的差异容易为顾客所了解。

6.4.4　转移定价

转移定价（transfer pricing）是指大企业集团尤其是跨国公司，利用不同企业、不同地区税率以及免税条件的差异，通过在公司内部，在母公司与子公司、子公司与子公司之间代销产品，提供商务、转让技术和资金借贷等活动，将利润转移到税率低或可以免税的分公司，实现整个集团的税收最小化。通常的做法是在税率高的地方定价偏低，而在税率较低的地方定价偏高。转移定价的方法主要有以下几种。

1. 成本加成法

成本加成法以关联交易（affiliated transaction）发生的合理成本加上可比非关联交易毛利作为关联交易的公平成交价格的一种方法。其计算公式为：

公平成交价格 = 关联交易的合理成本 ×（1 + 可比非关联交易成本加成率）

可比非关联交易成本加成率 = 可比非关联交易毛利 / 可比非关联交易成本 ×100%

采用成本加成法必须具备以下三个条件：① 双方必须隶属于同一上级单位；② 相关行业的公开财务信息可供参照；③ 产品成本界定清晰。运用成本加成法时，对比产品必须在所有重要方面都是相同的，如产品类型、市场要素、有关企业对生产产品提供的功能、销售数量等。此方法适用于有形资产的购销、转让和使用，劳务提供和资金融通的关联交易。

2. 可比非受控价格法

可比非受控价格法（comparable uncontrolled pricing）是以非关联方之间进行的与关联交易相同或类似业务活动所收取的价格作为关联交易的公平成交价格，确定交易收入的一种方法。这种方法重点考虑的是在可比环境下受控交易中转让财产或劳务时所制定的价格和非受控交易中转让财产或劳务时所制定的价格。这种方法主要是要求母公司将产品销售给子公司的价格应与同种货物由独立的买卖双方交易时的价格相一致，并将交易所得同与其经营活动相类似的独立企业的获利相比较，得出可比利润的上下限。可比非受控价格法适用于所有类型的关联交易。

3. 再销售定价法

再销售定价法（resold pricing）是一种以关联方购进商品再销售给非关联方的价格减去可比非关联交易毛利后的金额作为关联方购进商品公平成交价格的方法。其计算公式是：

公平成交价格 = 再销售给非关联方的价格 ×（1− 可比非关联交易毛利率）

可比非关联交易毛利率 = 可比非关联交易毛利 / 可比非关联交易收入净额 ×100%

再销售定价法首先从将购自关联企业的产品再销售给独立企业的价格入手，然后用这个价格减去一个再销售者获得的毛利与市场上同类商品的其他销售者的毛利相一致的毛利总额。此方法主要考虑关联交易与非关联交易在功能风险及合同条款上的差异以及影响毛利率的其他因素。适用于再销售者未对商品进行改变外形、性能、结构或更换商标等实质性增值加工的简单加工或单纯购销业务。

4. 交易净利润法

交易净利润法（transactional net profit pricing）是指以可比非关联交易的利润率指标确定关联交易的净利润的一种方法。利润率指标包括：资产收益率、销售利润率、完成成本加成率等。交易净利润法主要考虑关联交易与非关联交易之间在功能风险及经济环境上的差异以及影响营业利润的其他因素。交易净利润法适用于有形资产的购销、转让和使用，无形资产的转让和使用以及劳务提供等关联交易。

5. 利润分割法

利润分割法（profit split pricing）是指根据企业与其关联方对关联交易合并利润的贡献计算各自应该分配的利润额的一种方法。利润分割法主要考虑的是交易各方执行的功能和承担的风险。其计算公式为：

关联交易利润 = 各关联方的合计可分割利润 × 本企业的合理贡献率 +
本企业应得的基础利润

利润分割法仅适用于各关联方的交易高度整合且难以单独评估各交易结果的情况。

职业道德与营销伦理
虚构营销故事欺骗消费者

背景与情境： 某产品虚构了一个营销故事来确定品牌名称。该品牌宣称 M 国某科学家 40 年来一直追寻生命根源，终于发现了 ×× 材料，运用科学的手段研制了本产品。该产品的品牌名就是以这个科学家的名字命名的。该品牌产品在市场导入期时采取撇脂定价法，并通过媒体传播这一虚拟营销故事，取得了高额利润。

问题： 通过虚构营销故事获取高额利润是否道德？

分析提示： 如果虚构的营销故事不涉及产品功效的佐证，可以引发消费者的美好向往，并没有违反职业道德。但如果虚构的营销故事涉及夸大产品的研制和功效，就会误导消费者对产品功效的认知。而通过虚构营销故事用高价手法骗取高额利润，更是严重违反了企业职业道德与营销伦理。

学习训练

▲ 单选题

1.（　　　）是最灵活、最容易调节的营销组合因素。

A. 产品   B. 促销

C. 渠道   D. 价格

2. 采用相当低的价格出售高质量的产品，属于（　　）。

A. 认知价值定价法   B. 价值定价法

C. 随行就市定价法   D. 目标收益定价法

3. 投标过程中，投标商对其价格的确定主要是依据（　　）制定的。

A. 市场需求   B. 企业自身的成本费用

C. 对竞争者的报价估计   D. 边际成本

4. 企业以对市场价格有影响的竞争者的价格为依据，根据具体产品确定稍高或稍低于竞争者（　　）。

A. 稳定价格目标   B. 追随价格目标

C. 挑战价格目标   D. 领先价格目标

5. 撇脂定价法适合于产品（　　）的定价。

A. 导入期   B. 成长期

C. 成熟期   D. 衰退期

▲ 多选题

1. 企业采取降价的原因可能有（　　　　）。

A. 产品供过于求   B. 市场竞争激烈

C. 生产成本降低   D. 企业回笼资金

2. 企业发动提价的主要原因有（　　　　）。

A. 过多的产能   B. 成本增加

C. 供不应求   D. 扩大市场占有率

3. 影响产品定价的因素有（　　　　）。

A. 成本因素   B. 需求因素

C. 竞争因素   D. 政策法规

4. 新产品的定价技巧有（　　　　）等类型。

A. 撇脂定价法   B. 渗透定价法

C. 满意价格定价法   D. 成本加成定价法

5. 企业定价的方法主要有（　　　　）。

A. 成本加成定价法   B. 目标收益定价法

C. 认知价值定价法   D. 随行就市定价法

▲ 判断题

1. 在订货合同中不明确价格，而是在产品制成以后或者交货时才进行定价的方法是对付通货膨胀的一种价格策略。（　　）

2. 一家制造商允许零售商从建议的零售清单价格中提供 30% 的折扣，以抵消零售功能成本并获取利润，这是一种数量折扣。（　　）

3. 在测算成本有困难或竞争者不确定时，随行就市定价法是一个有效的解决方法。（　　）

4. 对名牌产品的定价主要采用目标收益定价法。（　　）

5. 产品成本是决定产品价格最基础、最重要的因素。（　　）

▲ 案例分析

海尔不降价

背景与情境： 21 世纪初，我国的家电市场一度比较疲软。为了促进销售，谋求较高的市场占有率，当时一些大的家电公司纷纷降价促销，一时间彩电价格大幅度下降。然而，海尔集团同期推出的彩电的价格却比其他同类产品价格高出 20%，且坚持不降价。

问题：

1. 海尔集团公司采用的是何种市场策略？与其他公司策略相比有何优势？

2. 这一策略的运用将对海尔的彩电新产品的市场状况产生什么样的影响？

▲ 实践演练

"个性化定制定价程序化运作"训练

【实训目标】

1. 能够正确判断影响产品个性化定制定价的因素。

2. 能够编写与组织实施个性化定制定价程序化运作方案。

3. 能够评估个性化定制定价程序化运作效果。

4. 培养信息处理、数字应用、革新创新、解决问题等核心能力。

5. 养成良好的职业道德和职业操守。

【实训内容】

组织一次产品的个性化定制定价活动。让学生参与个性化定制定价的各个环节，对个性化定制定价工作有更深入的了解，编写个性化定制定价报告。通过实训，培养相应的专业能力与职业核心能力；通过践行职业道德规范，促进健全职业人格的塑造。

【组织形式】

将班级学生分成若干实训小组，根据实训内容和项目需要进行角色划分。

【实践要求】

1. 将职业核心能力与职业道德和素养训练融入专业能力训练。

2. 对本次实训活动进行总结，完成本次实训课业。

【情境设计】

模拟组建某品牌皮鞋公司。先组织学生进行市场调研，以了解皮鞋价格行情。接着请同学定制一款不一样的皮鞋产品，并特别注意价格策略。

学生分组确定个性化定制定价项目，运用个性化定制定价的程序和方法，依次开展个性化定制定价工作，撰写、交流、修改和展示《×× 个性化定制定价方案》，体验个性化定制定价策略程序化运作的全过程。

【实训时间】

本章学习后的课余时间，用一周时间完成。

【操作步骤】

1. 将班级学生分成若干个实训小组，模拟公司营销团队进行角色分工，由教师布置实训任务。

2. 各小组要了解所要个性化定制定价的营销项目，充分交流以确定目标和策划工作思路。

3. 各小组运用个性化定制定价的程序和方法，开展市场营销调研。

4. 教师指导各小组进行个性化定制定价程序化工作的组织与实施。

5. 各小组撰写《×× 个性化定制定价方案》。

6. 各小组分析评价《×× 个性化定制定价方案》。

7. 在班级交流、讨论各小组完成的《×× 个性化定制定价方案》，教师对交流情况进行点评。

8. 将附有教师点评的各小组《×× 个性化定制定价方案》在网络平台上展示，供学生相互借鉴。

【成果形式】

撰写《×× 个性化定制定价方案》。具体的结构与体例请参照书后的市场营销综合实训范例。

第 7 章

建立渠道策略

中国商谚

货畅其流，利无尽头。

学习目标

※ 知识目标

- 了解产品分销流程与分销渠道类型
- 熟悉分销渠道决策的影响因素
- 掌握分销渠道设计的步骤
- 理解分销渠道设计与管理的意义

※ 技能目标

- 能够有效选择中间商
- 能够科学评价、有效激励分销渠道成员
- 能够正确运用分销渠道，及时调整策略

※ 素养目标

- 树立主动服务的营销工作意识
- 诚实守信，培养并践行契约精神
- 自觉秉持廉洁自律的职业操守

【思维导图】

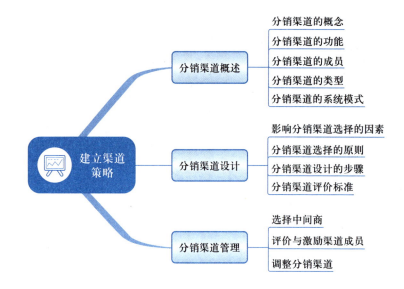

分销渠道的概念
分销渠道的功能
分销渠道的成员
分销渠道的类型
分销渠道的系统模式

影响分销渠道选择的因素
分销渠道选择的原则
分销渠道设计的步骤
分销渠道评价标准

选择中间商
评价与激励渠道成员
调整分销渠道

分销渠道概述

分销渠道设计

分销渠道管理

建立渠道策略

引例
美的的分销渠道与商业规范

美的集团成立于 1968 年，是一家集智能家居、楼宇科技，工业技术、机器人与自动化和数字化创新业务五大业务板块于一体的全球化科技集团，目前拥有200 家子公司、35 个研发中心和主要生产基地，全球员工共 16 万人，已形成美的、小天鹅、华凌等多个品牌组合，产品行销 200 多个国家和地区。2021 年，美的集团营业总收入达 3 434 亿元，《财富》世界 500 强排名第 245 位。

多年来，美的集团坚持在重点区域寻求市场，力求在分销渠道和商业模式上有所突破，已建立起强大的分销网络。在国内，每个省设立自己的分公司，在地市级城市建立办事处；在每一个区域市场，美的分公司和办事处通过当地的批发商来管理零售商，形成独特的渠道模式。在国外，美的集团通过国际业务组织变革，实现经营模式多样化，以当地市场用户为中心，强化产品竞争力，有效推动海外品牌构建与国际市场扩张。

值得一提的是，对于庞大的商业运营体系，美的集团建立起《美的集团商业行为规范》《美的供应商行为准则》等制度，特别是在"遵守法律法规及道德规定"方面明确：美的集团是一家全球性公司，在开展业务时必须遵守经营所在国或地区的法律；公司每一位员工都应恪守最高道德标准，诚信开展业务，尊重他人，严于律己。同时，在"公平竞争"方面明确：美的业务的可持续发展，只有通过严格遵守法律规定和公平竞争才能实现。美的禁止供应商提供的任何超出合理目的及金额的礼品及娱乐，该要求适用于供应商的员工、代理以及上述人员的家属。涉及针对供应商的调查、审计或招标时，供应商不得向美的员工或其代理提供商务宴请、交通及差旅住宿；现金及现金等价物无论其金额大小，在任何时候均禁止提供。

美的的成功，可以归因于综合运用营销策略、特别是渠道策略的成功，以及对商业规范的严格执行。美的对市场资源有很强的整合能力，建立了一个有效的、遍布全国的分销网络，使自己的产品能够在适当的时间出现在消费者有需要的地点。那么，如何才能建立有效的分销网络呢？这是本章需要探究与训练的内容。

7.1 分销渠道概述

在市场竞争如火如荼的今天，企业间的竞争已逐步演变成各企业分销网络的竞争。分销渠道对企业的作用至关重要，素有"市场竞争，渠道为王""得渠道者得天下"之说。因此，分销渠道向来被企业所重视，顺畅的渠道通路、有效的分销网络可以帮助企业抢占市场、提升核心竞争力。

7.1.1 分销渠道的概念

分销渠道（distribution channel）是指在某种产品从生产者向消费者转移的过程中取得其所有权，或帮助此产品转移其所有权的所有企业和个人所构成的流通渠道。它包括处于渠道起点和终点的生产者与消费者以及处于渠道中间环节的各种中间商。

大部分企业并不直接把产品（或服务）销售给最终用户或消费者，而是借助一系列中间商的转卖活动来实现产品在流通领域内的转移，这包括交易活动所完成的所有权转移和由储存、运输活动完成的实体转移这两个方面。两者的方向和经过的环节存在差异。例如，产品从生产者到零售商可能要经过批发商参与的交易活动，但批发商不一定参与商品的运送和保管过程。又如，专业运输或仓储公司经常参与商品的实体转移活动，但他们从不介入商品所有权的交易，只是提供了服务。因此，通常所说的分销渠道一般仅指由参与了商品所有权转移或商品买卖交易活动的中间商所组成的流通渠道。

分销渠道的起点是生产企业，终点是消费者或用户，中间环节包括参与了商品交易活动的批发商、零售商、代理商和经纪人。后两类中间商一般不拥有交易商品的所有权，但他们帮助达成商品的交易和实现商品所有权的转移，因此也被看成是分销渠道的一个中间环节。

7.1.2 分销渠道的功能

分销渠道是市场营销活动的基本环节，是实现产品价值的重要通道。

1. 产品分销的主要流程

产品分销的最终目的是要在实现产品所有权从生产者向消费者转移的同时满足生产者、消费者及各类中间商的需要。要实现这一目的，必须有效地完成产品从生产者到消费者的转移过程。这是一个复杂的过程，包括以下流程。

（1）实体流程。实体流程又叫物流，是指产品从生产者转移到最终用户的过程，包括产品实体在流通中的运输、存储过程，也包括与之相关的产品包装、加工、装卸等活动。实体流程如图7-1所示。

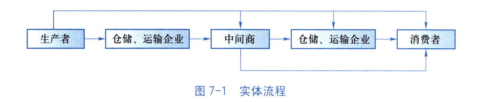

图7-1 实体流程

（2）所有权流程。所有权流程又叫商流，是指产品的所有权从生产者通过中间商向消费者转移的过程。商流是物流的基础，物流是商流的保证。在分销渠道中，所有权流程与物流是可以分离的。所有权流程如图7-2所示。

图7-2 所有权流程

（3）货款流程。货款流程又叫货币流，是指货款在分销渠道中由消费者向生产者流动的过程。货款流程的方向与商流和物流的方向相反。在货款的流动过程中特别是货款从中间商向生产商流动的过程中，往往需要银行等金融机构参与。但在商品分销渠道中金融机构只是提供服务，一般不涉及商品的所有权问题。货款流程如图7-3所示。

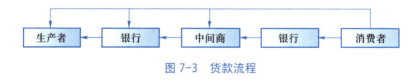

图7-3 货款流程

（4）信息流程。信息流程又叫信息流，是指产品从生产者向消费者转移过程中所发生的信息收集、传递和加工处理活动。在分销渠道的各成员之间一定存在不同程度的信息交流，信息流动贯穿于产品分销的整个过程和各个环节。信息流程如图7-4所示。

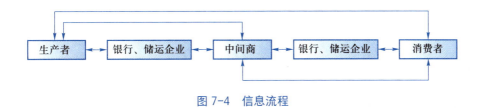

图 7-4　信息流程

（5）促销流程。促销流程又叫促销流，是指分销渠道中的上游成员为了促进产品所有权的转移，通过广告、宣传报道、人员推销等活动对分销渠道中的下游成员施加影响的过程。它包括生产者对中间商与消费者的促销活动和中间商对下游中间商与消费者的促销活动。促销流程如图 7-5 所示。

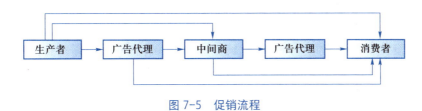

图 7-5　促销流程

2. 分销渠道的主要功能

从产品分销的主要流程可以看出，分销渠道具有以下几项主要功能。

（1）联结产销。分销渠道连接着生产和消费，它就好像一座桥梁，把生产者和消费者连接在一起，使产品供应与消费之间在时间、地点和所有权等方面的差异得以消除。

（2）沟通信息，调研市场。企业可以通过分销渠道收集、传播和反馈各类信息；企业也可以通过中间商调研市场，了解产品的销售情况、现实及潜在客户的需求变化，掌握行业竞争的各种动态信息，从而保证产品的适销对路和有效流动。

（3）促进销售。企业可以通过分销渠道将企业与产品的有关信息通过各种促销方式传递给消费者；中间商也会努力通过各种促销方式传播企业与产品信息、反馈市场需求动态；渠道成员还可以承担开拓市场的任务。

（4）承担财务费用，分担经营风险。分销渠道中的中间商可以为生产企业承担部分渠道建立与开拓的成本以及产品销售费用，也需要承担市场需求变化、市场价格波动对产品销售带来的风险。

（5）实体分配。在产品实现从生产者到消费者空间转移的过程中，渠道成员可以承担商品的运输、储存、加工、分包、包装、信息处理等工作，以使商品可以高效、适时地到达消费者手中。

（6）协商谈判。分销渠道中的中间商为了扩大销售量，获得利益最大化，会积极寻找客户并与客户就产品价格、订货数量、付款方式、交货条件等进行磋商，促使交易达成。

7.1.3　分销渠道的成员

严格来说，分销渠道成员包括产品的生产者、中间商和消费者。但从生产企业的角度来看，分销渠道成员主要是指中间商。中间商是指处于生产者和消费者之间，参与产品交易活动，促进买卖行为发生和实现的具有法人资格的经济组织或个人。中间商一头连着生产，一头连着消费，承担着商品流通的主要职能。中间商主要有批发商和零售商两种类型。

1. 批发商

批发（wholesale）是指供转售、进一步加工或变化商业用途而销售商品的各种交易活动。批发销售的对象是生产企业或零售商，而不是最终消费者或用户。批发商是从事批发业务的商业机构或个人。批发商处于商品流通的起点和中间阶段，一方面它向生产企业收购商品，另一方面它又向零售商批发商品，并且是按批发价格经营大宗商品。批发商是商品流通的大动脉，是关键性的环节，批发商可分为以下四大类。

（1）商人批发商。商人批发商也称商业批发商、经销批发商、分销商或配售商，是指独立从事批发业务、对其所经营的商品拥有所有权的中间商。商人批发商还可以进一步细分为完全服务批发商和有限服务批发商。完全服务批发商执行批发商的全部职能，提供的服务主要有保持存货、提供信贷、运送货物和协助管理等。有限服务批发商如现金交易批发商、承销批发商、邮购批发商等，只执行批发商的部分职能。

（2）经纪人和代理商。经纪人是指利用所掌握的市场信息，为买卖双方牵线搭桥，促成交易达成，从而向委托人收取交易佣金的商业机构或个人。经纪人（agent）不拥有货物的所有权，不存货、不涉及财务、不承担风险。

代理商是指代表买方或卖方在市场上从事营销、交易、代购、代销、代储、代运等业务，从而收取代理费或佣金的商业机构或个人。代理商一般不拥有商品所有权，按所代理的对象及关系的紧密程度可分为生产者代理商、销售代理商、采购代理商、寄售代理商等不同类别。

（3）生产者的分销机构。生产者的分销机构属于生产者分销渠道的内部成员，一般有销售分部和销售办事处等形式。销售分部备有存货，执行产品存储、销售、送货、销售服务等职能。销售办事处主要从事产品销售业务，一般没有仓储设施和库存产品。生产者设置销售分部和销售办事处的主要目的是促进产品销售、改进存货控制、加强渠道管理。

（4）其他批发商。如农产品集货商、散装石油厂和油站、拍卖公司等。

2. 零售商

零售（retail）是指将商品直接销售给最终消费者以满足其生活消费需要的商品销售活动。从事零售业务的商业机构或个人称为零售商。零售商处于商品流通的末端，其基本任务是直接为最终消费者服务。它的职能包括购、销、调、存、加工、拆零、分包、传递信息、提供销售服务等。零售商一头连着生产或批发企业，一头连着消费者，是分销渠道的"出口"，在渠道中具有举足轻重的作用。零售商可分为以下几类。

（1）商店零售商。

① 百货商店（department store）。百货商店的经营特色是经营的产品组合广而深。百货商店经营的商品类别多样，每一类别的商品品种齐全，经营部门按商品的大类设立，因而其规模一般较大。百货商店一般设立在城市商业中心，店内装饰、橱窗陈列都比较讲究。百货商店经营的多为优质、高档、时髦和名牌的商品，其价格也比较高。百货商店一般采取传统的售货方式，营业员会为顾客提供介绍商品、解答问题、包装商品等服务。百货商店是零售业中最早出现的一种形式，但目前不断受到新的零售形式的冲击。

② 专业商店（specialty store/category store）。专业商店专门经营某一类或某几类专业性商品，其产品线比较窄，但品种、规格、式样齐全。专业商店一般以经营的主要商品类别为店名，如服装商店、五金商店、饭店、体育用品店、书店、家具店等。专业商店可以满足消费者的个性化需求，随着市场细分的进一步发展而发挥着越来越重要的作用。

③ 超级市场（supermarket）。简称超市，是指以顾客自选方式经营食品、家庭日用品为主的大型综合性零售商店。超级市场经营范围广泛，销售食品、服装、家庭日用杂品、家用电器、玩具、家具，以及医药用品等种类。超级市场的主要特点是品种齐全、规模庞大、明码标价、价格低廉、薄利多销、顾客自由度高、一次结算等。

④ 便利店（convenience store）。英文简称 CVS，是指位于居民区附近，以经营即时性商品为主，以满足便利性需求为第一宗旨，采取自选式购物方式的小型零售店。该业态起源于美国，继而衍生出两个分支，即传统型便利店与加油站型便利店。前者在亚洲国家和地区得以发展成熟，后者则在欧美地区较为盛行。

⑤ 仓储商店（warehouse store）。仓储商店是一种以大批量、低成本、低售价的微利多销方式经营的连锁式零售商店。它的主要特点是：满足一般居民的日常性消费和机关、企业的办公性或福利性消费需要；一般设立在居民住宅区、城市郊区等次级商业区，以仓储式货架陈设产品，以大包装形式供货和销售，不做一般性商业广告，仓店合一，经营成本低；从厂家直接进货，从所有产品门类中挑选最畅销的产品大类，再从中精选畅销的品牌，并在经营中不断筛选，根据销售季节等随时调整；以会员制为基本的销售和服务形式。

⑥ 折扣商店（discount store）。折扣商店是一种介于超市与百货商店之间的小型零售商店。其经营方式与超市类似，经营商品品种与百货商店类似，但种

类较少且价格较低。折扣商店趋向于面向中低收入的消费群体，出售全国性品牌的商品，但这些品牌与百货商店的品牌相比一般不具时尚导向性。

⑦ 购物中心（shopping center/shopping mall）。购物中心是指将多种零售店铺、服务设施集中在一个建筑物内或一个区域内，向消费者提供综合性服务的商业集合体。这种商业集合体内通常包含数十个甚至数百个服务场所，业态涵盖大型综合超市、专业店、专卖店、饮食店、杂品店，以及娱乐健身休闲店面等。购物中心又可以根据其地理位置和规模划分为社区购物中心（community shopping center）、市区购物中心（regional shopping center）和城郊购物中心（super-regional shopping center）。

⑧ 连锁店（chain store）。连锁店是指众多小规模的、分散的、经营同类商品和服务的同一品牌的零售店。在总部的组织领导下，连锁店采取共同的经营方针、一致的营销行动，将集中采购和分散销售有机结合起来，通过规范化经营，实现规模经济效益。连锁店可分为直营连锁（由公司总部直接投资和经营管理）和特许加盟连锁（通过特许经营方式组成的连锁体系）。连锁店的形式可以包括饮食、服务等众多行业，也可以涉及批发环节。

（2）无店铺零售商（non-store retailing）。无店铺零售商是指不通过固定的店铺完成的零售，其销售额的增长速度比较高。无店铺零售商主要有以下几种形式。

① 直复营销商（direct marketing）。是指通过直复营销的方式向顾客零售商品的经销商。直复营销是通过一种或多种媒体向顾客介绍商品，以求顾客产生积极反应，从而达到交易目的的商品销售方式。零售商通过媒体介绍其经营的商品，顾客通过媒体了解并购买商品。直复营销根据其所利用媒介的不同，可以分为直接邮购、电话营销、电视营销、网络营销等方式。

② 直销员。是指从直销企业购进产品并将其出售给顾客的销售人员。直销员并不受雇于直销企业，他们几乎都是独立的代理商。他们通过与顾客接触，向顾客介绍、推销产品而达到完成交易的目的，在大多数情况下，直销员可以将商品卖给任何人。有些直销企业为直销员限定了销售区域，正常情况下这些销售人员应与其所处区域内的顾客进行联系。

③ 自动售货机（vending machines）。是指那些顾客用现金或信用卡进行支付之后能从中得到所需商品的机器。自动售货机目前被广泛应用于销售越来越多种类的商品。自动售货机销售的特点是：营业时间长，可24小时营业；自动服务，不需要售货人员；售货机成本较高，所售商品价格偏高。

④ 网店。顾名思义，就是指在网上开的店铺，它作为电子商务的一种形式，是一种能够让人们在浏览商品的同时进行实际购买，并且通过各种支付手段进行支付，完成交易全过程的网站。在中国，大多数网店都是在淘宝、京东等第三方平台上开设的，因为自己制作电子商务站点技术量较大且前期投入巨

大。网店的特点主要有：方便快捷，交易迅速，不会造成大批量压货，打理方便，形式多样等。对于网店而言，顾客的信任最重要。

3. 新零售

新零售是直复营销的一种新形态。在数字经济背景下，新零售正在全面推动传统零售企业的升级改造。新零售企业的特点是以互联网为依托，通过运用大数据、人工智能等先进技术手段，对商品的生产、流通与销售过程进行升级改造，进而重塑业态结构。这是一种对线上服务、线下体验以及现代物流进行深度融合的零售新模式。它是以消费者体验为中心的数据驱动的"泛零售形态"。传统零售企业必须充分运用互联网技术改造自身运营模式，让顾客可以先在门店进行线下体验，在选择适合的商品后，再完成线上下单，实现线上线下的紧密联动。而网上零售企业也应当借鉴传统零售企业产品展示与顾客体验的丰富经验，完成线下布局。可以预见，未来零售企业将是线上与线下的统一。

对于营销者而言，首先，应当充分把握互联网技术进步带来的营销环境尤其是消费品市场环境的巨大变化；其次，要从商品、渠道的主权时代的旧观念转变为消费者主权时代的新观念，充分理解与尊重新生代消费者的认知视野与价值主张，以及对数字化技术的娴熟运用，将营销商品转变为营销顾客。

🔊 职业道德与营销伦理
传销的危害

背景与情境： 在部分国家，直销分为单层次直销与多层次直销。单层次直销是没有中间环节的销售模式，有实际产品，由直销企业招募的直销员在固定营业场所之外直接向最终消费者推销产品，多销多得。多层次直销又叫传销，通过直销人员发展下线形成金字塔式的直销人员结构，直销人员的报酬一般是在没有提供实质性业务或服务的情况下与发展下线的人数挂钩。

2022 年 4 月，最高人民检察院、公安部联合发布修订后的《关于公安机关管辖的刑事案件立案追诉标准的规定（二）》，依法惩治经济犯罪，切实维护金融安全，以更实举措服务保障经济社会高质量发展。该规定第七十条明确：组织、领导以推销商品、提供服务等经营活动为名，要求参加者以缴纳费用或者购买商品、服务等方式获得加入资格，并按照一定顺序组成层级，直接或者间接以发展人员的数量作为计酬或者返利依据，引诱、胁迫参加者继续发展他人参加，骗取财物，扰乱经济社会秩序的传销活动，涉嫌组织、领导的传销活动人员在三十人以上且层级在三级以上的，对组织者、领导者，应予立案追诉。

下列人员可以认定为传销活动的组织者、领导者：

（一）在传销活动中起发起、策划、操纵作用的人员；

（二）在传销活动中承担管理、协调等职责的人员；

（三）在传销活动中承担宣传、培训等职责的人员；

（四）因组织、领导传销活动受过刑事追究，或者一年内因组织、领导传销活动受过行政处罚，又直接或者间接发展参与传销活动人员在十五人以上且层级在三级以上的人员；

（五）其他对传销活动的实施，传销组织的建立、扩大等起关键作用的人员。

问题：传销为什么属违法行为？

分析提示：因为传销有以下主要危害：① 混淆了消费者与经营者的界限；② 扰乱市场经济秩序；③ 给参与者及其家庭造成经济损失与伤害；④ 引发刑事犯罪，破坏社会稳定；⑤ 对社会道德、诚信体系造成巨大破坏。

7.1.4　分销渠道的类型

分销渠道可以按不同的标准划分出以下类型：

1. 直接渠道和间接渠道

知识链接：
网络分销
渠道

直接渠道，是指生产企业不通过中间商环节，直接将产品销售给消费者。直接渠道是工业品分销的主要类型，大型设备、专用工具及技术复杂需要提供专门服务的产品，都采用直接渠道进行分销；消费品中有部分也采用直接分销，如鲜活商品等。

间接渠道，是指生产企业通过中间商环节把产品送到消费者手中。间接分销渠道是消费品分销的主要类型，工业品中有许多产品也采用间接渠道进行分销。

2. 长渠道和短渠道

长渠道是指具有较多中间流通环节的分销渠道。短渠道是指中间流通环节较少的分销渠道。长渠道与短渠道是相对的，一般可以分为以下四层，其中零级渠道最短，三级渠道最长。

（1）零级渠道即直接渠道：制造商—消费者。

（2）一级渠道：制造商—零售商—消费者。

（3）二级渠道：制造商—批发商—零售商—消费者（多见于消费品分销）；制造商—代理商—零售商—消费者（多见于工业品分销）。

（4）三级渠道：制造商—代理商—批发商—零售商—消费者。

3. 宽渠道和窄渠道

渠道宽窄取决于渠道的每个环节中使用同类型中间商数目的多少。企业使用的同类中间商较多，产品在市场上的分销面广，称为宽渠道。一般的日用消费品（如毛巾、牙刷等）会先由多家批发商经销，再转卖给更多的零售商，这样能接触大量消费者，大批量地销售产品。企业使用的同类中间商少，分销渠道窄，这称为窄渠道。窄渠道一般适用于专业性较强的产品或贵重耐用消费品，它使生产企业容易控制分销，但市场分销面受到限制。

4. 单渠道和多渠道

单渠道是指企业全部产品都通过单一的分销渠道类型来销售，如企业生产的产品可能完全由自己直接设立的门市部销售或全部交给批发商经销。

多渠道则是指企业的不同产品或同类产品在不同地区采用不同的分销渠道类型来销售。比如，企业可能在本地区采用直接渠道，在外地则采用间接渠道；在有些地区独家经销，在另一些地区多家分销；对某些产品采用长渠道，对其他产品则采用短渠道。

5. 网络渠道和全渠道

网络渠道（network channel）是随着互联网和计算机通信技术的快速发展与支撑而诞生的新的分销渠道。传统分销渠道属于实体渠道，网络分销渠道则属于虚拟渠道。网络渠道根据分销终端不同，又分为电子商务渠道和移动电子商务渠道。

全渠道（omni channel）是指企业为了满足任何时候、任何地点、任何方式购买的需求，采取实体渠道和虚拟渠道整合的方式销售商品或服务，提供给顾客无差别的购买体验。全渠道具有全程、全面、全线的三大特征。

全渠道理念带给企业三大价值：① 全渠道是消费领域的革命，表现为"我的消费我做主"，消费者在任何时候、任何地点，采用任何方式都可以购买到想要的商品或服务。② 全渠道正在掀起企业或商家的革命，使渠道理念从以前的"终端为王"转变为"消费者为王"，企业定位、渠道建设、终端建设、服务流程、商品规划、物流配送、生产采购、组织结构等全部以消费者的需求和习惯为核心。以渠道建设为例，企业必须由以往的实体渠道向全渠道转型，建立电商和移动电商渠道，建立相应的营销、营运、物流配送流程，培养相应的团队并储备适应于全渠道系统的人才。③ 全渠道为商家拓展了实体商圈之外的线上虚拟商圈，让企业或商家的商品、服务可以跨地域延伸，甚至开拓国际市场，也可以不受时间限制地进行交易。全渠道的整合不仅给企业打开千万条全新的销路，同时也能将企业的资源进行深度优化，在原有的渠道资源上不必再投入过多的成本，就能承担新的功能；而消费者也可以同时享受到所有渠道的服务与优惠。

因此，全渠道被认为可以"在联系渠道内和联系渠道之间发生无缝、轻松、高质量的消费体验"。全渠道不同于前面所说的多渠道，它不是所有渠道的简单相加。全渠道和多渠道之间的主要区别在于集成水平。多渠道是对不同产品或不同消费者采取不同的分销渠道，强调的是渠道类型的多少；而全渠道是指各种分销渠道的连贯和有机集成。越来越多的企业已经意识到应该通过采用全渠道方法整合多渠道的机会和优势。在全渠道环境中，渠道之间的界限往往会消失，从而为顾客提供一致的品牌体验。

营销瞭望
短视频市场发展趋势与行业监管

短视频是指在各种平台上播放的、适合在移动状态和短时休闲状态下观看的高频推送的视频内容，时长以几秒到几分钟不等。相对于其他主流媒体而言，短视频有几个特点：① 贴近生活，可以让用户随时在多场景中使用，满足一般用户希望被看见、被认同、被记录的需求；② 新鲜性和时效性，短视频网络化、亲民化的传播方式更受年轻群体喜爱，能够更快地把握热点并进行分享；③ 制作流程相对简单，短视频没有特定的表达形式和配置要求，制作门槛较低、用户参与性强。在信息技术的推动下，国内短视频行业市场发展迅速，2021 年其市场规模为 2 916.4 亿元，用户数达到 9.34 亿人。

在众多短视频平台之中，快手和抖音的头部优势更为明显。快手起步较早，用户基础深厚，成为典型代表；抖音虽然发展时间较短，但追赶势头明显，入驻 KOL 数量多，带货推广情况良好，成为目前用户数最多的短视频平台。此外，短视频应用近年逐渐在维护用户黏度、提高社交属性等方面发力，用户群体有增加使用时长的趋势。

在肯定短视频发展的同时，短视频市场也出现了内容日趋同质化、抄袭、不实和恶性竞争等问题。对此，国家先后出台了《互联网用户公众账号信息服务管理规定》《关于平台经济领域的反垄断指南》《网络直播营销管理办法（试行）》《关于网络影视剧中微短剧内容审核有关问题的通知》《网络短视频内容审核标准细则》等管理办法，以推动短视频行业和市场健康有序地高质量发展。

7.1.5　分销渠道的系统模式

分销渠道系统模式（distribution channel system）是指分销渠道成员之间相互联系的紧密程度以及成员相互合作的组织形式。现代分销渠道系统的模式主要有以下几种类型。

1. 松散型系统
松散型系统（loose system）是一种传统的市场营销模式，其特点有：渠道成员在产权和管理上相互独立；渠道缺乏统一目标，每个渠道成员都以自我为中心进行决策；渠道成员之间并没有形成明确的分工结构；渠道成员间靠谈判和讨价还价建立联系，彼此间关系不稳定。

2. 垂直渠道型系统

垂直渠道型系统（vertical system）是由生产企业、批发商和零售商组成的统一渠道系统。垂直分销渠道的特点是专业化管理、集中计划，销售系统中的各成员为了共同的利益目标，都采用不同程度的一体化经营或联合经营。它主要有以下 3 种形式。

（1）公司式垂直系统：一家公司拥有和统一管理若干工厂、批发机构和零售机构，控制分销渠道的若干层次，甚至整个分销渠道，综合经营生产、批发、零售业务。

（2）管理式垂直系统：制造商和零售商共同协商销售管理业务，其业务涉及销售促进、库存管理、定价、商品陈列、购销活动等；公司与其零售商共同商定商品陈列、货架位置、促销、定价等事宜。

（3）契约式垂直系统：不同层次的独立制造商和经销商为了获得单独经营达不到的经济利益，以契约为基础形成的渠道联合体。它主要有特许经营组织、批发商连锁店、零售商合作社等形式。

3. 水平式渠道系统

水平式渠道系统（horizontal system）是由两家及两家以上的公司联合起来组成的渠道系统。它们可实行暂时或永久的合作。这种渠道系统可发挥群体作用，共担风险，获取最佳效益。

4. 多渠道营销系统

多渠道营销系统（multichannel system）是指对同一或不同的分市场采用多条渠道进行分销的系统。这种系统一般分为两种形式：一种是生产企业通过多种渠道销售同一商标的产品，这种形式容易引起不同渠道间的激烈竞争；另一种是生产企业通过多渠道销售不同商标的产品。

同步案例
格力的分销渠道系统

背景与情境：格力分销渠道系统是按照厂商股份合作制的模式构建的，其具体做法是：

格力作为生产企业，负责产品生产及实施全国范围内的广告和促销活动，对品牌建设提出建议。产品的销售交给由格力与各地经销商合资成立的股份公司负责。这些合资销售公司负责当地的广告、促销活动，以及店面装修类工作，有关费用可以折算成价格在货款中扣除，有时也可以上报格力总部核定后再予以报销。合资销售公司还负责制定批发价格和零售价格，承担并管理售后服务。

问题：格力的分销渠道系统属于何种模式？这种模式有何优缺点？

分析提示：格力的分销渠道系统属于管理式渠道系统模式。这种渠道系统的优点是：与自建渠道网络相比，节省了大量资金；消除了多个批发商之间的价格大战；解决了经销商在品牌经营上的短期行为。这种渠道系统的缺点是：股份制销售公司缺乏规范的管理；股份制公司股东利益的冲突容易对销售造成冲击；渠道内的利益分配容易产生不公；以单纯利益所维系的渠道具有先天的脆弱性。

除了上述模式之外，目前在分销渠道系统发展方面还出现了一些新的观念或理论探索。其中深度分销理论与渠道扁平化观念具有较大的影响力。

深度分销现在是指一种由生产企业提供市场支持，鼓励分销商对企业无法覆盖的区域或终端完成覆盖的分销模式。深度分销应由分销商来完成，其目的是利用分销商的"渠道优势"来弥补生产企业的"渠道缺陷"；渠道成员在合理分工的前提下完成各自的市场职能，同时也共享渠道利润。

渠道扁平化观念提倡建立一种从生产企业到消费者的整条供应链，其中没有其他的中间环节。这种观念认为，渠道扁平化可以让生产企业直面消费者，分销渠道将具有前所未有的高效率。虽然渠道扁平化已经成为市场发展的一种趋势，但受生产企业实力、产品特性等因素的影响，要想实现分销渠道的全面扁平化，还有很多困难要克服。

7.2　分销渠道设计

企业的产品能否快速有效地分配到用户或消费者手中，取决于企业的分销渠道设计是否合理。分销渠道设计是指企业根据消费者或用户的服务需求，通过分析影响渠道设计的各种因素，确定分销渠道的目标，设计可供选择的渠道方案并进行评估与选择的过程。

7.2.1　影响分销渠道选择的因素

影响分销渠道选择的因素有很多。生产企业在选择分销渠道时，必须对以下几方面的因素进行系统分析和判断，这样才能做出合理的选择。

1. 产品因素

产品的价格、特性、生产技术等因素都会影响产品分销渠道的选择。

（1）产品价格。一般来说，产品单价越高，越应注意减少流通环节，否则会造成销售价格过高，从而影响销路，这对生产企业和消费者都不利。而单价

微课：
分销渠道
设计

较低的产品，通常采用多环节的间接分销渠道，以扩大市场。

（2）产品特性。产品的重量和体积直接影响运输和储存等销售费用，过重或体积过大的产品，应尽可能选择最短的分销渠道。对于那些超过运输部门规定（超高、超宽、超长、集重）的限定产品，尤其应该组织直达供应。对于小而轻且数量大的产品，则可考虑采取间接分销渠道。

有效期短，储存条件要求高或不易多次搬运的，如鲜活品、危险品，应采取较短的分销途径，尽快送到消费者手中。

（3）产品生产技术。有些产品具有很高的技术性，或经常需要技术服务与维修，应采取生产企业直接销售给用户的方式，这样可以保证向用户提供及时、良好的销售技术服务。定制品一般由产需双方直接商讨规格、质量、式样等技术条件，不宜经由中间商销售。标准品具有明确的质量标准、规格和式样，分销渠道可长可短：有的用户分散，宜由中间商间接销售；有的则可按样本或产品目录直接销售。

为了尽快把新产品投入市场，扩大销路，生产企业一般会组织自己的推销队伍，直接向消费者，推介新产品并收集用户意见。如能取得中间商的良好合作，也可以考虑采用间接销售的方式。

2. 市场因素

影响分销渠道选择的市场因素主要有：

（1）消费者的潜在需求。若消费者的潜在需求多，市场范围大，需要中间商提供服务来满足消费者的需求，则宜选择间接分销渠道。若潜在需求少，市场范围小，生产企业可直接销售。

（2）市场分布情况。如果商品消费地区分布比较集中，适合直接销售；反之，则适合间接销售。在工业品销售中，如果多为本地用户，产需联系方便，适合直接销售；如果以外地用户为主且分布较为分散，间接销售则较为合适。

（3）消费者的购买习惯与批量。有的消费者喜欢到企业购买商品，有的消费者喜欢到商店买商品。所以，生产企业应既直接销售，也间接销售，满足不同消费者的需求，也增加产品的销售量。购买批量大、次数少，多采用直接销售；购买批量小、次数多，除了通过自设门市部出售外，多采用间接销售。

（4）市场竞争状况。当市场竞争不激烈时，可采用与竞争者类似的分销渠道，反之，则采用与竞争者不同的分销渠道。

3. 生产企业本身的因素

企业的营销目标、资金实力、销售能力、服务水平、发货限额等因素都会影响分销渠道的选择。

（1）营销目标。如果企业的营销目标是高市场份额，那么分销渠道必然密度大且类型多样；如果企业追求高附加值和高利润率，分销渠道就不能追求高密度。所以，营销目标会影响渠道设计。

（2）资金实力。企业本身资金实力雄厚，则可自由选择分销渠道，建立自己的销售网点，采用产销合一的经营方式；也可以选择间接分销渠道。企业资金实力薄弱则必须依赖中间商进行销售和提供服务，只能选择间接分销渠道。

（3）销售能力。生产企业在销售力量、储存能力和销售经验等方面具备较好的条件，则应选择直接分销渠道。反之，必须借助中间商，选择间接分销渠道。另外，企业如能和中间商进行良好合作，或对中间商能进行有效控制，则可选择间接分销渠道。若中间商不能很好地合作或不可靠，影响产品的市场开拓和经济效益，应直接销售。

（4）服务水平。中间商通常希望生产企业能尽可能多地提供广告、展览、修理、培训等服务项目，为销售产品创造条件。若生产企业无意或无力满足这方面的要求，则难以达成协议，这会迫使生产企业自行销售。反之，中间商会乐于销售其产品，生产企业可选择间接分销渠道。

（5）发货限额。生产企业为了合理安排生产，会对某些产品规定发货限额。发货限额高，有利于直接销售；发货限额低，则有利于间接销售。

4. 经济效益因素

不同分销途径经济效益的大小也是影响选择分销渠道的一个重要因素，主要有以下几个方面的因素。

（1）销售费用。是指产品在销售过程中发生的费用，包括包装费、运输费、广告宣传费、陈列展览费、销售机构经费、代销网点和代销人员手续费、产品销售后的服务支出等。一般情况下，减少流通环节可降低销售费用，但要综合考虑流通环节的减少程度，应做到既节约销售费用，又有利于生产发展，还能体现经济合理的要求。

（2）利润。目前，许多生产企业都以同一价格将产品销售给中间商和最终消费者。在直接销售量等于或小于间接销售量时，由于生产企业直接销售时要多占用资金，增加销售费用，所以间接销售的经济效益高，对企业有利；若直接销售量大于间接销售量，而且所增加的销售利润大于所增加的销售费用，则选择直接销售有利。

（3）销售量。在生产企业以不同价格将产品销售给中间商和最终消费者时，需综合考虑销售价格、销售费用和销售量的变化情况，进行经济效益比较。直接销售多采用零售价格，比较高，但支付的销售费用也多。间接销售采用出厂价格，比较低，但支付的销售费用也少。在销售量相等时，可以通过计算两种分销渠道的盈亏临界点作为选择的依据。当销售量大于盈亏临界点的数量时，选择直接分销渠道；反之，选择间接分销渠道。在销售量不同时，则要分别计算直接分销渠道和间接分销渠道的利润并进行比较，一般应选择获利大的分销渠道。

5. 中间商因素

一方面，可供选择的中间商的资源状况会影响企业分销渠道的设计，如果企业找不到适合分销商的地区，尽管那里有大量需求，企业也只能采取一层渠道。另一方面，不同中间商在诸如广告、运输、储存、信用、训练人员、送货频率等方面都具有不同的实力与特点，这些因素也会影响生产企业对分销渠道的选择。

6. 环境因素

社会环境，包括人口、政治、经济、法律、技术、文化环境因素的变化都会影响到企业分销渠道的设计。例如，政策禁止传销、互联网技术发展带来的渠道扁平化和全渠道建设、消费者购买力的变化等，都可能影响到渠道结构的设计。

7.2.2　分销渠道选择的原则

在选择具体的分销渠道时，分销渠道管理人员一般都要遵循以下原则。

1. 畅通高效的原则

这是渠道选择的首要原则。任何正确的渠道决策都应符合物畅其流、经济高效的要求。商品的流通时间、流通速度、流通费用是衡量分销效率的重要标志。

畅通的分销渠道应以消费者需求为导向，将产品尽快、尽好地通过最短的路线，以尽可能优惠的价格送达消费者方便购买的地点。畅通高效的分销渠道模式不仅要让消费者在适当的地点、时间以合理的价格买到满意的商品，而且应努力提高企业的分销效率，争取降低分销费用，以尽可能低的分销成本获得最大的经济效益。

2. 覆盖适度的原则

企业在选择分销渠道模式时，仅仅考虑加快速度、降低费用是不够的，还应考虑及时准确地送达的商品能不能销售出去，是否有足以覆盖目标市场的较高市场占有率等问题。因此，不能一味强调降低分销成本，这样可能导致销售量下降、市场覆盖率不足。成本的降低应是规模效应和速度效应的结果。在分销渠道模式的选择中，也应避免扩张过度、分布范围过宽或过广，以免造成沟通和服务的困难，导致无法控制和管理目标市场。

3. 稳定可控的原则

企业的分销渠道模式一经确定，便需要花费相当大的人力、物力、财力去建立和巩固，整个过程往往是复杂而缓慢的。所以，企业一般轻易不会更换渠道成员，更不会随意转换渠道模式。只有保持渠道的相对稳定，才能进一步提高渠道的效益。畅通有序、覆盖适度是分销渠道稳固的基础。

由于影响分销渠道的各个因素总是在不断变化，一些原来固有的分销渠道难免会出现某些不合理的问题，这时，就需要分销渠道具有一定的调整功能，以适应市场的新情况和新变化，保持渠道的适应力和生命力。调整时应综合考虑各个因素的协调，使渠道始终都在可控制的范围内保持基本的稳定状态。

4. 协调平衡的原则

企业在选择、管理分销渠道时，不能只追求自身的效益最大化而忽略其他渠道成员的局部利益，应合理分配各个成员间的利益。

渠道成员之间存在合作、冲突、竞争的复杂关系，要求渠道的领导者对此有一定的控制能力，统一、协调渠道成员的行为，有效地引导渠道成员展开充分合作，鼓励渠道成员进行有益竞争，减少冲突发生的可能性，及时解决矛盾，确保总体目标的实现。

5. 发挥优势的原则

为了争取在竞争中处于优势地位，企业在选择分销渠道模式时要注意发挥自己各个方面的优势，将分销渠道模式的设计与企业的产品策略、价格策略、促销策略结合起来，增强营销组合的整体优势。

7.2.3 分销渠道设计的步骤

分销渠道设计就是确定到达目标市场的最佳途径。有效的渠道系统设计通常包括以下几个步骤。

1. 分析顾客需要的服务水平

设计有效的渠道，先要了解目标顾客在购买商品和服务时所期望的服务水平。顾客的服务要求通常包括供货批量的大小、收货等待时间、提供的空间便利、产品齐全程度、销售服务水平等方面的内容。

2. 确定渠道目标，分析影响渠道选择的因素

（1）渠道目标的确定。所谓渠道目标，是指企业预期达到的顾客服务水平。企业的渠道系统可提供的服务包括以下 5 个方面的内容。

① 批量大小。指渠道允许典型顾客一次购买的单位数量。

② 等候时间。指渠道顾客收到货物的平均时间。

③ 空间便利。指渠道为顾客购买商品所提供的方便程度。例如，有的渠道为顾客提供商品储存、运输等全套服务，而有的渠道则需要顾客自行完成储存、运输等工作。

④ 商品品种齐全程度。指渠道所提供的商品花色品种的多少。

⑤ 服务支持水平。指渠道所提供的附加服务（信贷、安装、维修、培训等）的水平。

（2）影响分销渠道选择的因素分析。主要就产品特性、市场特点、企业自身条件、中间商状况、环境条件等影响企业分销渠道选择的因素进行分析。

3. 设计各种备选渠道方案

每个备选渠道方案都需要考虑三个基本问题。

（1）确定渠道类型。企业进行渠道设计，首先必须明确可以完成渠道任务的各种渠道类型，包括直接渠道、间接渠道、长渠道、短渠道、宽渠道、窄渠道、单一渠道、多渠道等。如某电动工具生产企业在决定以何种方式将某品牌的手电钻送至最终用户手中时，有如下一些主要渠道类型可供选择：利用自己的销售资源（人员、场地等）销售商品；派出销售人员与中间商（一些大型超市）接洽，利用超市渠道销售；通过建立代理关系，利用代理商销售商品。由此可见，企业在确定渠道类型时，常常会遇到若干个可行的方案。

（2）决定中间商的数量。企业在确定了自身可利用的渠道类型后，接下来要确定在每个渠道层次使用多少中间商的问题，实际上是确定到底是采取密集分销、选择分销还是独家分销的问题。

（3）明确渠道成员的权利和责任。对渠道成员权利和责任的界定，实际上是在确保企业盈利的前提下，与渠道成员就价格策略、销售条件、分销商的地区权利，以及每一方应提供的具体服务等内容进行约定。

4. 评估渠道方案

每个渠道方案都是商品送达最后顾客的可能路线。评估渠道方案就是要对所有可能的渠道方案进行比较、评价，从中找出最优方案。

同步实训
分销渠道设计

实训目标：帮助学生掌握分销渠道设计的基本技能。

实训内容：设计一份"××产品分销渠道设计方案"

实训要求：

（1）明确"分销渠道设计方案"在企业分销渠道决策中的重要意义。

（2）运用本节所学知识并结合营销基本原理，以自己所了解的某一企业的某一种产品为例，完成一份"××产品分销渠道设计方案"。

（3）要求教师提供"××产品分销渠道设计方案"的设计范例，并对学生设计的方案及完成过程进行点评。

实训步骤：

（1）学生分组调研讨论，选取适当的企业与经营产品。

（2）确定工作步骤，制订工作计划，明确每个步骤的工作内容与完成时间。

（3）实施调研与分析。

（4）编写分销渠道设计初步方案。

（5）修订完善分销渠道设计方案，并提交最终方案。

组织形式：以学习小组为单位，每小组制作一份"××产品分销渠道设计方案"。

考核要点：分销渠道设计方案的完整性、正确性、可操作性和创新性等。

7.2.4　分销渠道评价标准

评估分销渠道的标准有三个，即经济性、可控性和适应性，其中最重要的是经济性。

1. 经济性标准评估

经济性标准评估主要是比较每个分销渠道方案可能达到的销售额及费用水平。具体做法为：① 比较由本企业推销人员直接推销与使用销售代理商，看采用哪种方式销售额更高；② 比较由本企业设立销售网点直接销售所需费用与使用销售代理商所需费用，看哪种方式支出的费用更高；③ 企业对上述情况进行权衡，从中选择最佳分销方式。

2. 可控性标准评估

一般来说，采用中间商的可控性小些，而企业直接销售的可控性大；一般分销渠道长，控制难度大，渠道短则比较容易控制。企业必须进行全面比较、权衡，选择最优方案。

3. 适应性标准评估

如果生产企业同所选择的中间商的合约时间长，而在此期间，尽管其他销售方法可能更有效，但生产企业不能随便解除合同，这样企业便缺乏选择分销渠道的灵活性。因此，生产企业必须考虑选择策略的灵活性，不签订时间过长的合约，除非在经济或渠道控制方面具有十分优越的条件。

7.3　分销渠道管理

企业在选择渠道方案后，必须对中间商加以选择、评估与激励，并根据条件的变化对渠道进行调整。

7.3.1　选择中间商

中间商素质的好坏，直接关系到产品在市场上的销路、信誉。因此，选择中间商要科学确定评价标准，慎重考察和选用。

1. 中间商的评价标准

一般来讲，中间商的评价标准主要有以下几个方面。

（1）中间商经营的范围与市场。中间商所经营的市场范围应与企业的目标市场一致。

（2）中间商的区位优势。中间商应具有较好的区位，以便企业产品能及时、有效地辐射到企业的目标市场。

（3）中间商的销售能力。中间商的市场渗透能力更强，要有一支训练有素的推销队伍，要有懂企业产品技术的专门人才；中间商的管理层要精通业务，要具备一定的专业知识和较高的理论素质。

（4）中间商的合作意愿。中间商要有较强的与企业合作的意愿。

（5）中间商的财务实力。中间商应具有较雄厚的财务实力，应能在必要时为企业提供预付货款，分担销售费用，提供担保等财务帮助。

（6）中间商的储运条件。中间商应具备足够的仓库、运输工具以及必要的冷藏、保温、保鲜设备，以保证产品的保存和销售。

（7）中间商的信誉。中间商应能得到社会的信任和尊敬，这样既可以使企业与中间商开展真诚合作，又有利于树立企业产品在消费者心目中的形象。

2. 选择中间商的步骤

中间商的选择可以采取综合评分法来实施，中间商综合评分表见表7-1。

表7-1　中间商综合评分表

评价因素	权重/%	中间商 1		中间商 2		中间商 3	
		分数	加权分	分数	加权分	分数	加权分
1. 经营范围与市场	20	80	16	70	14	90	18
2. 区位优势	15	80	12	85	12.75	90	13.5
3. 销售能力	20	85	17	80	16	80	16
4. 合作意愿	10	80	8	90	9	85	8.5
5. 财务状况	10	85	8.5	90	9	85	8.5
6. 储运条件	10	70	7	80	8	80	8
7. 信誉	15	80	12	75	11.25	80	12
总分	100	560	80.5	570	80	590	84.5

（1）确定候选中间商。

（2）根据企业营销目标，确定中间商评分项目及权重。

（3）根据候选中间商的实际情况给出每一个项目的得分，计算出加权分。

（4）计算出每一个候选中间商的加权总分。

（5）根据企业分销渠道策略，选择得分较高的中间商。

7.3.2　评价与激励渠道成员

1. 评价渠道成员

企业应对中间商的工作绩效进行定期评估。评估标准一般包括：销售指标完成情况、平均存货水平、向顾客交货的速度、产品市场覆盖程度、对损坏和遗失商品的处理、促销和培训计划的合作情况、货款回收情况及信息的反馈程度等。

评价中间商的目的在于及时了解情况，掌握销售动态，及时发现问题、解决问题，保证营销活动顺利而有效地进行。同时，对绩效好的中间商给予一定的奖励，或对一部分绩效不好的中间商实行淘汰，还可对企业现有的分销渠道进行必要的调整，使其更加合理。

2. 激励渠道成员

企业在确定了中间商之后，为了更好地实现企业的营销目标，促使中间商与自己合作，还必须采取各种措施不断对中间商给予激励，以此来调动中间商经销企业产品的积极性，并通过这种方式与中间商建立一种良好关系。激励职能包括的主要内容有：研究分销过程中不同中间商的需要、动机与行为；采取措施调动中间商的积极性；解决中间商之间的各种矛盾等。

激励中间商的方法很多。不同企业所用方法不同，同一企业在不同地区或销售不同产品时所采取的激励方法也可能不同。较常见的激励措施有以下几种。

（1）向中间商提供适销对路的产品。生产企业应根据市场需求不断开发新产品，提高产品适销率，从根本上为中间商创造良好的销售基础，扩大产品的销售面。

（2）扶持中间商。生产企业可以通过三个方面的工作来达到扶持中间商的目的：① 向中间商提供必要的资金支持或使用优惠的付款方式；② 向中间商提供信息情报及有关的销售服务；③ 协助中间商开展经营活动，如帮助中间商培训维修人员、策划商品陈列活动等。

（3）开展各种促销活动。为了引起消费者的购买欲望及中间商参与分销的兴趣，企业应协助中间商开展各种促销活动，如广告宣传、营业推广等。

（4）与中间商结成长期合作伙伴关系。生产企业对中间商应当贯彻利益均沾的原则，尽力缓和矛盾，密切协作，共同搞好营销工作。在长期的合作中，考虑彼此的基本需要及利益，建立互利互惠、共同发展的合作关系。

从总体上说，激励措施的选择要具有针对性。任何一家企业在选用激励方式之前都要分析激励对象即中间商和其他分支机构的需求，然后设法满足。企业还要确定合理的激励水平，因为激励可能带来销售量的增加，但也需要花费生产企业的人力、财力。此外，在进行激励时，要注意采用多元手段，因为中间商与生产企业如果仅仅只有利益关系，在市场不稳定，出现利润下降甚至没有利润时，中间商就可能流失；而如果中间商与生产企业相互之间的连接纽带多元化，就可以化解很多危机。

7.3.3　调整分销渠道

随着消费者或用户购买方式的变化、市场的扩大或缩小、产品进入生命周期的更替、新竞争者的出现等，原先的分销渠道经过一段时间以后，可能已不适应市场变化的要求，必须进行相应调整。一般来说，对分销渠道的调整有下列三个不同层次。

1. 增减分销渠道中的某些中间商

由于个别中间商的经营不善而造成市场占有率下降，或者因为某些中间商缺乏合作精神给企业造成困难，当这些因素影响到整个渠道效益时，可以考虑物色其他中间商。为了开拓某一新市场，或者为了应对竞争，企业有时需要增加中间商的数量。经过调查分析和洽谈协商，在符合企业对中间商的要求及中间商愿意的基础上，企业可以增加某个或某些中间商作为企业经销商或代理商。

2. 增减某些分销渠道

在某种分销渠道的销售额一直不够理想时，企业可以考虑在全部目标市场或某个区域内撤销这种渠道类型，而另外增设一种其他的渠道类型。企业为满足消费者的需求变化而开发新产品，若利用原有渠道难以迅速打开销路和提高竞争能力，则可增加新的分销渠道，以实现企业营销目标。

3. 调整整个分销渠道

这是渠道调整中最复杂、难度最大的一类。因为它要改变企业的整体渠道策略，而不只是在原有基础上进行修补。如放弃原先的直销模式，而采用代理商进行销售；或者建立自己的分销机构以取代原先的间接渠道。这种调整不仅是渠道策略的彻底改变，而且产品策略、价格策略、促销策略也必须做相应调整，以和新的分销系统相适应。

总之，分销渠道是否需要调整，如何调整，取决于其整体分销效率。因此，不论进行哪个层次的调整，都必须做经济效益分析，看销售量能否增加，销售效率能否提高，以此鉴定调整的必要性和效果。

职业道德与营销伦理
窜货：分销渠道管理中的道德问题

背景与情境：分销渠道中的成员根据各自的利益和条件相互选择，以合约形式规定双方的权利和义务。如果渠道中的某一成员违背合约的有关规定，损害了其他成员的利益，便会产生道德性问题。虽然合约会规定零售商只能销售某一企业的产品，而不能销售其他产品，但零售商为了获取更多利润，不管是哪家企业的产品，只要是好销的产品都销售。这种做法显然是不道德的。中间商不讲信誉、不按合约规定按时付款给生产者；某些零售商回避合法经营的生产者及批发商，另从非法渠道进货，而损害生产者、批发商的利益；生产者凭借自己的经营优势，采用威逼手段对中间商减少或停止供货；生产者凭借自己的经营性垄断地位，迫使中间商屈服自己的指挥，限制中间商的经营活动。以上种种均会引起职业道德问题。

其中，窜货就是一个典型。窜货是分销网络中的公司分支机构或中间商受利益驱动，把所经销的产品跨区域销售，造成市场倾轧、价格混乱，严重影响生产企业声誉的恶性营销现象。造成窜货的主要原因有：经销商为了多拿回扣，抢占市场；供货商给予中间商的优惠政策不同；供应商对中间商的销货情况把握不准，规定的销售任务过高；中间商所辖区域销货不畅，造成积压，厂家又不予退货，只好拿到畅销区域销售；各区域运输成本不同，有窜货空间；中间商实施市场报复，恶意破坏其他中间商市场等。

问题：作为生产企业，应该如何避免中间商的窜货行为？

分析提示：窜货的产生需要一定的条件。消除窜货产生的条件是消除中间商窜货行为的基础。具体办法有：① 选择好经销商；② 创造良好的销售环境，包括制订科学的销售计划、合理划分销售区域等；③ 制定完善的销售政策，包括价格政策、促销政策、专营权政策等。除此之外，以下管理措施也有助于避免中间商的窜货行为：制定合理的奖惩措施、建立监督管理体系、监督企业渠道拓展人员、培养和提高经销商忠诚度等。

学习训练

▲ **单选题**

1. 以大批量、低成本、低售价和微利多销的方式经营的连锁式零售企业是（　　）。

  A. 超级市场   B. 方便商店

  C. 仓储商店   D. 折扣商店

 2. 协助买卖成交、推销产品，但对所经营产品没有所有权的渠道成员是
（　　）。

  A. 批发商   B. 运输公司

  C. 制造商代表   D. 零售商

 3. 生产者—批发商—零售商—消费者，这样的分销渠道称为（　　）。

  A. 一阶渠道   B. 二阶渠道

  C. 三阶渠道   D. 四阶渠道

 4. 分销渠道的同一层次配置同类型中间商数目很多，这种渠道属于
（　　）。

  A. 直接渠道   B. 长渠道

  C. 宽渠道   D. 多渠道

 5. 分销渠道的起点是（　　）。

  A. 生产企业   B. 批发商

  C. 零售商   D. 消费者

▲ **多选题**

 1. 从狭义上来讲，分销渠道成员包括（　　　　）。

  A. 消费者   B. 商人中间商

  C. 代理商   D. 供应商

 2. 影响分销渠道设计的因素有（　　　　）。

  A. 市场特性   B. 产品特性

  C. 企业特性   D. 环境特性

 3. 属于无店铺零售形式的有（　　　　）。

  A. 直播购物销售   B. 直销员销售

  C. 便利店销售   D. 网店销售

 4. 在分销渠道中，属于批发商的有（　　　　）。

  A. 商人批发商   B. 经纪人

  C. 代理商   D. 超级市场

 5. 在分销渠道中，属于零售商的有（　　　　）。

  A. 经纪人   B. 代理商

  C. 超级市场   D. 连锁店

▲ 判断题

1. 经纪人和代理商都是自己进货并取得产品所有权后再出售的商业企业或个人。（　　）

2. 真正的折扣商店是以低价销售产品，所以其经营的产品品质一般不会很高。（　　）

3. 中间商的介入增加了渠道环节，因而增加了社会商品流通中的交易次数。（　　）

4. 直接渠道是生产资料销售的主渠道，间接渠道是消费品销售的主渠道。（　　）

5. 中小企业或经营能力不足的企业，其分销模式的直接性、垂直性明显。（　　）

▲ 案例分析

美的空调重构渠道颠覆区域代理模式

背景与情境： 从传出美的家用空调事业部将在全国范围内全面推行销售公司模式的消息开始，在一个多月的时间里，十余家美的空调销售公司就在福建、江苏、河南等地纷纷成立。

美的的渠道变革在业内引起了轰动。相关人士表示，作为处于空调行业第一阵营的美的，其营销模式一直被认为是成功的典范，所以这次变革不仅会影响到美的内部的体系构建，也会影响到整个行业的营销格局。

美的这次全面推广区域合资销售公司，可以说是对长期坚持的区域代理制的抛弃，是对过去坚持的渠道模式的否定。一般认为，空调行业营销分别以格力、美的、海尔为代表形成了三大主流模式。虽然美的并非区域代理模式的创始者，但业内人士认为它把以区域代理商为核心的代理制发挥到了最大，成为区域代理制的楷模和典范。因此很多人会对美的的渠道变革表示不理解。

美的的渠道模式变革让行业其他品牌及渠道经销商感到了巨大的压力。"美的作为一种模式的代表者断然改用其他模式，这对其他采用区域代理制模式的品牌在心理上必然造成一种冲击。"分析人士认为，目前市场上活跃的品牌，很多都是实行区域代理制或者区域代理制的翻版，在作为旗手的美的抛弃这种模式的情况下，其他品牌是选择继续沿用还是跟进变革？这已经成了一个不得不面对的问题。

问题：

1. 变革前，美的空调采用的是一种什么样的渠道模式，有什么优缺点？变革后，美的空调拟采用的是一种什么样的渠道模式，有什么优缺点？

2. 美的空调为什么要做出如此变革？

3. 其他采用区域代理制的品牌应该跟随美的进行渠道模式变革吗？

08

Chapter

第 8 章

整合促销策略

中国商谚

店有雅号，客人自到。

学习目标

※ 知识目标

- 熟悉促销的内涵、功能与主要方式
- 了解整合营销传播的概念与特征
- 掌握人员推销、广告、营业推广和公共关系的重点内容
- 理解新媒体技术发展对企业促销的影响

※ 技能目标

- 能够合理使用人员推销方法
- 能够有效选择广告媒体，进行促销
- 能够运用营业推广的基本技巧，择机施用
- 能够正确进行公共关系活动

※ 素养目标

- 坚持缜密思考，培养勇于创新的职业习惯
- 养成自我学习、不断精进的良好习惯
- 在促销过程中坚持童叟无欺的职业操守

引例

盒马鲜生新零售

　　盒马鲜生是阿里巴巴对线下超市完全重构的新零售业态，集"生鲜超市＋餐饮体验＋线上业务仓储"三大功能于一体，业务模式是"电商＋线下超市、餐饮"的结合体。消费者可到店购买商品，也可以在App下单。而盒马鲜生最大的特点之一就是快速配送，门店附近3千米范围内30分钟送货上门。盒马鲜生于2016年年初第1家开业，至2017年7月开店13家，全部实现规模盈利。仅仅一年半时间，盒马鲜生不仅"红"遍中国，而且已经"红"出国门，被日本、美国等众多国外媒体、零售同行所关注。2018年8月《哈佛商业评论》评选出年度新零售TOP10，盒马鲜生名列其中。2021年，盒马鲜生在全国范围内有约300家线下门店。盒马鲜生致力于打造"门店环境＋商品＋餐饮＋到家＋粉丝互动情感"的一种复合体验，满足顾客的多维需求。盒马鲜生是超市，是餐饮店，也是菜市场，但这样的描述似乎又都不准确。

　　与传统零售最大区别是，盒马鲜生运用大数据、移动互联、智能物联网、自动化等技术及先进设备，实现人、货、场三者之间的最优化匹配，从供应链、仓储到配送，盒马鲜生都有自己的完整物流体系。

阿里巴巴表示，盒马鲜生不是单单为了在线下开店，而是希望通过线上驱动淘宝系消费数据能力，线下布局更丰富的合作形式。待到运营模式成功后，其数据能力和技术能力会对合作伙伴开放共享。

盒马鲜生的快速发展再次证明，一家企业营销的成功很大程度上取决于对影响市场环境因素的了解，以及在设计营销策略上的熟练技巧，包括人员推销、广告、营业推广、公共关系等促销方式的灵活使用，使营销组合各要素产生了较大效能。现代企业不仅要开发好的产品，制定有吸引力的价格，还必须加强促销策略运用和整合营销传播，适时与现有或潜在的利益相关者以及一般公众进行沟通。这是本章需要探究与训练的内容。

8.1 促销与沟通

促销是科学，也是艺术。谁能够把握促销策略，灵活运用促销策略和方法，谁就会获得成功。有人说，科技为企业提供动力，促销则为企业安上翅膀。那么，什么是促销？

8.1.1 促销的内涵

促销是企业在开拓产品市场、扩大产品销路所进行的向目标顾客传递产品信息、激发顾客购买欲望、促成顾客购买行为的全部活动的总称。促销通过宣传、沟通活动，帮助消费者认识产品的特点和性能，引起他们的注意和兴趣，激发他们的购买欲望和购买行为，从而达到扩大销售的目的。

1. 促销功能

在现代营销中，对一个企业来说，促销的作用是极其重要和广泛的，可以归纳为四大功能。

（1）传播信息。企业把进入市场或即将进入市场的产品的有关信息、情报传递到目标市场的消费者或中间商，引起他们注意，使他们明确企业及其品牌代表的是什么，何时、何地、在何种价格水平上能够买到多大数量的何种产品，购买或使用该产品将得到何种激励，从而使市场上的老顾客增加需求量或潜在顾客变为现实顾客。

（2）创造需求。有效的促销活动通过介绍产品（尤其是新产品）的性能、用途、特点等，能够诱导和激发需求，并在一定条件下创造需求。由于消费者需求动机的多样性和复杂性，加之经常受到各种外界因素的影响而发生变化。因此，企业只有针对潜在消费者的心理动机，通过采取一定的促销活动，诱导或激发其需求。这样，一方面可以增加老顾客的需求，扩大产品销售量，另一方面还可以创造新客户，开拓新市场。

（3）突出特点。促销突出本企业产品不同于竞争对手产品的特点以及它给消费者或用户带来的特殊利益。这就有助于加深顾客和公众对本企业产品的了解，建立起本企业产品的形象。事实上，在生产门类众多，新技术、新工艺、新产品不断涌现的现代市场上，人们购买商品往往很难根据自己的需要进行正确的判断和选择，很难察觉同类产品的细微差别。有效的促销活动可以帮助需求者进行正确的购买决策，并实施购买行为。

（4）稳定销售。强有力的促销活动，不仅能使老顾客（老用户）产生怀旧、偏爱心理，而且能消除由于宣传失误、服务不周等造成的心理障碍，从而维持和扩大企业的市场份额，巩固和提高本企业的市场地位。

促销功能的中心在于诱导需求、创造需求。以"卖鞋"为例，今天的厂商所考虑的不仅是卖出"鞋"这个实物，而考虑更多的是"贩卖刺激"。因为在现代社会，人们买鞋不再是单纯为了保持双脚的温暖和清洁、防止扎伤等。如果只是为了基础功能，人们可以去买只值十几元钱的布鞋、塑胶鞋，而无须购买几百元甚至上千元的皮鞋、旅游鞋。事实上，今天人们对鞋子的需求，不仅仅是质优、价廉、实用，更需要能体现和寄托消费者自我的种种感觉：或成熟、或年轻、或温柔、或迷人、或潇洒等。买鞋成为一种情绪上的感受、一种经验。所以说，企业要唤起消费者的某种感受与情绪，诱导消费。从这个角度分析，促销活动体现了企业开拓市场、扩大销售、满足消费的主动精神、进取精神和创造精神。

2. 促销方式

在营销系统中，促销是最具活力、最具创新性的重要一环。促销的途径主要包括人员推销、广告、营业推广与公共关系，这每一种促销方式都有其独特的性质、成本及适用范围。人员推销在树立购买者偏好、信念和促进行动方面最为直接有效，因为这种面对面的接触便于买卖双方建立关系、培养友情，正所谓"生意不在人情在"，它较适应于产业用品的促销。广告可用于建立产品的长期形象，也可用于增加短期的销售，由于它可以有效到达地理分布较为分散的购买者，往往较适应于消费品的促销。营业推广一般用于创造短期业绩，其功能在于吸引注意、激发引导，促使潜在顾客快速行动。公共关系由于富有影响力，一般用于塑造企业形象等。因为新闻故事和特写比广告更真实，并具有高度可信性，可降低顾客的抵触心理，使公司或产品更加深入人心。

根据市场营销组合的复合性特点，如果说市场营销组合是关于产品、价格、分销和促销等策略的一级组合，那么，促销则是市场营销组合的亚组合，即关于人员推销、广告、营业推广、公共关系这 4 种基本促销方式的组合，如图 8-1 所示。

图 8-1 促销组合

关于促销的 4 种基本方式及其整合的问题，本章将分节逐一讨论。

8.1.2　促销的实施过程

促销的功能表明，促销是营销传播活动，更是典型的沟通活动。所以，现代企业提高促销效果实际上就是提高营销传播的沟通效果。

1. 促销的实质是沟通

促销是企业直接或间接地尝试让消费者了解自己的企业或所销售的产品与

品牌，告诉或向消费者展示为何要使用某种产品，什么样的人使用该产品，何时何地使用该产品；解释公司和品牌代表的是什么；以及提供使用的激励，劝说和提醒并促使消费者购买这些产品。而对于企业来说，促销是将品牌与其他人、场所、事件、品牌、体验、感受和事物联系起来的一种方式。它有助于建立品牌资产，推动销售，甚至会影响企业股价。

在现代社会化大生产和市场经济条件下，企业必须与其顾客、供应商、金融机构、政府和社会公众进行广泛的信息沟通活动。在这些活动中，企业最为关注的是与目标顾客之间的说服性沟通。说服性沟通是指沟通者通过特定的渠道，有意识地安排有说服力的信息，以便对特定沟通对象的行为与态度进行有效的影响。促销在把产品及相关信息传递给目标顾客的同时，试图与特定目标顾客建立有效沟通，从而对目标顾客的行为和态度产生有效的影响。

促销是一种典型的沟通活动，是双向的，即由卖方到买方、由买方到卖方的不断循环的双向式的沟通，如图8-2所示。

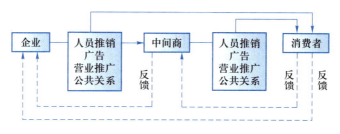

图 8-2　促销与信息沟通

2. 促销活动的步骤

促销活动的步骤也就是有效沟通的基本步骤：

（1）识别目标受众。首先必须清楚地界定目标受众：产品的潜在顾客、现有使用者、决策者或影响者；个体、团体、特殊公众或一般公众。因为目标受众的不同将影响企业的下列沟通决策：准备说什么，如何说，什么时候说，在什么地方说，向谁说等。

（2）确定传播目标。根据营销专家研究，沟通有4种可能的传播目标：① 类别需求；② 品牌认知度；③ 品牌态度；④ 品牌购买意向等。而最有效的沟通往往能够实现多重目标。

（3）设计有效信息。确定目标受众和传播目标后，就应当设计一个有效的信息。有效的信息设计必须引起目标受众注意，唤起其兴趣，激发其欲望，促使其行动。所以，设计沟通信息要注意把握3个关键；说什么（信息策略）、如何说（创造性策略）、由谁来说（信息源）。

（4）选择渠道。信息沟通渠道可以分为两大类，即人员信息渠道和非人员信息渠道。人员信息渠道是指两个或两个以上的人相互之间直接进行信息沟通。他们可能是面对面，也可能是通过电话、互联网或个人信函等进行沟通；非人员信息渠道是指无须人与人的直接接触来传递信息或影响的媒介。它通过大众媒体营造氛围、开展公关活动等，向大众传播信息。

（5）编制整体预算。不同的行业和不同的企业在促销预算上差别很大。据统计，促销费用在化妆品行业可能达到销售额的 30%~50%，而在工业设备制造业则占 10% 左右。同一行业中的不同企业也会有很大差别。决定企业促销预算的方法一般有：① 量入为出法，即企业根据自己的实际承受能力确定促销预算；② 销售百分比法，即企业提取销售额（现在的或预测的）或者销售价格的一定百分比作为促销费用；③ 竞争对等法，即企业以期望得到的相对于竞争对手的市场地位作为基础，建立促销预算；④ 目标任务法，即根据目标设定及其需要完成的任务测算成本，从而确定促销预算。

（6）建立反馈系统。促销活动实施后，企业必须跟踪调查沟通信息对目标受众的影响，评价其效果，了解他们能否识别和回忆所传播的信息，看到信息的次数，记住的内容，对信息的感觉以及对企业与产品过去和现在的态度。同时，收集目标受众反应的行为数据，如多少人购买了产品，多少人喜欢它，以及多少人同别人谈过它。营销人员根据反馈信息，决定是否需要调整营销战略或具体促销计划等。

8.1.3　整合营销传播

整合营销传播（integrated marketing communications，简称 IMC）是指利用企业和品牌能接触到的一切信息源去吸引消费者。它是在促销组合基础上发展起来的理论，其实质是对各种促销方式的有机整合，目的是实现与顾客的全方位、无缝隙的沟通。

1. 整合营销传播的特征

整合营销传播作为一个整体化的传播计划概念，要求在充分把握人员推销、广告、营业推广和公共关系等各种促销方式的个性、成本与效能的基础上，进行有机组合，提供明确、清晰、一致和连贯的信息，使营销传播影响力最大化。其特征是整体性、目标性和动态性，具体体现在：

（1）要求整合信息资源。整合营销传播概念超出了过去对促销所使用的信息资源的范围，要求从一个更广的角度来看待和使用企业的信息资源，并将其整合在一起使用。

（2）要求整合使用目的。将所有信息资源集中在一起并不是其目的，而是要将这些资源形成一个合力，为企业营销目的的实现服务。

（3）要求整合沟通策略。过去在传播沟通策略方面，营销活动各行其是，造成顾客从不同渠道得到的有关企业、品牌、产品的信息不统一，甚至互相矛盾。整合营销传播要求资源使用统一，实现目的统一。因此，必然也要求沟通策略统一。

2. 整合营销传播的技巧

由于各种促销方式都有它的优点和适用性，所以企业应该结合目标顾客、企业资源、产品特性选择最适当的促销组合方式，以达到成本低、效率高的目的。

又由于整合营销传播并不是一时的、短时间的行为，而是长久的坚持。它要求在营销传播的每个阶段都应当推行整合营销传播的基本策略，从一而终地整合各种促销传播要素，传达一致的促销传播信息。所以，企业进行整合营销传播时，要注意横向整合和纵向整合的技巧。

（1）横向整合。可称之为水平整合或空间发展上的整合，包括媒体信息的整合和各类目标受众的信息传达整合。

① 媒体信息的整合。营销传播的信息，不管是来自什么媒体，都只是媒体信息，消费者并不加以区分。语言、文字、图片、声音等媒体传播形式，都在向消费者传达某种特定的符号意义。所以，必须对各种媒体传播的信息进行横向整合。

② 各类目标受众的信息传达整合。整合营销传播是一种以接受者的观点来观察整个营销过程的方法。不同的目标受众会接触不同的媒体，也就需要采用不同的传播工具。一个企业或品牌的目标受众，有其目标市场的主要群体与次要群体；有扮演不同购买角色（倡议者、影响者、决定者、购买者、使用者）的人；也包括产品的批发商、中间商、零售商；还有其他对产品营销有影响的团体、组织、公众等。每一类目标受众都有各自的购买诱因，所以企业需要对他们使用不同的策略，提供不同的利益点。

（2）纵向整合。可称之为垂直整合或时间发展上的整合。它是在营销传播的不同阶段，运用各种形式的传播手段，产生协调一致、渐进加强的信息，完成所设定的传播目标。

① 成功的品牌实际上是从选择原材料到为顾客提供最后服务的一个完整的商业体系。消费者乐于购买的是这样一个体系，而不仅仅是零售商货架上陈列的商品。因此，从营销传播的连续进程来看，除了各种媒体与促销方式外，营销组合中的产品设计、包装、分销渠道、定价、品牌识别（名称、标志、基本色等）都在显现符号意义，均是和消费者沟通的要素。整合营销传播理论认为，传播手段可以无限宽广，只要能协助达成营销及传播目标，就是传播利器，关键在于哪些工具、哪种组合最能够协助达成传播目标。这就需要有效整合，以保持相同的概念、外表与调性。

② 从营销传播目标的层级反应模式来看，营销传播需要提供消费者在不同阶段所需要的适当信息，才能使消费者在品牌忠诚阶梯上不断前进，最终成为

品牌的忠诚拥护者。

8.2 人员推销

人员推销（personal selling）是指企业派专人对目标顾客进行面对面的互动、展示产品及析疑的一种促销方式。人员推销是一种原始、古老但又非常重要的促销方式，曾被誉为"支撑企业发展的精兵"。一些产业用品企业在很大程度上主要依赖于人员推销来发现潜在顾客并将其发展成为顾客，从而提高业务量，其所投入的成本也远高于其他促销方式的花费。

8.2.1 人员推销功能与决策

人员推销是一种十分有效的促销方式，特别是在个性服务、展示析疑，以及完成交易手续等方面，更是其他促销方式所不能代替的。人员推销是一种设法以最方便、最吸引人的方式向可能的买主介绍商品的艺术。

1. 人员推销功能

人员推销是企业实现产品价值、获取利润的重要保证，其功能主要有：

（1）能有效地发现并接近顾客。人员推销具有与人直接接触的特点，因而能将目标顾客从广大消费者中分离出来，把推销的努力集中在目标顾客身上，

微课：
人员推销

这样可避免许多无效的工作。

（2）针对性强，灵活机动。由于目标顾客是明确的，推销人员可根据顾客的动机和特点，灵活采用沟通方式，提供能满足顾客需要的信息，帮助顾客辨明需求，提出建议，并能及时解答问题。

（3）能培养感情，建立长期业务关系。推销人员可以帮助顾客解决问题，充当购买的顾问，人与人的直接交往有利于买卖双方的沟通、理解和信任，从而建立起良好的关系，促成交易。

（4）能双向沟通，信息反馈快。推销人员不仅能将企业信息准确地传递给顾客，还能经常了解到顾客的意见和要求，并及时反馈给企业，为改进提高企业营销活动提供依据。

 同步案例
支撑企业发展的尖兵是推销人员

背景与情境：广州白云山制药总厂创业 10 年，由一间农场的小药厂跻身全国同行业的"大哥大"，产品由积压到畅销，秘诀之一就是把"产、供、销"倒过来，让销字坐第一把交椅，确立以营销为中心的总体经营体系，建立一支 1 000 人的推销队伍。最初，白云山制药厂与许多新办厂一样，陷入产品大量积压、资金无法周转、企业面临关闭的困境。但"白云山"没有气馁，决定招兵买马，派能人到全国各地去推销产品。临行，企业领导人特意为推销人员送行，并对他们说："诸位拜托了，你们家里的事包在我们身上，尽管放心。这次出去都是单枪匹马，走南闯北，人地两生，请多保重。但千万记住，我们厂生死存亡，就靠诸位此行了！"领导的重视和关怀令推销人员深受感动，各自施展拳脚，在极端困难的情况下打开了市场，不仅把积压的商品全部推销出去，还带回大量的订货单。"白云山人"化险为夷，使工厂死里逃生，为今天的发展奠定了良好基础。从这个意义上说，支撑10 亿元规模的白云山制药总厂的尖兵，是其强有力的推销员。

问题：分析白云山制药总厂"起死回生"的秘诀。

分析提示："销"字第一是当年白云山制药总厂"起死回生"的关键所在。其成功说明，"推销是王""没有推销就没有企业""推销人员是支撑企业发展的尖兵"。这是因为在现代市场经济条件下，不管你采用多么先进的技术生产产品，如果卖不出去，那就不能称之为商品。

2. 选择人员推销的决策因素

人员推销是必要的，但企业促销什么时候应以人员推销方式为主也是必须加以衡量的。一般来说，以下情况比较适合采用人员推销。

（1）客户数不多时。若一项产品的潜在顾客人数很少，那么企业以人员推销作为其促销活动的主要方式，则较为有利。

（2）市场集中或客户集中程度明显时。若产品的潜在顾客高度集中在某一地区，则运用人员推销较为经济有效；反之，则无妨利用其他促销方式。例如，客户集中在某一条街道，此时由销售人员沿街推销，逐一推进，成功的概率往往较高。

（3）客户的订单金额很大时。订单金额涵盖订单单价与订单数量两个因素。推销人员所获得的订单多少、金额大小，也是企业运用人员推销时所必须考虑的因素之一。

（4）产品的销售必须通过人员来解说示范时。当只有加入产品的销售示范介绍，才能使目标顾客确信其产品的特点时，运用人员推销较为经济有效；反之，则无妨运用广告或其他的促销方式。

（5）产品的销售必须经过充分讨论时。当产品的销售必须与目标顾客作充分的沟通时，如技术性产品或产业用品的销售等需要多次磋商详谈，讨论有关产品的设计、成本或其他技术上的问题，然后才能决定是否成交。这时，企业应该选择人员推销方式。

（6）客户的需求有明显的差异性时。如果每个潜在顾客的需要都有明显的差异，而产品必须适合这种需要才能解决问题时，必须以人员推销作为主要促销方式。

8.2.2 人员推销程序与素质要求

1. 人员推销程序

尽管没有两个完全相似的推销情景，也没有两个推销员按完全相同的方法去完成自己的推销目标，但大多数推销员是按照以下 6 个基本步骤进行，如图 8-3 所示。

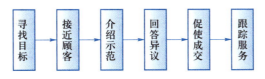

寻找目标 → 接近顾客 → 介绍示范 → 回答异议 → 促使成交 → 跟踪服务

图 8-3　人员推销的基本步骤

（1）寻找目标。人员推销工作的第一步就是找出潜在顾客——目标顾客。这些潜在顾客可以直接从消费者数据库、企事业单位名录、传媒资料、电话号码簿、工商会员名单、产业研讨会或展销会等获取并加以研判，包括他们的需求类型、谈判方式、购买方式、信用情况，以及竞争状况等；确定准目标顾客，设计访问提纲。

（2）接近顾客。在正式接触目标顾客之前，可进行试探性接触，如一般化地进行自己的产品介绍，观察对方的反应。在此阶段，推销人员不要急于推销，要从以下几方面进行：给对方一个好印象；验证设计访问提纲；为后面的谈话做好准备。同时要选择最佳的接近方式和访问时间。

（3）介绍示范。在对目标顾客已经有充分了解的基础上，直接向顾客进行产品介绍。必要时，主动进行一些产品的使用示范，同时观察顾客对什么感兴趣，有针对性地介绍。要注意的是在介绍产品时必须着重说明该产品能给顾客带来什么好处。

（4）回答异议。这是人员推销工作的关键性一环。推销人员遇到对方质疑与拒绝的事是经常发生的。因此，有经验的推销人员应当具有与持不同意见的顾客洽谈的技巧，同时要事先准备好回应反对意见的措辞和论据，做到随机应变，恰当解答。

（5）促使成交。通过解答析疑，目标顾客开始认同接受，这也意味着成交有了可能。在洽谈中，推销人员一旦发现对方有愿意购买的表示，应立即抓住时机成交。这时，推销人员还可提供一些最后保留的优惠条件，以促成交易，同时注意各种交易所必需的程序不要疏漏，应当使双方利益得到保护。

（6）跟踪服务。这是推销人员确保顾客满意并重复购买的重要一环。推销人员应认真执行购销合同中所保证的条款，如备货、送货、配套服务和售后服务等，同时建立顾客档案。这些工作的目的是在企业和目标顾客之间建立起稳固的交易关系。

同步案例
"推销大王"为何失败？

背景与情境：老乔号称"推销大王"，他曾在一年内创下推销1 400辆汽车的记录，但他认为推销是永无止境的，此话来自他一次难忘的推销失败经历。

一次，一位名人来买车，老乔便向其推荐了一款新型车。双方洽谈顺利，眼看就要成交时，对方突然决定不买了。"煮熟了的鸭子飞了"，这令"销无不胜"的老乔迷惑不解。晚上，他循着名人留下的地址登门拜访。名人见他诚心求教，就敞开心扉说道："你的失败是由于没有自始至终听我讲话。就在我准备支付车款前，我提到我的儿子即将进入大学读书，而且还提到他的运动成绩和他将来的抱负，我是以他为荣的，但是你没有任何反应，而且还转过身去跟别人说笑话，我一气之下就反悔了……"

问题：分析老乔的失败给我们的启迪。

分析提示：老乔的失败道出两个看似简单但非常重要的推销秘诀：一是

"听"的功夫很关键，如果不能自始至终地认真倾听顾客讲话的内容，认同其购买商品的心情，则难免会失去顾客。二是推销商品时应先把自己推销出去，如果顾客喜欢你推销的商品，但不喜欢你的态度，那么，一样会动摇他支付的决心。

2. 推销人员的素质要求

作为身居销售第一线的推销人员，既是企业的代表，又是消费者的顾问；既是产品的推销员，又是商情的反馈员。他们支撑着企业的发展，围绕着开拓和保有市场，常年奔走在商场上，与竞争对手抗衡，因而需要有以下的特定素质和条件。

（1）有较高的职业道德。能够坚持社会主义市场经济的企业经营正确理念，遵纪守法、廉洁奉公、诚信经营，具备高度的社会责任感。

（2）有较强的事业心、良好的服务精神和协作精神。为了保证企业与顾客之间的联系并不断创造新的顾客，推销人员应热爱本职工作、刻苦勤劳、坚忍不拔，具备团队合作精神。

（3）有丰富的专业知识与熟练的专业技能。推销人员掌握营销、金融、法规等知识与技能，了解企业知识、产品知识、用户知识，熟悉企业的发展历史、宗旨、方针、策略和服务项目，掌握一定的销售技巧。

（4）有较好的洞察力与判断力、创造力和说服力、自我管理能力与社会活动能力。由于推销人员常年在外面独立活动，更多时候要依靠个人的自我管理，所以企业要注意培养推销人员以下方面的能力：① 时间管理；② 达成商谈计划；③ 目标预定与管理；④ 制订访问计划；⑤ 顾客管理和市场管理；⑥ 对未达成销售记录的反省；⑦ 顾客资料的整理与记录；⑧ 自我进修。

此外，推销人员要拥有健康的身体、庄重的仪表、悦耳的声音、外向的性格，要努力提升自己。

8.2.3　推销人员组织结构与定额管理

虽然推销工作更多时候是由推销人员独立运作的，但它仍然有组织、有分工、有定额、有考核。

1. 推销人员组织结构

建立什么样的推销人员队伍要从企业的实际情况出发，按营销活动的实际需要去加以组织。一般来讲，作为营销一线的推销队伍的组织结构有以下几种情况。

（1）按地区结构组成的推销队伍。产品组合比较单一而市场分布面较广的企业通常按地区结构来组织推销人员队伍。其基本做法是将推销人员按所划定的市场区域进行分配。这种结构的好处是：① 比较容易评价个别推销人员的销售实绩；② 推销人员容易同顾客建立长期关系；③ 差旅费用相对较少。

（2）按产品结构组成的推销队伍。在企业的产品组合面广，各产品线关联性不大的情况下，通常采取按产品线组织推销队伍的做法，即每一组推销员专门负责销售某一种特定的产品。这样做的好处是：推销人员可以在技术和业务上十分熟练，并能对该产品的目标市场有全面的了解。但若在两种产品消费关联性比较密切的情况下，则有可能出现同一企业的两个推销员同时对同一顾客销售同类产品的情况。

（3）按顾客结构组织的推销队伍。企业按顾客的不同类型来组织推销队伍，即由一组推销人员面对一种类型的顾客群体。如有专门对批发商推销的人员，也有专门对零售商推销的人员；有专门对老年顾客推销的人员，也有专门对家庭妇女推销的人员。这样做的好处是推销人员对顾客的特点很熟悉，能有的放矢地开展销售活动。缺点是若顾客分布面很广，推销人员的差旅费用可能会增加。

（4）复合结构的推销队伍。若将以上几种推销队伍的组织方式结合起来，就能形成一种按复合结构组织的推销队伍。如企业可按地区—产品、地区—顾客、产品—顾客的结构来组织销售队伍，也可按地区—产品—顾客的结构组织推销队伍，将推销队伍的结构逐步分细，这样就有可能克服以上几种组织方法存在的缺点，使推销队伍的结构合理化。复合结构的推销队伍一般要由较多的推销人员组成。所以它比较适合于大型企业推销队伍的组织形式。

2. 推销人员业务定额

设立业务定额，将其作为推销人员的考核指标并依此确定推销人员的报酬水平，是营销管理的一项重要工作，是对推销人员和推销过程实行有效控制的方法。其意义在于：① 有利于为每一位推销人员确立明确的工作目标，有了明确的工作目标才能最大限度地调动推销人员的积极性；② 有利于控制销售业绩的增长，保证企业经营目标的如期实现；③ 有利于测量一定的销售水平下的销售费用投入，使总销售费用能得到有效控制。

（1）推销人员业务定额的类型主要有以下几种。

① 销售量定额。销售量定额通常是指销售的金额数，而不是商品的单位数。它被用以直接考核销售业绩，并作为推销人员计酬和奖励的标准。销售量定额并不是一成不变的，它会根据产品、市场及环境的变化而重订或修正，并且每次都会在原有的基础上有所提高，以推动企业的业绩不断上升。

② 财务定额。一般是指除销售定额外还要完成一定的利润指标（或利润率指标）。这对于那些比较关注实际盈利水平的企业来讲比较重要。也可以在一定程度上防止推销人员为追求销售额的增长而不计成本地推销。

③ 费用定额。即对销售活动中的费用水平确定一个标准，以从总体上控制企业的销售成本。费用定额可以根据销售额的一定比例来定，如销售总额的5%；也可以确定一些费用的上限，如招待费不得高于 5 000 元等；还可以实行费用包干，将销售费用直接分配到每一个推销人员，由其根据实际需要自主安排。

④ 活动定额。即规定推销人员在一定时期内必须要完成的销售活动，如对目标市场的顾客访问的次数，新客户建立的数量，组织各类促销活动的数量等。

⑤ 组合定额。一些企业为了全面实现企业的经营目标，或为了综合考察推销人员的业绩并加以公平比较，就会将以上各种定额进行组合，实行"一揽子"定额的做法。对各项定额进行评分，根据重要程度赋予权重，然后将分值综合后作为考核推销人员的依据。

（2）制定业务定额的原则。制定推销人员的业务定额，必须遵循以下几项原则。

① 连续性。必须充分考虑原有的业务定额，并在此基础上制定新的业务定额，使其相互间能衔接起来。

② 先进性。业务定额不宜太低，应使推销人员感到只有下功夫才可能实现规定的定额。

③ 可行性。尽管业务定额可定得略高一些，以成为努力的方向和目标，但也不可脱离环境、市场以及推销人员能力的限制。业务定额应当是经过努力后大多数推销人员都可能实现的指标。

3. 推销人员报酬

推销人员的计酬和奖励办法是调动推销人员积极性的重要方面。目前常用的计酬方法有以下几种。

（1）固定工资。即将报酬与销售业绩分开，采取按时给员工颁发固定工资的做法。这种方法能使推销人员收入趋于稳定，但对销售的刺激力度并不大。

（2）销售提成法。即按照实际销售量的一定比例进行提成计酬的方法，这种方法简便易行，对销售刺激的力度大，但推销人员收入的稳定性很差，从而也可能使推销人员的流动性比较大。

（3）混合奖酬法。大多是以一部分基本工资为底数（俗称"底薪"），然后再根据销售业绩提成付酬。这种方法既能维持推销人员基本收入的稳定性，又能在一定程度上刺激推销人员提高销售额的积极性，所以被越来越多的企业所使用。

（4）销售竞赛法。即采用设立较高的销售奖项，鼓励推销人员开展销售竞赛，对优胜者除其原有报酬外再给予重奖。这种奖酬方法常用于全年一次性奖励，或某项重大突击性销售活动。此方法不宜滥用，否则有可能导致恶性倾销，影响产品声誉和企业形象。

8.2.4　直播营销

微课：
直播营销

直播营销（live marketing）也称直播带货，是指通过直播营销平台（包括互联网直播服务平台、互联网音视频服务平台、电子商务平台等）直接向社会公众开展营销的一种推销方式，以达到企业获得品牌的提升或是销量增长的目的。从事这项工作的人称为直播营销人员。直播营销与人员推销相比较既有相似又有区别，因此纳入人员推销内容中讨论。相似的是，直播营销也包含着推销员、推销产品、推销对象等人员推销的基本要素，信息传递都是双向（多向）互动，推销过程都比较灵活，反馈都比较及时。不同的是，直播营销具有突破时空、范围更广、更快捷的优势，一定程度上兼具广告促销的功效，引爆性强；直播营销的不足则在于它不是真正意义上的面对面推销，真实性难以保障。

直播营销的工作流程主要有：

（1）市场调研。直播是向大众推销产品，推销的前提是深刻了解受众需要什么，企业能够提供什么，同时还要避免同质化的竞争。因此，要做好精确的市场调研。

（2）项目优缺点分析。做直播营销，如果经费充足、人脉资源丰富，就可以有效实施任何想法。但大多数企业并没有足够的资金和人脉储备，这时就需要充分发挥自身的优势来弥补不足，这样才能取得较好的效果。

（3）市场受众定位。包括项目受众是谁，他们能够接受什么等，必须找到合适的受众才能开展有价值的直播营销。

（4）直播平台选择。选择合适的直播平台是关键。目前直播平台种类多样，企业应根据项目属性恰当地选择与利用。

（5）直播方案设计。直播方案设计需要销售策划及广告策划人员的共同参与，让产品的营销和视觉效果恰到好处，避免引起目标受众的反感。

（6）及时反馈。直播营销最终要落实在转化率上，因此实时的及后期的反馈要跟上，同时通过数据反馈不断调整方案，这样才能实现较佳效果。

直播营销作为一种新兴商业模式和互联网业态，近年来发展势头迅猛，在促进就业、扩大内需、提振经济、脱贫攻坚等方面发挥了积极作用，但同时也出现了直播营销人员言行失范、利用未成年人直播牟利、平台主体责任履行不到位、虚假宣传和数据造假、假冒伪劣商品频现、消费者维权取证困难，以及偷逃税等问题。为此，有关部门联合颁发了《网络直播营销管理办法（试行）》，明确直播营销行为的 8 条红线，对直播营销予以规范。作为现代营销人员，在直播营销时一定要遵守法律法规和公序良俗，真实、准确、全面地发布商品或服务信息。

营销瞭望
网络直播营销管理办法（试行）

国家网信办、商务部等 7 部门联合颁发了《网络直播营销管理办法（试行）》（以下简称《办法》），自 2021 年 5 月 25 日起施行。《办法》有 5 章共 30 条，分别是第一章总则；第二章直播营销平台；第三章直播间运营者和直播营销人员；第四章监督管理和法律责任；第五章附则。

《办法》分别对直播营销平台、直播间运营者、直播营销人员、直播营销人员服务机构进行界定。《办法》明确，直播营销平台，是指在网络直播营销中提供直播服务的各类平台，包括互联网直播服务平台、互联网音视频服务平台、电子商务平台等；直播间运营者，是指在直播营销平台上注册账号或者通过自建网站等其他网络服务，开设直播间从事网络直播营销活动的个人、法人和其他组织；直播营销人员，是指在网络直播营销中直接向社会公众开展营销的个人；直播营销人员服务机构，是指为直播营销人员从事网络直播营销活动提供策划、运营、经纪、培训等的专门机构。

《办法》明确规定：从事网络直播营销活动，依法需要取得相关行政许可的，应当依法取得行政许可。直播营销平台应当依据相关法律法规和国家有关规定，制定并公开网络直播营销管理规则、平台公约。直播营销平台不得为直播间运营者、直播营销人员虚假或者引人误解的商业宣传提供帮助、便利条件。直播营销平台应当建立健全未成年人保护机制，注重保护未成年人身心健康。直播间运营者、直播营销人员从事网络直播营销活动，应当遵守法律法规和国家有关规定，遵循社会公序良俗，真实、准确、全面地发布商品或服务信息。直播营销人员不得在涉及国家安全、公共安全、影响他人及社会正常生产生活秩序的场所从事网络直播营销活动。违反本办法，给他人造成损害的，依法承担民事责任；构成犯罪的，依法追究刑事责任；尚不构成犯罪的，由有关主管部门依据各自职责依照有关法律法规予以处理等。

8.3 广告

当今社会是竞争的社会、信息的社会。一个产品的问世，一个企业的诞生，都必须借助广告宣传，将信息及时而有效地渗透到社会的每一个角落，以引导消费、提高产品的知名度，树立企业的良好形象。所以，广告成为企业促销的重要方式。

8.3.1 广告的内涵

前人以"酒香不怕巷子深"来强调产品质量及其吸引力。在古代社会，生产技术不发达，可供人们选择的产品少，交换范围窄。人们对某种产品的偏爱主要靠个人体验。一旦喜欢上，往往"巷子再深"也会循之而去。而企业生产经营规模小，产品批量小，一个小市场足以维持其正常的生产经营。但在现代社会里，商品生产和商品交换规模不断扩大，生产者与消费者日益隔离，科学技术不断发展进步，这使商品品种多而且更新换代快。企业如何能让消费者选择自己？"酒"要香自然是前提，但"酒"香不为人知就会白辛苦一场。因此，必须广而告之。

1. 广告的构成要素

广告是商品经济的产物，随着商品经济的出现而出现，随着市场经济的发展而发展，其内涵也随着人类文明社会发展和科技进步而不断深化和丰富。广告一词从汉语字面意义上看，是"广而告之"的意思，即广泛地告知公众某种事物的宣传活动。从营销角度讲，广告是指企业通过支付费用，借助一定的媒体，把产品或企业的有关信息传递到目标顾客中去，以达到增加信任和扩大销售的一种促销方式。尽管国内外学者对广告的定义不尽相同。但从各自表述中的关键词里还是可以找出共同点，这就是构成广告的 5 个基本要素：广告主、广告信息、广告媒体、广告费和广告对象。

（1）广告主，也叫广告者。它是指为了推销商品或者服务，自行或者委托他人设计、制作、发布广告的经济组织或者个人。广告主既希望借助广告的效能带来经济效益，同时也对所发布的广告负责。正因为如此而区别于一般的宣传者。

（2）广告信息。这是广告的主要内容，包括商品、服务、概念等方面的信息。① 商品信息包括商品的性能、质量、价格、用途、使用、保养、销售时间与地点等有关信息；② 服务信息包括文娱、旅游、饮食等；③ 概念信息是指通过广告倡导某种意识，使消费者树立一种有利于广告主推销商品或服务的消费观念。如旅游公司的宣传广告不是着重谈经营项目，而是着重介绍祖国的大好河山、名胜古迹、风土人情，使受众产生对祖国风光的审美情感，从而激发他们要参加旅游的欲望，这也是一种公关活动。

（3）广告媒体。它是指传播商品或服务信息等所运用的物质与技术手段，是广告信息的载体。广告是广泛地告知公众某种事物的宣传活动，而要使被介绍、推广的商品或服务信息为广大消费者人人知晓，就必须借助一定的媒体进行公开而广泛的传播，在互联网＋条件下，广告媒体包括线下的传统媒体（如电视、广播、报纸、杂志、招牌等）和线上（数字化）媒体。

（4）广告费是广告主支付给广告经营者的费用，包括广告调研费、广告设计费、广告制作费、广告媒体费等。投入广告费目的是要增加商品或服务的销售收入，获得更多的利润。企业进行广告宣传必须支付费用，这与一般宣传有本质区别。

（5）广告对象，是指广告信息指向的目标市场，亦即广告内容的接收者和目标受众。

广告主、广告信息、广告媒体、广告费和广告对象相互结合，缺一不可，构成了一个完整的广告。

2. 广告的功能

广告的功能是指广告的基本作用与效能。由于广告是一种大众传播活动，所以一则广告尽管其表现的内容、范围、目的以及使用媒体等不同，但都必然会对其所传播的对象及其社会、政治、经济、文化环境等方面产生作用与影响。这些作用与影响实际就是广告功能的具体表现。归纳起来，广告的功能主要有：① 引导消费，创造需求；② 加速流通，扩大销售；③ 有利竞争，促进进步；④ 降低成本，增加消费；⑤ 沟通商情，活跃经济。

此外，广告的功能还表现在促进社会教育进步，为国家创造外汇收入、推动社会公益事业发展、增加就业机会、美化城市、促进艺术繁荣等方面。

3. 广告原则

由于广告作为一种大众的消费意识形态，深深地影响着整个社会的经济、文化与政治等价值取舍、美感发生，直接左右大众日常生活的观点和态度。这种影响既有积极的一面，也有消极的一面。因此，企业开展广告促销必须遵循以下基本原则。

（1）真实性。真实性主要是指它的经济信息和文稿内容要真实准确，不要虚夸，更不得伪造，它是广告的生命，是广告最基本的原则。曾有一种药性补品的广告只有八个字："男女老少、四季皆宜"，人们看后不禁失笑，假使真有如此"皆宜"之物，必是空气和水！这样的广告没有真实性，自然也就没有生命力。

关于广告的真实性问题，世界各国（或地区）都制定了法律法规，将禁止欺骗性广告列为主要条款。《中华人民共和国广告法》①第一章第三条、第四条分别明确规定："广告应当真实、合法，以健康的表现形式表达广告内容，符合社会主义精神文明建设和弘扬中华民族优秀传统文化的要求。""广告不得含有虚假或者引人误解的内容，不得欺骗、误导消费者。"第五章第五十六条又规定："违反本法规定，发布虚假广告，欺骗、误导消费者，使购买商品或者接受服务的消费者的合法权益受到损害的，由广告主依法承担民事责任。……"

（2）思想性。思想性是指广告的宣传内容与表现形式要健康。广告不仅是一种经济活动，而且是一种大众传播的宣传活动。广告的主题、写意和艺术形式必然涉及宣传什么、鼓励什么等社会问题，它在人们的生活中，会或明或暗起着潜移默化的作用。因此，广告决不能以色情、暴力、颓废等不良内容来吸引消费者的注意。

广告的思想性原则是广告的灵魂，是社会主义制度的要求。广告活动可以通过它独特的形式和艺术表现手法，将思想性寓于广告作品中。

（3）艺术性。广告强调真实性但并不否定艺术性。广告是一门艺术，它在坚持真实性原则的基础上合理进行艺术的、夸张的表现。例如，某飞机公司发布广告："自 12 月 23 日起，大西洋将缩小 20%"，这就是充分发挥艺术的魅力，来增强广告的感染力、说服力。

广告是一门综合艺术。它运用美学原理，通过美术、摄影、音乐、文学、戏剧、舞蹈等丰富多彩的表现手法和表现方法，充分表现广告的主题和创意，达到不仅向消费者传递了商品信息，而且以其文娱性、趣味性、欣赏性等让人们获得丰富的文化生活和美的享受的目的。

（4）民族性。广告运用艺术手段，吸引消费者的注意力，博取消费者的认知和接受，从而达到传播广告信息的目的。这就是说，广告在准确传达商品或劳务信息的基础上，还要满足人们的审美情趣和民族习惯，强调民族性。这一点对地方性广告尤为重要。

事实上，一个民族在长期的历史发展中，逐渐形成本民族的审美形式和欣赏习惯，符合奉民族审美观念和欣赏习惯的艺术形式，往往受到人们的喜爱，容易被人们理解和接受。如某些厂商的广告宣传精心选择符合中国人欣赏口味的形象，如哪吒、孙悟空等，运用中国人熟悉的语言作为广告词，如"车到山前必有路""有朋自远方来""古有千里马"等，使广告较好地发挥了作用。因此，现代企业运用广告宣传策略时，应充分发扬中华民族传统文化艺术，内外有别，设计制作符合国内外消费者的广告作品。

（5）知识性。知识性体现在向消费者提供商品信息上，以便消费者了解、

---

① 2021 年 4 月 29 日全国人民代表大会常务委员会第二次修正。

比较、选购和使用。广告信息应该是具体的、准确的、及时的和通俗易懂的。正如有人说的，"广告要让阿婆都看得懂"，广告只有让人看得懂、听得明白，而有所启发，才能达到效果。假如一个广告让人看过 3 天后才笑出来，看懂了，那么机会早已失去。

职业道德与营销伦理
被"叫停"的广告

背景与情境： 一则"过年了不吃 ××，新的一年不会旺"的广告被工商行政管理部门叫停；同样，一则有关婚房的广告"结婚不买房，就是耍流氓"引起消费者的严重不满，也被叫停。为什么？

问题： 上述广告为什么被叫停或引起消费者的不满？

分析提示： 这两则广告之所以引来众怒，是因为其广告词让人读出这样的意味——为了最大限度地热卖自己产品，恶意"逼迫"消费者就范。尽管做广告的企业也许本意不是这样，但广告词却有此意，这不仅违背了广告的基本原则，而且有悖营销伦理。

8.3.2 广告预算与效果评估

企业支付广告费是为了获得更多的利润。而广告费是企业一笔不菲的开支，既涉及企业现有的经济承受能力，也关系企业预期的经营回报，所以，企业进行广告预算与效果评估非常必要。

1. 广告预算
企业确定广告预算时，应该考虑以下因素。

（1）产品生命周期阶段。新产品一般需要大量的预算以建立品牌知名度，争取消费者的试用。而已有品牌的广告预算占销售额的比例通常都比较低。

（2）市场份额和消费者基础。一般情况下，具有较高市场份额的品牌只需要花费占销售额很小比例的广告预算，就能维持它们的市场地位。而通过扩大市场规模来增大份额则需要较多的广告支出。从单位广告印象的成本来看，到达被广泛使用品牌的消费者所产生的成本要低于到达那些市场份额较低的品牌的消费者。

（3）竞争和干扰。在存在众多竞争对手和高额广告支出的市场中，一个品牌必须多做广告才能有效地到达消费者。即便干扰来自非竞争广告，也会导致需要多做广告。

（4）广告频次。这是指为使消费者接受品牌信息而需要重复做广告的次数，也会显著地影响广告预算。

（5）产品替代性。某些品牌的商品（如日用品）需要做更多的广告，以建立差异化的形象。而当一个品牌具有独特的利益或特性时，进行广告宣传也非常重要。

2. 广告效果评估

广告是企业的一项重要投资，它的产出直接关系到广告目标、营销目标和企业目标的实现。企业广告主进行一定的广告投入后，最关心的是广告是否能够达到预期效果。所谓广告效果，是指广告传播后对受众所产生的影响从而产生结果，具体包括对商品产生了销售的促进作用、对受众心理产生沟通效益以及对社会产生有利的影响。

（1）广告效果的构成。根据广告诉求的原理，广告活动产生的效果过程包括广告诉求引起受众的注意、激发兴趣、强化欲望、产生印象记忆、导致购买活动。广告效果是多层面的，既可以导致产品销售的直接增长，又可以导致消费者购买时对产品留下的深刻印象，使其在日后购买时产生一种好的态度倾向。在广告中所提出的良好观念，对社会的发展能起到促进作用。因此，可以从效果涉及的内容性质上把广告效果划分为3类：

① 广告的经济效果。即指广告对企业产品所产生的具体的销售促进作用。

② 广告的诉求认知效果。是指广告在促进受众观念形成或转化上所起到的作用。

③ 广告的综合效果。包括广告所产生的综合经济效益和广告的社会效果。前者指广告对社会的经济作用；后者指广告对社会各方面发展所产生的有利影响，包括对社会生活、文化等多方面所起到的作用。

（2）广告效果的特性。广告促使受众消费和生活观念的形成、转化，购买行为的产生和实施是一个复杂的过程。所以，广告的效果亦表现出多种较复杂的特性，在广告效果测定中必须加以充分的认识。具体表现在以下方面。

① 时间滞后性。广告从产生效果快慢来划分，可分为速效性广告和迟效性广告。实际上，根据广告心理活动过程，受众往往要过一定的时间才会进行真正的购买，即广告产生了与广告当期延迟若干时间后才产生的效果。广告产生的迟效效果能在消费者心目中产生较长远的影响，如消费者对产品及企业印象认识的变化。一般来讲，企业的形象广告能产生较强的迟效效果。这就要求在测定广告效果时，既要考虑广告的即效效果，又要考虑广告的迟效效果，也就是说不能简单地从短期内的销售效果去判断广告效果。

② 累积效果性。某一时期的广告效果都是这一时期及以前的多次广告宣传积累的结果，所以在测定广告效果时不能排除多个阶段广告的综合作用。

③ 效果复合性。这指广告的效果是多种媒体的广告综合作用的结果，所以

不能将某时期的销售变化均作为当期某一媒体广告的效果。

④ 间接效果性。这是指广告的直接受体会影响到间接受体和产生重复购买的促进效果，所以在测定广告效果时还需要分析评价广告的间接效果。

⑤ 效果的层次性。这是指广告的效果既有经济效果，又有社会效果和心理或沟通效果，所以在测定广告的效果时应尽可能做到全面。

（3）广告效果的测定方法。根据广告效果的构成，类型不一样，其测定依据与方法也不同。下面简要介绍广告诉求认知效果和广告经济效果的测定方法。

① 广告诉求认知效果测定。广告诉求认知效果测定的目的在于分析广告活动是否达到了预期的信息沟通效果。广告诉求认知效果测定的特点是直接从广告作品本身接触消费者后所引起的各种心理变化作为评判广告效果的评价标准。

A. 接触率，指接触到广告人数占媒体覆盖面内总人数（媒体的受众）的百分比，反映消费者是否接触到广告。

B. 注目率，即已看过广告的人中，能辨认出广告的人所占的百分比，它反映受众对广告印象的深刻程度。

C. 阅读率，即在充分看过广告的人之中，有多少百分比的人不仅知道该商品和该企业，而且能够借由广告中企业的名称或商标而认得该广告的标题或插图。它体现的是真正能认知广告的人的比例，反映其对广告主题创意的认识理解程度。

D. 好感率，指在看过广告的人中，对企业及其商品产生了好感的人所占的百分比。

E. 知名度，指在看过广告的人中，了解企业及其产品的人所占的百分比，可用于反映受众对广告商品品牌的认知程度。

广告诉求认知效果可根据时间先后顺序采取事前测定、事中测定、事后测定三种方式。事前测定的目的在于根据广告效果来调整作品和广告实施计划；事中测定的目的在于发现问题并及时调整策略；事后测定的目的在于评估广告活动是否达到了原定的目标。具体应结合此三种方式再相应采取不同的方法来进行。从广告效果测定的目的分析，事前测定、事中测定和事后测定的最大差别在于：事前测定、事中测定着重诊断和及时调整；事后测定着重广告刊播后的实际效果。

② 广告经济效果测定。广告经济效果测定是指从广告发布后商品销售量（或销售额）或利润的增减幅度变化作为衡量广告效果的测定标准的方法。广告主最关心的就是广告的经济效果，所以它是最主要的测定内容。但根据市场营销学的相关原理，广告产品在市场上的销售变化是由多方面因素综合作用形成的，所以广告经济效果测定比较困难。因此，在测定广告经济效果时，应注

意客观全面地分析，定量和定性相结合。

广告经济效果的测定可在广告刊播过程中和广告投放结束之后来进行，但一般多在广告刊播投放结束之后进行。考虑到广告效果的特性和目标市场上消费者的特点，效果测定与广告刊播结束之间的时间间隔主要由媒体的性质决定。如果测定的时间过早，广告的时间滞后性效果尚未充分发挥出来，得出的结论就不正确；如果测定的时间过晚、间隔时间太长，广告效果就可能淡化，得出的结论也有可能不准确。

广告经济效果测定的主要方法有实地实验法和历史法。

A. 实地实验法：通过实地的广告试验考察广告效果。具体包括费用比较法、市场试验法、区域比较法、分割接触法等。

B. 历史法：直接利用刊播广告前后销售状况的变化加以定性评价。如通过广告商品库存减少和订单增加，得出广告销售效果好的结论。

8.3.3　广告媒体策划

如前所述，一切用于传播商品或服务信息等所运用的物质与技术手段都是广告媒体，随着科学技术的发展，现代广告媒体越来越丰富多样，而且各有各的优缺点，各有各的适用范围。

1. 广告媒体的类型

广告媒体很多，如互联网、广播、电视、报刊、路牌、灯箱、包装、交通工具，甚至一张名片、一支笔、一件工服，凡能起传播作用的物体，都可成为广告媒体。

目前，广告媒体种类繁多，每种广告媒体又有各自的优势和不足。下面介绍八种主要广告媒体。

（1）报纸媒体。在传统媒体中，报纸曾是普及性最广和影响力最大的媒体。随着时代的发展，报纸媒体的重要性已大不如前。

（2）杂志媒体。可以按其内容分为综合性杂志、专业性杂志和生活杂志等；按其出版周期则可分为周刊、半月刊、月刊、双月刊、季刊及年度报告等；而按其发行范围又可分为国际性杂志、全国性杂志、地区性杂志等。杂志的功能特点与报纸相似，作为印刷广告媒体，在现代媒体中的竞争优势不如以往。

（3）广播媒体。广播是以声响、语言、音乐来诉诸人们听觉的信息传递过程，广播媒体的发展始于 20 世纪初，直至今天依然发挥着重要的作用。

（4）电视媒体。电视是视听两用媒体，通过语言、音响、文字、形象、动作等方式，刺激人的视觉和听觉器官来激发其感知过程，完成信息传递，具有综合性的传播功能。

（5）数字互联媒体。数字互联媒体是指通过计算机网络、无线通信网、卫星等渠道，以及计算机、手机等终端，向用户提供信息和服务的传播形态。目前，数字互联媒体发展前景广阔，新的载体和传播方式不断涌现。

（6）户外广告媒体。户外广告媒体是指在建筑物外表或街道、广场等室外公共场所设立的路牌、交通工具、霓虹灯、广告牌、海报等可以进行广告信息传播的有形媒介。它是历史最悠久的广告媒体，在广告活动中发挥着重要作用。

（7）销售点广告媒体。销售点广告又叫POP（point of purchase）广告，是指在商场或展销会等场所，通过橱窗、商品陈列、彩旗、条幅、展板、柜台上张贴或摆放的各种广告物和产品模型的形式进行广告信息传播。它是一种综合性的媒体形式，在现代社会中很受重视和运用，被誉为"市场销售的尖兵""无声的导购员"。

（8）直邮广告媒体。直邮广告媒体通过邮寄、赠送等形式，将公司宣传单、商品目录、订购单、试用品等寄到消费者手中的方式进行广告信息传播。它具有与众不同的功能，若精心设计、运用恰当，往往可以取得较好效果。

主要广告媒体优缺点比较如表8-1所示。

知识链接：
网络广告

表8-1　主要广告媒体优缺点比较

广告媒体	媒体优点	媒体缺点
报纸媒体	信息传递快；读者广泛而稳定；可信度高，影响力强；信息量大，便于阅读和查存；制作简便、费用较低等	有效时间短；阅读注意度低；印刷不够精美；会受教育程度影响等
杂志媒体	针对性强，读者广泛而稳定；阅读率高，有效时间长；印刷精美，可用篇幅多等	时效性差；影响面窄等
广播媒体	传播迅速，覆盖面广；收听方便，不受限制；节目制作灵活，信息容量大；成本较低等	针对性差；稍纵即逝；有声无形等
电视媒体	视听结合，形象直观；形式多样，感染力强；传播迅速，覆盖面广等	制作成本高、周期长；费用高等
数字互联媒体	传播快、范围广、全天候；交互性强；信息数据全；形式多样、操作简单；费用低	公信度不高；容易侵犯知识产权；容易受垃圾信息影响等
户外广告媒体	形式多样，信息保留时间长；形象鲜明，容易操作、引人注意等	影响面小；信息容量少；表现简单；灵活性差等
销售点广告媒体	美化购物环境，提高顾客的购买兴趣；通过实物接触，容易引发购买行为等	设计要求高，成本费用大；清洁度要求高等
直邮广告媒体	针对性最强；形式灵活；成本低；具有双向沟通的作用等	功利性较明显，易引发顾客反感；费时费力等

2. 选择广告媒体的五个要素

选择广告媒体在于寻找最具成本效益的媒体来传递信息。所以，企业进行广告媒体决策时，必须考虑以下五个要素：① 到达率和影响力；② 经费预算；③ 媒体类型；④ 传播时间与频次；⑤ 地理分布。

现代企业要十分重视选择广告媒体，即根据各种广告媒体的特点、目标接触媒体的习惯与频率、产品特点、产品销售地域、广告内容、媒体费用等进行综合比较选择使用，花小钱办大事。例如，新光保险公司新开业想扩大知名度，但广告费十分昂贵，公司老板经苦思冥想终于想出一个好办法，他每天晚上 8 点钟左右，派人到卖座好的电影院去做"寻人启事"，文字直接打在银幕旁边，启事说"找新光保险公司某某人"。每次仅花很少的费用，就使很多人都知道了这家保险公司。

3. 全渠道广告营销创新

全渠道广告营销基于每个客户的偏好和需求，提供个性化服务，并致力于在不同的营销渠道为顾客提供良好的购物体验。

伴随着互联网的蓬勃发展和营销渠道的不断增加，营销人员想要拓展市场便要不断优化，为品牌创建全渠道广告营销推广体系：① 从目标顾客角度出发思考购买路径，评估与目标顾客接触的各个渠道，并确保各渠道所提供服务的一致性。② 了解目标顾客，运用大数据分析目标顾客信息，完善目标顾客画像并打上"标签"。③ 选用正确的营销技术（包括与企业营销业务相关的硬件、软件、平台、服务等），建立全渠道营销体系。④ 细分目标受众，基于受众的年龄、职业、行为特征、消费习惯等多维度条件来划分目标受众，确定与企业高度相关的受众。⑤ 进行个性化内容营销，让客户感受到自己备受重视，为其带来更舒心的用户体验。⑥ 积极主动地布局所有平台，及时主动帮助目标顾客，让目标顾客在通过不同设备、不同营销渠道咨询与购买商品的过程中享受相同的、流畅的、舒适的服务。⑦ 设立准确预期的可达目标并做好跟踪记录，包括顾客访问页面及行为、访问频率、时间等，为新一次营销活动提供依据。

数字广告营销极大地冲击了传统营销广告模式。传统营销广告模式涉及平面媒体、广播电视等传统渠道。随着互联网的出现，先后诞生了门户网站、搜索引擎、社交媒体、视频网站、移动互联网、物联网以及 AR/VR 等新的广告促销渠道，品牌广告触达顾客的媒介和形式变得多样化、碎片化。因此，广告营销的核心要务必须从广撒网式的触达和互动转为追求精准和效率的全渠道广告营销。

美美有限公司研发出一款新型牙膏，能预防和修补蛀牙洞。为了推出市场需要进行广告宣传。请帮助其进行广告媒体策划。

实训目标： 该项目训练帮助学生掌握广告媒体策划的基本技能。

实训要求：

（1）明确选择广告媒体的现实意义。

（2）分组进行课前调研、收集相关资料。

（3）运用广告原理，撰写广告媒体的策划方案。

实训步骤：

（1）学生分组讨论，确定广告媒体策划方案的基本框架。

（2）学生分组讨论与整理课前调研、收集的相关资料，确定诉求主题。

（3）各组撰写广告媒体的策划方案。

组织形式： 以学习小组为单位，每小组制作一份"××牙膏广告媒体策划方案"。

考核要点： 策划方案思路清晰、广告媒体选择恰当、方案文体规范等。

8.4　营业推广

在进行营业推广时，企业必须设定目标，选择工具、制订方案，对方案进行测试、实施和控制，并评价结果。

8.4.1　营业推广的特点与类型

营业推广是企业促销的一种重要方式，其特点、方式与其他促销方式有很大的区别。

1. 营业推广特点

营业推广，亦称特种促销，是指为鼓励顾客对某个产品或服务的试用和购买而进行的短期刺激。它是一种短暂性、激励性和非经常性的促销方式，目的主要是刺激消费者试用，或者鼓励消费者或商业用户更快更多地购买特定的产品或服务。简单地说，广告提供了购买的原因，而营业推广则提供了购买所需的动力。其精髓就是"送你一盏灯，让你不断买我的油"。

2. 营业推广类型

营业推广是许多营销活动的重要组成部分，包括一系列具体措施。从生产企业的角度看，可归纳为以下几类。

（1）针对消费者或最终用户的营业推广。具体方法有赠送样品、免费试用、有奖购买、买物赠物、现金返还、折扣让利、回馈奖励、交叉销售、产品担保及现场操作示范等。目的是诱导顾客或用户立即进行购买行为；鼓励现有使用者大量重复购买，争取潜在消费者或用户试用，吸引竞争品牌的使用者。如曾有一油漆商，为了推销油漆，主动向1 000名顾客每人赠送一套油漆刷，并附函写道："您想油漆房屋家具吗？特赠送您一套漆刷，凭此函前来我店购买油漆，一律八折优惠，望君勿失良机。"结果，收到油漆刷的1 000名顾客中竟有700多名前来购漆，委实做了一笔好买卖。

（2）针对中间商的营业推广。主要方法有在销售地区举办展销会、批量折扣、广告赞助、陈列资助、协助经营、附送礼品、奖励优胜等，其目的是鼓励中间商当机立断地大量购买，维持较高的存货水平；鼓励淡季进货；抵制竞争品牌的营业推广；培养品牌忠诚度；赢得进入新分销网络的机会。

（3）针对推销人员及其团队而采取的营业推广。主要方法有提供礼品广告；开展销售竞赛；举办研讨会等，激励他们开展推销活动，扩大销售。这是企业管理激励机制中的一个重要组成部分。

职业道德与营销伦理
"第一口奶"之争　多美滋深陷"行贿门"

背景与情境： 据媒体报道，法国达能公司旗下的婴儿奶粉品牌"多美滋"存在贿赂医院，买断"第一口奶"的行为。报道中称，这些奶粉企业一般通过每月向医院医护人员提供"福利费"以及免费奶粉等方式，垄断了新生婴儿的"第一口奶"，通过婴儿对品牌奶粉的依赖，来达到长期牟利的目的。据调查，仅在天津一个地区，多美滋花费在公关上的"维护费"每年就超过三百万元。

问题： 婴儿奶粉企业"多美滋"通过贿赂医院来达到长期占有市场的做法对吗？

分析提示： 首先，奶粉企业的做法已经构成商业行贿罪；其次，通过"第一口奶"人为地改变新生婴儿的"口味"来达到依赖某一种品牌奶粉的做法，是"损人利己"的行为。特别是借消费者对医院的信任来谋企业之利、甚至可能损害儿童健康的促销手段，是严重违反职业道德和营销伦理的。作为企业及其营销人员都必须坚决抵制。

8.4.2　营业推广的决策与技巧

企业开展营业推广是必要的，也是短暂的、非经常性的，必须充分考虑相关因素，把握其策略技巧。

1. 营业推广的决策

企业决定营业推广前需要充分考虑以下因素：接受营业推广的条件；营业推广的使用规模；营业推广的推出时机；营业推广的持续时间；营业推广的具体方法；营业推广的经费预算等。

2. 营业推广的技巧

营业推广一般用于创造短期业绩。其功能在于吸引注意、激发引导，促使现实与潜在顾客快速行动。所以，企业进行营业推广时，应注意以下技巧。

（1）有盈利策略。就是对顾客减价或赠送，都是为了更多地盈利，只是改变了盈利方式。

（2）有限时间策略。营业推广毕竟是短暂性措施，故实行应有期限，长短宜适中。因为时间过短，可能遗漏许多目标顾客，时间过长，开支费用过大，还可能削弱推广效果。

（3）有限规模策略。应根据期望到的推销效果、范围及其所需的费用来确定推广规模。

（4）最佳推广条件策略。应根据各类产品、不同消费心理，当地社会民情风俗、政策法规等来选择最佳推广方法、途径等。

（5）评估策略。营业推广实施后，可用销售额的变化和推广目标对比来评价该次营业推广活动的效果，总结经验，以提高下一轮营业推广的准确性、时效性等。

8.5　公共关系

公共关系一词译自英语"public relation"，简称公关。它是指企业同其公众之间的利益协调关系，是企业通过持久的、有计划的努力来与既定的公众进行沟通、认识，从而获得公众的理解、信任、支持，提高企业与公众之间的利益协调程度。现代企业的公众主要有六类：顾客、一般消费者公众、外部企业公众、政府、媒介公众、内部公众，这些不同的公众就是一个企业公关活动的对象。公共关系的目的在于推广或保护企业或具体产品的形象，以促进销售。

8.5.1 公共关系的时机

常言道：世间万事的兴衰，皆离不开天时、地利、人和。"人和"实际就是现代人所说"公共关系"，它被誉为"第二生产力"。"美的"集团创始人认为，如果离开了良好的公关手段和公关宣传策略，无论产品多么好，世人不知，消费者不晓，企业就不可能有经济效益。

1. 公共关系的作用

公共关系是一种"放长线钓大鱼"的促销方式，其在企业营销中的重要作用表现在：

（1）有利于树立企业的良好形象和提高企业声誉。企业的形象就是公众对企业的看法和认识。当企业的形象较佳时，企业内部凝聚力就强，其产品就能赢得消费者的信任，企业也较容易争取到各种短缺资源；反之，则寸步难行。

（2）有利于稳定企业的营销环境。企业的营销环境虽是不可控的、多变的，但运用公共关系活动可以对其施加影响，使营销环境变得相对稳定，相对有利于企业。

（3）有利于提高企业的预知力。开展公共关系活动，通过交往和沟通的增加，通过疏通信息传送渠道，使企业能及时了解公众的要求、消费需求的变化情况以及政府意图等，从而有效地提高企业预测市场的能力。并在新闻媒介的配合引导下，使外界公众尽快知道企业的未来意图和打算。这样通过双方的"知彼"便于协调，便于就共同关心的问题达成共识。

（4）有利于使企业被公众看作是"社会的事业"。总结现代成功企业的经验，其中重要的一条就是企业使命社会化：如果社会把一个企业的事业看作只是企业自己的事，这个企业就很难被社会关心，企业经营很难取得成功；相反，如果企业的事业被看作是"社会的事业"，社会就会主动关心和帮助这个企业。而企业是不是被社会认可和接受，除了企业对社会的贡献外，还要看企业被社会理解的程度与企业理解社会公众的程度。通过公共关系活动，可以使企业与社会相互理解成为自觉的行为。企业也就有可能取得最大成功。

（5）公共关系较广告等促销方式具有更大的威力。公共关系是通过长期努力建立起来的，又是由第三方即新闻媒体作出的报道和评价，所以作用期长、可信度高、影响范围广、效果好。

此外，通过公共关系活动，有利于在社会公众中普及同本企业产品有关的正确的消费方式、生活方式等，即使本企业产品的推销有一个良好的环境，也为全社会形成健康的消费习惯作出贡献。

当然，公共关系也并非十全十美，其最大的缺点是难以控制，因为公共关系依赖于第三方的传播。企业形象或产品质量的好坏是媒体说了算，而不是企业营销人员。媒体对企业或产品的报道可能覆盖面无限扩大，但营销人员不可能预测或控制此类报道。如果新闻媒体对企业或产品发表了负面的评价，有时会给企业带来毁灭性的打击。

2. 企业开展公共关系活动的时机

（1）在企业采用新技术新设备、新工艺开发以及研制出新产品和取得新成就，或产品质量改进、花色品种与功能增加等情况下，适时开展公共关系活动，可以让公众或消费者了解企业给他们带来的益处。

（2）在企业举办重要的专项活动，包括高层领导人变动、新闻发布会、展销会、项目奠基、开业、重大纪念日和各种庆典活动时，开展公共关系活动，可以让更多的公众（包括经销者、消费者）了解本企业的历史、信誉、产品和服务，巩固企业形象，提高知名度。

（3）在企业产品在市场上的反应、产值、销售额和纳税等方面实现重大突破，以及企业或产品获得某项荣誉时，开展公共关系活动，可以提高投资者对企业的信心和兴趣，以便吸引更多的投资者和支持者，推动企业成长、壮大。

（4）在企业参与社会公益事业（包括赞助运动会、捐助希望工程、老人院和抗灾救险等）时，开展公共关系活动，可以让公众了解企业关心社会、造福社会的行动和贡献，以赢得社会公众对企业的好感与支持。

（5）在企业处于经营困难或营销意图被误解时，通过公共关系活动，可以让公众了解企业的性质和存在的意义，以联络感情来争取公众的同情与支持，帮助企业渡过难关，增强企业抗风险的能力。

（6）在企业出现严重事故或产品造成不良后果时，应开展"危机公关"活动，立即向新闻界、有关人员及其家属、政府有关部门解释事故原因和处理方法，让他们了解到企业正在做出的努力和承担责任的诚意，重塑企业形象。

8.5.2　公关活动的常用方法

企业开展公共关系活动的常用方法主要有以下七种。

1. 新闻报道

公共关系活动主要通过新闻媒体宣传报道达到传播、沟通的目的。所以企业开展公共关系的第一要务是充分利用公众媒体进行新闻宣传。企业通过新闻报道、人物专访、记事特写等形式，利用各种新闻媒体对企业进行宣传。新闻宣传不用支付费用，而且具有客观性，能取得比广告更为有效的宣传效果。

公共关系活动目的是让公众认识和了解企业。因此，首先应充分利用新闻媒体进行有效的宣传：① 与新闻界保持良好的关系，使新闻公众愿意接触本企业，了解本企业，报道本企业；② 积极开展有效的宣传活动，企业不论进行何种公关活动，都不能坐等记者、编辑采访，而应主动、积极地"送"新闻和"制造"新闻；③ 进行有效宣传，关键要抓住企业和新闻界、政界共同关心的问题，以提高"命中率"。

2. 自我宣传

企业利用各种自我控制的方式进行企业的形象宣传，这也是一种积极的公共关系活动，如在公开场合演讲；参与学术论坛报告；派出公关人员对公众进行游说；建立互联网的域名和网页；印刷和散发各种宣传资料，包括台历、纪念册、企业简介等；自办企业刊物、创建企业自媒体账号，多方位、持续不断地对企业形象进行宣传，扩大企业的影响。

3. 资助公益

企业通过向某些公益事业捐赠以达到提高其在公众心目中的信誉的目的，形式包括建设希望小学、资助贫困大学生、抗震救灾以及支持环保活动等。

4. 营造事件

企业有意识地安排一些事件，包括记者招待会、论坛、恳谈会和周年庆祝活动等，以此来吸引公众注意企业的新产品、树立企业形象。

5. 社会交往

企业必须通过一些日常的沟通、社会交往方式，尽可能地让政府有关部门、社会团体和有关人士了解企业的性质、存在的意义、发展的前景，协调社会关系，以改善企业的营销环境。这种社会交往活动不是一般的纯业务活动，而应当突出感情性，以联络感情，增进友谊为目的。具体方式有：对有关方面的礼节性、策略性的访问；重要节日的礼仪电函、贺卡；进行经常性的情况通报和资料交换；举办联谊活动、文艺晚会；组建或参与一些社会团体，同社会各有关方面发展长期和稳定的关系。

6. 内部沟通

现代企业的公共关系活动对象除了社会公众外，还包括企业内部公众。所以，企业要建立健全企业内部公共关系制度，不断创新活动形式，以协调企业内部各部门、各方面及各职工个体的关系，尤其是注意保持企业领导同职工的沟通和交流，增强职工的向心力和归属感，充分调动职工的积极性。

7. 危机公关

危机公关重在化"危"为"机"，也是企业的一种积极的公共关系活动。因信息不对称被误解或因严重事故造成"信用"危机等，企业必须立刻启动"危机公关"工作，向新闻界、政府和消费者等及时沟通、采取措施、重塑形象，以赢得公众信任和消费者信心。但真正的"危机公关"是事前的防范和完善的预警机制。所以，企业必须建立整套危机公关的体系，包括风险预估、危机信息监测、沙盘推演危机演化、高效完备的产品召回制度等，必要时还应聘请专业顾问或机构，对企业公关体系进行检测。如每两年在公司内预演一场"危机"，模拟公司各层面的人将如何处理危机，如何面对新闻媒体等。

学习训练

▲ 单选题

1. 促销工作的核心是（　　）。
   A. 出售商品　　　　　　　　B. 沟通信息
   C. 建立良好关系　　　　　　D. 寻找顾客

2. 下列各因素中，不属于人员推销基本要素的是（　　）。
   A. 推销员　　　　　　　　　B. 推销品
   C. 推销条件　　　　　　　　D. 推销对象

3. 营业推广活动的特点是（　　）。
   A. 艺术性强　　　　　　　　B. 渗透性强
   C. 针对性强　　　　　　　　D. 刺激性强

4. "送你一盏灯，让你不断买我的灯油"，这是促销策略中的（　　）策略。
   A. 人员推销　　　　　　　　B. 广告
   C. 营业推广　　　　　　　　D. 公共关系

5. 企业申请互联网域名并创建网站，属于促销中（　　）策略。
   A. 人员推销　　　　　　　　B. 广告
   C. 营业推广　　　　　　　　D. 公共关系

▲ 多选题

1. 促销的具体方式包括（　　　　）。
   A. 营业推广　　　　　　　　B. 人员推销
   C. 广告　　　　　　　　　　D. 公共关系

2. 人员推销的基本形式包括（　　　　）。
   A. 上门推销　　　　　　　　B. 柜台推销
   C. 会议推销　　　　　　　　D. 洽谈推销

3. 广告的设计原则包括（　　　　）。
   A. 真实性　　　　　　　　　B. 社会性
   C. 针对性　　　　　　　　　D. 艺术性

4. 市场营销策略中的促销功能主要有（　　　　）。
   A. 传播信息　　　　　　　　B. 创造需求
   C. 突出特点　　　　　　　　D. 稳定销售

5. 构成商业广告的基本要素主要有（　　　　）和广告对象。
   A. 广告主　　　　　　　　　B. 广告信息
   C. 广告媒体　　　　　　　　D. 广告费

▲ 判断题

1. 人员促销亦称直接促销，它主要适合于消费者数量多、比较分散情况下进行促销。（　　）

2. 公益广告是用来宣传公益事业或公共道德的广告，所以它与企业的商业目标无关。（　　）

3. 广告的生命在于真实。（　　）

4. 对单位价值较低、流通环节较多、流通渠道较长、市场需求较大的产品常采用拉式策略。（　　）

5. 市场营销策略中，促销的实质是沟通。（　　）

▲ 案例分析

稻香村的整合营销变革

背景与情境：承载着历史文化和传统精神的传统老字号稻香村，在烘焙行业飞速发展的今天，相较于其他糕点品牌有着怎样的优势？它是如何融入当下，如何在传统的整合营销基础上进行变革的？

1. 发扬创新精神，差异化延展品牌塑造能力

"紧跟时代—植入年轻化元素—重塑形象"已经成了不少老字号心照不宣的变革道路。如针对"崇尚健康"人群，推出的"低糖糕饼伴手礼"，口味独特、符合健康需求的同时，在造型上也突破了往日的局限，精致好看，将叶子、花瓣等不同形状运用其中，模糊了月饼和糕点的界限，除中秋自用、节庆送礼外，也满足了消费者下午茶的食用场景需求。

2. 整合文化符号，改良包装强化品牌形象

稻香村的产品包装京味儿十足，更注重中国传统元素的古风表达，以凸显礼盒的古朴端庄，但又不失喜庆，如 2022 年的新款广式五仁月饼礼盒，新颖的双层提盒设计，将传统提盒的上层改为对开结构，开门纳福，内藏锦绣。内盒采用红色特种纸烫压处理，喜庆而不失文雅。

3. 扩展品类，延伸品牌无限可能

稻香村不断围绕品牌的价值核心扩展赛道，丰富产品线，强化自己在行业中的主导地位。在中式糕点的基础上，相继推出了烘焙小蛋糕、二八酱冰激凌等休闲小零食。除此之外，为了寻求新的盈利增长点，重点把握北京消费群众的心理诉求，突破了糕点品牌的局限性，在即食熟食方面相继推出了酱肘子、五香牛肉等北京特色美食，对北京市场进行了全方面的巩固。

4. 新瓶装陈酒，用新方式进行整合营销

在流量时代，稻香村的营销变革离不开对新媒体的充分利用，创造能体现自身理念的内容，在各个渠道上进行宣传，以求增加与消费者的触达次数，扩大媒体影响力，提高消费者对品牌的热衷程度。同时，积极进行跨界联名，满

足年轻人个性化诉求，如携手中国航天基金会推出"航天纪念版月饼预售礼盒"，这种将中国传统糕点送上太空、追逐星河的梦幻联动，也让不少消费者直呼浪漫。

资料来源："壁虎快跑"新媒体，作者富贵章，引文有修改。

问题：

1. 分析"稻香村"整合营销的主要策略。

2. 联系实际，谈谈现代企业应如何创新营销传播方式。

▲ **实践演练**

"整合促销策略程序化运作"训练

【实训目标】

1. 能够依照市场调研正确选择促销方式及其组合模式。

2. 能够编写与组织实施整合促销策略分析程序化运作方案。

3. 能够评估整合促销策略分析程序化运作效果。

4. 培养自我学习、团队合作、革新创新、解决问题等核心能力。

5. 养成良好的职业情感和职业守则。

【实训内容】

组织一次整合促销活动。让学生参与整合促销活动的各个环节，对整合促销策略有更深入的了解，编写整合促销活动方案。通过实训，培养相应的专业能力与职业核心能力；通过践行职业道德规范，促进健全职业人格的塑造。

【组织形式】

将班级学生分成若干实训小组，根据实训内容和项目需要进行角色划分。

【实训要求】

1. 将职业核心能力与职业道德和素养训练融入专业能力训练。

2. 对本次实训活动进行总结，完成本次实训课业。

【情境设计】

搞一次校园小商品展销会。由学生分组组建公司营销团队，确定营销产品（项目），进行角色分工，按照"促销基本步骤"的要求，通过市场调查、制订并组织实施《整合促销策略程序化运作方案》，对促销结果进行分析与评价，撰写、交流、修改和展示《×× 产品（项目）整合促销策略程序化运作实训报告》，体验整合促销策略的程序化运作的全过程。

【实训时间】

本章学习后的课余时间，用一周时间完成。

【操作步骤】

1. 将班级学生分成若干个实训小组，模拟公司营销团队进行角色分工，由教师布置实训任务。

2. 各小组要了解所要整合促销的产品（项目）基本情况，调查并确定潜在顾客。

3. 各小组运用整合促销策略的程序和方法，依次进行整合促销活动。

4. 教师指导各小组进行整合促销策略程序化运作的组织与实施。

5. 各小组撰写《××产品（项目）整合促销策略报告》。

6. 各小组分析评价《××产品（项目）整合促销策略报告》。

7. 在班级交流、讨论各小组完成的《××产品（项目）整合促销策略报告》，教师对交流情况进行点评。

8. 将附有教师点评的各小组《××产品（项目）整合促销策略报告》在网络平台上展示，供学生相互借鉴。

【成果形式】

撰写《××产品（项目）整合促销策略报告》。具体的结构与体例请参照书后的市场营销综合实训范例。

第 9 章

创造顾客价值

中国商谚

顾客不分大小，交易无论多少。

学习目标

※ 知识目标

- 理解顾客让渡价值的概念
- 了解顾客期望与顾客满意度的关系
- 掌握管理顾客期望的主要方法
- 理解顾客关系培养的重要性

※ 技能目标

- 能够有效提高顾客忠诚度
- 能够及时发现新顾客，用心维护老顾客
- 能够科学地建立和维护顾客数据库

※ 素养目标

- 树立全心全意为人民服务的客户服务思想
- 培养顾客至上的职业精神
- 提高职业操守，保护顾客信息安全

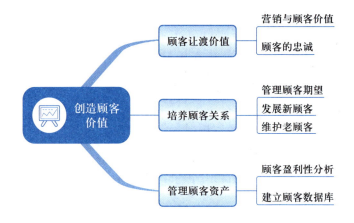

引例
从价格战到顾客管理

进入 21 世纪后，中国家电市场仿佛在瞬间由卖方市场转变成买方市场。一些企业为了追求销售量，保住销售收入水平，不惜血本降低价格，在中国家电企业间掀起了一场激烈的价格战。价格战使许多家电企业成为过眼烟云。

激烈的价格战导致家电行业的企业几乎无利可图，寻求战略转型和长远升级已成为企业唯一的选择。中国家电企业已经普遍意识到新形势下市场竞争的制胜之道，就是在满足顾客需要的服务方面，比竞争对手做得更好。在产品同质化、竞争白热化的环境下，品质已经不再是顾客消费选择的主要标准，越来越多的客户更加看重商家能为其提供何种服务，以及服务的质量和及时程度。家电企业只有通过体贴入微的客户服务，才能重新塑造自己的核心竞争力。在这样的环境下，服务的作用再次凸显出来。

伊莱克斯集团总裁在中国做市场调查时说过的一句话值得人们细心品味，他说："在开拓任何一个国家的市场时，我们都必须重视当地的民俗风情、生活习惯、消费方式等社会文化差异，只有尊重这些差异，充分了解、分析消费者对我们产品的认识，才可能赢得他们的信赖和推崇。"显然，谁拥有了消费者的心，谁就占有了市场。

当今家电市场正由一般产品市场主流型向名牌导向型转变，但培育名牌产品本身就包括名牌服务，"产品是有形的服务，服务是有形的产品"这个观念正在深入人心。完善的客户服务可以帮助企业通过富有意义的交流沟通，理解并影响客户行为，最终实现提高客户获得、客户保留、客户忠诚和客户创利的目的。已经没有人再怀疑服务在现代市场竞争中的重要性，国内大大小小的企业都开始将目光转向服务，把服务作为第二次竞争的战略重点。

实践证明，以服务作为第二次竞争的战略重点是有效的，海尔就"以真诚到永远"的服务赢得了国内用户的认可。海尔集团 CEO 认为，核心竞争能力意味着企业有没有抓住市场用户的资源，能不能获得用户对企业的忠诚度。如果能，那就是市场核心竞争力。

资料来源：教研室网站，引文有删改。

在产品日益同质化的今天，单纯依靠提高产品质量或降低产品价格来吸引顾客已经无法达到预期效果了。加强顾客管理，掌握顾客需求变化，提供满足顾客需要的产品与服务，提高顾客的满意度与忠诚度，将成为企业市场竞争的核心。

9.1 顾客让渡价值

顾客让渡价值（customer delivered value）是菲利普·科特勒在其著作《营销管理》中首先提出来的。顾客让渡价值是指顾客购买某一产品或服务时获得的总价值（total customer value）与需要支出的总成本（total customer cost）之间的差额。

顾客总价值是指顾客购买某一产品与服务所期望获得的利益，它包括产品价值、服务价值、人员价值、形象价值等。顾客总成本是指顾客为购买某一产品所耗费的货币成本、时间成本、精神成本、体力成本等。由于顾客在购买产品时，总希望把相关成本降到最低，而同时又希望从中获得更多的实际利益，以使自己的需要得到最大限度的满足，因此，顾客在选购产品时，往往从价值与成本两个方面进行比较分析，从中选择出价值最高、成本最低，即"顾客让渡价值"最大的产品作为优先选购的对象。

9.1.1 营销与顾客价值

顾客让渡价值概念的提出为企业的营销提供了一种全面的分析思路。首先，企业要让自己的产品与服务能被顾客接受，必须全方位、全过程、全纵深地改善生产管理和经营。以往我们强调营销只是侧重于产品、价格、分销、促销等具体的经营性的要素，而让渡价值却认为顾客价值的实现不仅包含了物质因素，还包含了非物质因素；不仅需要有经营的改善，还必须在管理上适应市场的变化。其次，企业不仅要着力创造价值，还必须关注消费者在购买产品和服务中所付出的全部成本。由于顾客在购买产品和服务时，总希望把成本降到最低，而同时又希望从中获得更多实际利益。因此，企业必须通过降低生产与销售成本，<mark>减少顾客购买商品的时间、精力与精神耗费，</mark>从而降低货币与非货币成本。

充分认识顾客让渡价值的含义，对于指导企业如何在市场经营中全面设计与评价自己产品与服务的价值，使顾客获得最大程度的满意，进而提高企业竞争力具有重要意义。

1. 正确理解顾客让渡价值

（1）顾客让渡价值的特点。首先，顾客让渡价值具有潜在性。在不同的环境因素下，客户追求不同层次需要的满足，其性质与程度都会随着时间与环境而变化，企业必须通过营销策划来争取将客户潜在的市场价值转化为企业的现实收益。其次，顾客让渡价值是独立于企业的。客户价值实质上是客户为满足其需求而进行消费所体现出的市场价值，而满足客户需求的方式与具体的产品形态多种多样。客户价值的市场存在尽管对企业具有重要意义，但与具体的企业却没有必然联系。最后，顾客让渡价值受多因素的影响。客户价值受到客户收入水平、客户对自身需求的认知程度和客户的个人素质等因素影响，这些都是企业在进行营销策划时需要考虑的。

（2）顾客让渡价值决定顾客购买行为。理性的顾客能够判断哪些产品能够提供最高价值并做出对自己有利的选择。在搜寻成本、知识、灵活性和收入等因素的限定下，顾客是价值最大化追求者，他们形成一种价值期望并根据它做出行动反应。然后，他们会了解产品是否符合他们的期望价值，这将影响他们的满意程度和再购买的可能性。顾客将从那些他们认为提供最高顾客让渡价值的公司购买商品。

（3）顾客让渡价值是市场营销活动的核心。营销导向的最终目的是实现企业利益的最大化，但其区别于其他企业经营导向的本质特征在于：营销强调通过满足顾客需求来实现这一目的。<mark>满足顾客需求的最佳办法是向其提供高顾客让渡价值。</mark>市场营销强调以顾客需求为中心，展开整个企业的经营活动，所有营销组合策略的制定均应以满足顾客需求为中心。具体而言，就是要使每一个营销因素都能成为顾客让渡价值增加的驱动因素。企业内部的各项经营活动也应围绕增加顾客让渡价值这一中心展开。

（4）顾客让渡价值需要企业与顾客共同创造。尽管企业在顾客让渡价值的创造过程中处于主导地位，但企业为顾客所带来的顾客让渡价值并不一定完全由企业单独创造。在顾客以特殊方式参与到企业的生产经营过程之中后，顾客利益的大小除了取决于企业所提供的产品和服务的质量等因素外，还取决于顾客的配合程度。

微课：
顾客让渡
价值

2. 顾客让渡价值与 4C 理论

对顾客让渡价值的考察，必须从顾客角度出发。企业为顾客所带来的潜在利益具有一定的客观性，但这种具有一定客观性的潜在利益的实现程度却取决于顾客的评价。有鉴于此，营销学者罗伯特·劳特朋（Robert Lauterborn）提出了 4C 理论。在这个理论指导下，要求企业做到：

（1）瞄准顾客（customer）需求，即根据顾客的现实和潜在需求来生产和销售产品，而不是考虑企业能生产什么产品。

（2）了解顾客的成本（cost），即了解顾客为满足其需求和欲望而愿意支付的金额，而不是企业从自身利益出发，直接给产品定价。

（3）提高顾客的便利性（convenience），即考虑如何方便顾客购买，寻找顾客最愿意、最容易接近的渠道。

（4）积极与顾客沟通（communication），即通过互动、沟通等方式，将企业营销活动不断进行整合，把顾客和企业双方的利益结合到一起。这一点，在数字营销背景下更加重要。

3. 顾客让渡价值系统的建立

顾客让渡价值系统建立的实质是设计出一套满足顾客让渡价值最大化的营销机制。

（1）利用价值链实现网络竞争优势。价值链（value chain）是企业各种相互依存的经营活动所组成的一个系统，包括设计、生产、销售、发送和其他辅助过程。价值链中的每一项活动都会影响顾客让渡价值的实现。同时，企业的价值链不仅在其内部是相互联系的，而且与其外部的供应商和销售渠道的价值链也密切相关。供应商和销售渠道的活动不仅影响企业的成本和效益，也影响企业实现顾客让渡价值最大化。所以，企业必须与其供应商及销售渠道建立起密切的价值链关系，利用价值链之间的纵向联系提高顾客整体价值，降低顾客购买成本，从而实现顾客让渡价值最大化。

（2）实行核心业务流程管理。根据价值链的原理，企业内部各部门之间应协调一致、追求公司整体利益最大化。但是在现实生活中，企业业务部门往往把部门利益放在第一位，而不是首先考虑公司和顾客利益的最大化。为了解决这个矛盾，需要实行流畅的"核心业务流程管理（core business process management）"。

一般来说，企业的核心业务流程包括新产品实现流程、存货管理流程、订货汇总流程、顾客服务流程等几种形式。其中，新产品实现流程可以根据顾客的需求及时生产出高质量的产品，从而提高企业的产品价值；存货管理流程可以最大限度地降低企业的生产成本和储运成本，从而降低顾客购买时的货币成本；订货汇总流程和顾客服务流程可以及时准确地发送货物、收取货款，为顾客提供满意的服务，从而提高企业的服务价值，降低顾客采购成本，实现顾客让渡价值最大化。

（3）实行全面质量营销。企业提高顾客让渡价值，建立顾客让渡价值系统的工作不可能由企业的营销部门单独完成。企业的市场营销部门必须与其他部门很好地协调，在企业内部实行以顾客为中心的全面质量营销。

首先，质量一定要被顾客所理解。质量工作开始于顾客的需求，结束于顾客的理解。因此质量改进只有建立在顾客理解的基础之上才有意义。制造商必须将顾客的声音贯彻到整个设计、工程、制造和配送过程之中。其次，质量必须反映在企业的每一项活动中，而不是只反映在产品中。在提高产品质量的同时，还要求提高广告、服务、产品说明、配送、售后支持等活动的质量。最后，质量贯穿于价值链之间的纵向联系，要提高销售网络的整体服务质量。

（4）重视内部的服务管理。随着市场竞争的日益激烈，企业的优势已不再局限于产品或服务本身，与产品和服务紧密相关的企业内在服务质量已受到了越来越多的重视。这是因为从企业利润产生的全过程看，企业获利能力的强弱主要由顾客的忠诚度决定，而忠诚顾客的塑造依赖于企业为顾客实现让渡价值的大小。企业员工是让渡价值的实现者，他们的工作效率和工作水平又是由企业内部服务管理的质量决定的。企业只有加强内部管理，更好地为自己的员工服务，才可以使员工满意。员工满意可以创造出最大的顾客让渡价值，从而实现顾客满意和顾客忠诚，最终使企业获得利润。

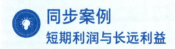

同步案例
短期利润与长远利益

背景与情境： 携程联合创始人、执行董事会主席在公司电话会议上说，携程将坚持"以客户为中心"的核心价值观，长期追求"全球最佳服务水平"。"有人问，这和我们的利润有矛盾吗？当然，短期内可能有矛盾。但是，就长期来说，为客户创造最大价值的企业必然是市场份额最大、业绩最好的企业。"该主席在电话会议中说，"所以，我们不应当为了增加短期利润而牺牲客户价值"。

携程将在产品、服务和业务中落实四大原则，即透明性、可选择性、一致性和公正性。其中，透明性指所有的价格、服务内容、退改政策等，都要透明清晰地告知客户，将客户误解的概率降到最低；可选择性指附加产品要有明显、方便的取消途径；一致性指不同页面的政策和价格要保持一致，通过技术和流程，把价格变化的可能性降到最低；公正性指所有评级（如酒店钻级）都要从客户价值的角度来设计算法和程序，并且尽量做到客观公正。

事实上，携程在各个层面均恪守以客户为中心的核心价值观，一旦发现相关服务存在瑕疵，携程会给予高于同行的赔付标准。为了"把客户费力度降到最低"，携程尽力提供各种售后服务（如退改签等）。在组织架构上，携程提高了客户满意度的考核权重，把服务水平作为员工考核的最重要内容。

问题： 试评述"携程"恪守以客户为中心的经营理念。

分析提示： 携程的目标是成为中国乃至世界最好的出行服务品牌之一。这是一个非常远大的目标，要实现这一目标，必须立足当下，坚持"以客户为中心的经营理念"，并且要坚持不懈地创新。高质量的服务必然会增加投入，甚至会损失企业收益，与企业追求利润最大化在短期内"可能有矛盾"；但从长远看，由于提高了顾客满意度，必然会提升企业的社会美誉度，扩大客源，从而获得更多利益。

9.1.2 顾客的忠诚

顾客忠诚度（customer loyalty）是指由于质量、价格、服务等诸多因素的影响，使顾客对某一企业的产品或服务产生感情，形成偏爱并长期重复购买该企业产品或服务的程度。

提高顾客的忠诚度对企业至关重要。统计表明，当企业挽留顾客的比率增加 5% 时，企业获利可提升 25% 及以上。许多学者更是直接表示，忠诚的顾客是企业竞争优势的主要来源。由此可见，对企业经营者来说，提高顾客的忠诚度是相当重要的任务。

1. 顾客忠诚度与顾客满意度的关系

顾客忠诚度与顾客满意度（customer satisfaction）既存在差异又相互联系。两者的差异在于：顾客满意度是评量过去交易中满足顾客期望的程度，而顾客忠诚度则是衡量顾客再次购买及参与活动的意愿。顾客满意度只是一种态度，而顾客忠诚度是一种行为。两者的联系在于：顾客忠诚度依赖于顾客满意度，顾客满意是顾客高度忠诚的基础。

2. 顾客忠诚度的衡量指标

顾客忠诚度是顾客忠诚的量化指数，一般可运用以下三个主要指标来衡量：

（1）整体的顾客满意度（可分为很满意、满意、比较满意、不满意、很不满意）。

（2）重复购买的概率（可分为 70% 以上、30%~70%、30% 以下）。

（3）推荐给他人的可能性（可分为很大可能、有可能、不可能）。

3. 如何提高顾客忠诚度

顾客忠诚度取决于顾客满意度，而顾客满意度又取决于顾客让渡价值的高低。因此，提高顾客忠诚度就是要从提高顾客让渡价值入手。具体可以采取的措施主要有以下几点：

（1）了解企业顾客。企业应该尽可能地了解相关顾客的情况，这样就可以提供最符合顾客需求和消费习惯的产品和服务。与顾客交谈，倾听顾客的声音，这样就不难找到使顾客不满的根源。对顾客的预期和要求充分了解之后，提供产品与服务的过程就会变得更加顺利，时间也会缩短，为每个顾客提供产品与服务的成本会减少，反过来企业的利润就会增加。

（2）了解企业产品。企业必须要让服务人员完全充分地了解企业的产品，传授关于产品的知识和提供相关的服务，从而让企业赢得顾客的信赖。同时，服务人员应该主动地了解企业的产品、服务和所有折扣信息，尽量预测到客户可能会提出的问题。

（3）控制产品质量和价格。产品质量是提高顾客忠诚度的基础。消费者对品牌的忠诚在一定意义上可以说是对其产品质量的忠诚。只有过硬的高质量产品，才能真正在人们的心目中树立起"金字招牌"。但是，仅有高质量是不够的，合理地制定产品价格也是提高顾客忠诚度的重要手段。企业要以获得正常利润为定价目标，坚决摈弃追求暴利的短期行为，要尽可能地按顾客的"预期价格"定价。

（4）提高服务质量。企业的每位员工都应该致力于为顾客创造愉快的购买体验，努力做得更好，超越顾客的期望值。经常接受企业服务而且感到满意的顾客会对企业做正面宣传，而且会将企业的服务推荐给其他人。他们会成为企业"义务"的市场推广人员。

（5）满足顾客个性化要求。通常企业会按照自己的想象预测目标消费者的行动。事实上，所有关于顾客人口统计和心理方面的信息都具有局限性，而且预测模型软件也具有局限性。因此，企业必须改变"大众营销"的思路，注意满足顾客的个性化要求。要做到这一点就必须尽量了解顾客，利用各种可以利用的机会来获得更全面的顾客信息、分析顾客的语言和行为。如果企业不是持续地了解顾客，或者未能把所获得的顾客知识融入营销方案之中，就难以提供令顾客满意的产品或服务。

（6）让购买程序变得简单。顾客希望购买的程序越简单越好。因此，企业应该尽可能简化不必要的步骤，制定标准化的服务流程，帮助顾客最快地找到他们需要的产品与服务。

（7）正确处理顾客问题。有研究显示：通常在 25 个不满意的顾客中只有 1 个会去投诉，其他 24 个则会悄悄地转移到其他企业的产品或服务上。得到满意解决的投诉者，与从未不满意的顾客相比，往往更容易成为企业的忠诚顾客。在重大问题投诉者中，有 4% 的人在问题解决后会再次购买该企业产品，而小问题投诉者的重购率则可达到 53%，若企业能迅速解决投诉问题，重购率将保持在 52%—95% 之间。

因此，有条件的企业应尽力鼓励顾客提出问题，然后再设法解决。顾客的投诉可以成为企业建立和改善业务的最好路标；顾客能指出企业在什么地方出了问题，哪里是薄弱环节；能告诉企业产品在哪些方面不能满足他们的期望；同时还能指出企业的竞争对手的优势。可以说，顾客的抱怨是企业的一笔宝贵财富。

（8）服务内部顾客。内部顾客是指企业的任何一位员工或者员工群体，它都构成了对外部顾客供给循环的一部分。如果内部顾客没有适宜的服务水平，使他们以最大的效率进行工作，那么外部顾客所接受的服务便会受到不良影响，这必然会引起外部顾客的不满甚至丧失外部顾客的忠诚。如果企业对这一问题不给予足够的重视，势必会导致较低的顾客忠诚度和较高的顾客流失率，最终导致企业赢利能力降低。

9.2　培养顾客关系

现代企业要在市场竞争中获胜，必须通过满足顾客的需求与期望来赢得长期忠诚的顾客。如何管理顾客的期望，使顾客产生较高的满意度？如何发展新顾客，维护与老顾客的关系？这是营销学者和从业人员都思考的问题。

9.2.1　管理顾客期望

顾客满意（customer satisfaction，简称 CS），是指一个顾客购买产品或服务后，通过对购买效果（或结果）的感知与对它的期望值的比较，所形成的愉悦或失望的状态。购买产品后的效果如果低于期望，顾客就会不满意；如果与期望相匹配，顾客就会满意；如果超过期望，顾客就会高度满意并感到欣喜。

顾客期望（customer expectation）是指顾客希望企业提供的产品或服务能满足其需要的水平。顾客期望在顾客对产品或服务的认知中起着关键性的作用。顾客将预期质量与体验质量进行比较，据此对产品或服务质量进行评估。期望作为比较评估的标准，既反映顾客相信会在产品或服务中获得什么（预测），也反映顾客想要在产品或服务中获得什么（愿望）。顾客期望与体验是否一致已成为企业产品或服务质量评估的决定性因素，也是顾客满意度高低的关键因素。

理论上，改善顾客感知（customer perception）和降低顾客期望两种方法都能实现顾客满意。但实际上，大多数企业习惯采用的通过单方面提高产品服务质量从而改善顾客感知的方法是不经济的，也是有极限的。因为企业的产品与服务水平会受成本制约。在现代市场营销中，为了提高或保持顾客的满意度，需要管理与控制顾客的期望，使其处于合理、切合实际的水平。

1. 顾客期望产生偏差的主要原因

（1）以往的阅历与经验会导致顾客产生期望偏差。人们会根据自己以往的经验和生活常识对产品或服务提出一些基本的要求。顾客在过去购买某种产品时享受了某种服务，在再次购买这种产品时，他就会认为享受这种服务是理所当然的。这一现象很好地解释了为什么一些消费经验丰富的顾客会更难"满意"（因为他们的期望往往会更高）。

（2）行业竞争导致顾客对企业产品与服务产生过高期望。有时，企业并没有向顾客做出某项承诺，但顾客却会要求企业这样做。这是因为企业的竞争对手已经这样做了，顾客很自然地期望企业做得像竞争对手一样好，否则他们就会很不满意，甚至转向竞争对手购买产品或服务。行业竞争所引起的顾客期望的提升经常会沉淀下来，变成常识或经验，最终形成标准。

（3）企业不切实际的承诺导致顾客产生过高期望。企业向顾客做出承诺，可能是为了应对竞争，也可能是为了吸引顾客而主动采取的营销措施。但是，如果企业做出过多或不切实际的承诺，就会使顾客产生过高或不切实际的期望。一旦承诺无法兑现，企业会引起顾客的不满而遭投诉。

（4）产品与服务信息导致顾客期望出现偏差。顾客很容易根据自己的理解去解读产品或服务当中所隐含的信息，再结合自己的经验或常识，形成对产品或服务的期望。由于顾客对产品或服务信息的解读会不可避免地出现误解，顾客期望就会出现偏差。

2. 管理顾客期望的方法

（1）与顾客进行有效沟通。与顾客进行有效沟通包括了解顾客期望和向顾客宣传企业的产品与服务两个方面。

在向顾客提供产品或服务时，企业必须全面了解顾客的真实意图，切忌随意猜测，以免产生不必要的误解。有效沟通是了解顾客期望的基础。企业员工不可贪图方便，减少与顾客当面沟通的机会。

企业还应该加强宣传，让顾客对企业的产品与服务有充分的了解。企业应该针对顾客需求和自己所能够提供的产品和服务状况，向顾客客观地描述自己的产品和服务内容等，使他们能够清晰地了解到自己所能得到的价值。要坦诚的告知顾客哪些期望能够得到满足。

（2）引导设定顾客期望值。影响顾客期望值的因素包括：口碑、品牌推广、价值观、背景、消费环境、年龄、消费经验等。每一种因素的变化都会导致顾客期望值的变化。企业要对顾客进行适当的引导，使顾客的期望值达到双方认可的水平。

具体来说，要做到以下三点：第一，当顾客期望值出现偏差时，要主动为顾客进行原因分析；第二，进行产品与服务的个性化设计时，要尽可能地征求顾客意见，让顾客对设计中的产品或服务进行评价；第三，在与顾客确定产品与服务的提供方案时，要对模糊或有歧义的地方进行确认，不要给顾客期望值出现偏差留下隐患。

（3）谨慎对待顾客的要求。如果企业总是义务地承担额外的服务，那么顾客就会习惯性地接受这一点，认为这本来就是自己应当接受的。一旦企业有一次未能完成这些额外的义务，等待企业的将是顾客的不满。所以在顾客提出额外的要求时，企业一定要谨慎，要在明确企业服务内容基础上，清楚地向顾客表明哪些要求是额外的，然后在自己能力范围内帮助顾客解决问题。对于企业无法做到的事，也不宜直接拒绝，可以努力同顾客一起解决问题，让顾客觉得企业是可以依靠的。

（4）客观评价产品与服务。一些企业为了扩大销售，营造良好的企业形象，常常喜欢夸大自己的产品、技术、资金、人力资源、生产和研发的实力，借此提高自己的身价。尤其是在一些产品的推广活动中，更是夸大产品的能效，人为地制造高期望值。这种手段在一定程度上降低了顾客的信任。

如果顾客发现没有购买到自己期望的产品，尤其是这种期望企业已经承诺可以达成时，顾客往往会把责任归结为企业本身。此时顾客的满意度会大幅度下降。

（5）严格执行标准。企业在实际的操作过程中要严格遵守自己制定的服务内容及标准，不要让这些内容只停留在文件上。对顾客的承诺一定要做到，否则只会是适得其反，降低顾客满意度。有效地执行标准，首先要加强员工的业务技能培训，通过强化学习来提高员工的责任感和服务水平。其次要坚持督查考核工作，通过对员工的业务水平、服务技能的调查，对工作中存在的问题及时加以改进。最后要完善流程设计，使员工在各种情况下有相应流程指引，进行规范的流程操作，这样才能保证相关服务能有条不紊地高效进行。

（6）优化购买体验。企业应该重视所提供的产品与服务的购买体验，注意体现形式美，因为顾客需要通过切实的、让人可以感受的东西来证明他的消费是被重视的、是有所值的。特别是在提供具有不可触摸特性的服务产品时，企业更需要提供可以让人验证的东西，来说明其服务是物有所值的。顾客在消费产品或服务的过程中，如果有一份感官上的享受，他就容易高度满意。

孟洛川（1851-1939），山东章丘人，中华老字号"瑞蚨祥"创始人。他18岁开始经商，坚持"财自道生、利缘义取"的经商之道，生意越做越大。鼎盛时期，"瑞蚨祥"字号遍及京、沪、津、济、青、烟等大中城市，经营范围涉及绸缎、洋货、皮货、百货，资本总额达40万两白银。到民国初年，"瑞蚨祥"号成为北京最大的绸布店。中华人民共和国成立后，天安门广场升起的第一面五星红旗的面料就是周恩来总理指定"瑞蚨祥"提供的。

孟洛川亲自设计了"瑞蚨祥"专用的量布市尺，比普通尺子长一寸，在十个"寸"的刻度上，两头分别刻有"天""地"，中间依此是"孝、悌、忠、信、礼、义、廉、耻"，将天地良心、八伦八德融于一尺，时刻提醒店员要用好手中的尺子，不仅不能给顾客量布时量少，还要多让三分。孟洛川不仅教育店员要诚信经商，而且一直坚持积善救济、赈灾修堤，是"儒商"的典范。

9.2.2　发展新顾客

顾客是承接产品与服务价值的主体，也是需求的载体。没有顾客就没有业务。因此，发展新顾客是企业营销工作的永恒主题。营销人员必须像雷达一样，时时刻刻努力寻找潜在顾客（potential customer），并通过各种营销策略将潜在顾客变成现实顾客。

1. 寻找潜在顾客

发展新顾客，首先要根据企业产品的用途、性能、定位以及原有顾客的类型，确定目标顾客范围。

潜在顾客必须满足某些基本条件。首先，潜在顾客对企业的产品或服务有需求；其次，潜在顾客有足够的购买力；再次，潜在顾客必须是企业可接近的；最后，潜在顾客对购买企业产品或服务有决策权。

2. 收集、分析潜在顾客信息

目标顾客范围确定后，接下来就是搜集顾客信息。搜集顾客信息的办法很多，可以通过互联网、"黄页"、其他平面媒体等渠道查找，也可以通过亲属、朋友提供等方式获得。搜集完潜在顾客信息后，可以对所掌握的顾客资料进行简单分析，对潜在顾客进行简单分类，找出优先发展的重点客户与一般客户，并做出相应的顾客发展计划。

3. 建立顾客关系

建立顾客关系就是通过各种方法与顾客接触并保持联系，与顾客就提供产品与服务进行沟通。与顾客建立关系的方式主要有：

（1）登门拜访，直接上门营销。

（2）先电话预约，再上门营销。

（3）通过网络联络顾客，或是通过网络进行营销。

（4）先通过亲属、朋友、同事引荐，然后自己跟进。

（5）通过参加相关展览会，直接与客户洽谈或签约。

（6）通过老客户来引荐新客户。

与新顾客建立业务关系时，要有一个正确的心态。千万不要给新顾客一种急于求成的感觉。不要让客户觉得你的企业必须马上有新的订单才可以生存。一定要给新客户这样一种感觉：我们有稳定的销售渠道，但我们的企业是开拓进取的，与您建立业务关系是同时给你我一个新的机会。

4. 提供顾客满意的产品与服务

建立顾客关系的目的是要通过向顾客提供顾客价值高、令顾客高度满意的产品与服务，与顾客形成长久稳定的买卖关系，在满足顾客需求的同时，实现自己的盈利目标。因此提供顾客满意的产品与服务，是吸引顾客、发展新顾客的关键。

在向顾客提供产品与服务时，要努力做到以下几点：一是把自己产品的特点、优势（如质地、用材、做工、质量、技术含量、价格、品牌等）清楚地介绍给顾客；二是抓准产品与顾客需求的结合点，说清楚产品怎样使用以及会给顾客带来什么收益；三是要用真诚打动对方，以赢得顾客的长期信任。

9.2.3 维护老顾客

企业的利润主要来源于两部分顾客。一类是新顾客，即利用传统市场营销组合策略吸引来的首次购买产品和服务的顾客；另一类是企业的老顾客，即已经购买过企业的产品并感到满意、愿意连续购买企业产品的顾客。与老顾客维护关系对企业而言十分重要。

1. 顾客维护的作用

首先，顾客维护可以使企业获得长久的竞争优势。在消费需求越来越个性化的今天，顾客维护可以使企业的产品与服务更贴近顾客的需要，使企业的产品与服务具有更高的顾客让渡价值，因而也使得企业可以获得长久的竞争优势。

其次，顾客维护可以降低企业产品与服务的销售成本。有统计表明，企业发展一位新顾客的投入是巩固一位老顾客的 5 倍。因此，通过顾客维护来确保老顾客能再次消费，是降低企业销售成本的最好方法。

再次，顾客维护不但可以留住老顾客，还有利于发展新顾客。在竞争日益激烈的今天，老顾客对企业产品与服务的推销作用越来越大。满意的顾客会带来潜在的生意，而不满意的顾客会减少其他人的购买意向。

最后，顾客维护可以有效提高企业的市场占有率。着眼于同客户发展长期互惠合作关系的企业，其顾客的忠诚度相对较高。而忠诚的顾客愿意更多地购买企业的产品和服务。

2. 顾客维护的方法

（1）为顾客提供更多的优惠措施。如向老顾客提供数量折扣、赠品、更长期地赊销等优惠。

（2）满足顾客的个性化需求。加强市场细分，明确不同顾客的需求，积极满足不同顾客的个性化需求。

（3）抓住重点顾客，满足特殊顾客的特殊需求。根据"二八原理"，企业利润的 80% 是由 20% 的顾客创造的。这说明不是所有的顾客都对企业具有同样的价值，有的顾客带来了较高的利润率，有的顾客则对企业具有更长期的战略意义。所以，企业要根据顾客本身的价值和利润来分析顾客，密切关注高价值顾客，保证他们可以获得优质服务，使他们成为企业的忠诚顾客。

（4）为顾客提供系统化解决方案。企业不能只停留在向顾客销售产品的层面上，还要主动为他们量身定做一套合适的系统化解决方案，在更广范围内关心和支持顾客发展，增强顾客购买力，扩大其购买规模。企业还可以和顾客共同探讨新的消费途径、消费方式，创造新的顾客需求。

（5）建立顾客数据库，和顾客建立良好的关系。与客户进行情感交流是企业维护客户关系的重要方式。日常的拜访、节假日的真诚问候、婚庆喜事时的一句真诚祝福、一束鲜花，都会使顾客深为感动。而要做到这些，完善健全的顾客数据库必不可少。

（6）及时与顾客进行沟通，防止出现误解。顾客的需求不能得到切实有效的满足往往是导致企业顾客流失最关键的因素。为此，企业一方面应及时将企业营销战略与策略的变化信息传递给顾客，便于顾客工作的顺利开展；另一方面应善于倾听顾客的意见和建议，建立相应的投诉和售后服务沟通渠道，鼓励顾客提出意见，从尊重和理解顾客的角度出发，站在顾客的立场思考问题，用积极的态度及时解决问题。

（7）制造客户离开的障碍。企业应努力和顾客保持亲密关系，让顾客在情感上对企业与品牌的形象、企业的价值观和企业的产品与服务等产生依赖和习惯心理，使顾客越来越愿意参与到企业的各种活动中来。

（8）培养忠诚的员工。忠诚的员工能够带来忠诚的顾客。要保持顾客忠诚必须从员工着手，具体可以采取的手段有：① 注重员工培训、教育，为企业员工提供发展、晋升的机会；② 尽可能为员工创造良好的工作条件，提高其工作效率；③切实了解员工的各种需求，并有针对性地加以满足；④提倡内部协作的企业文化，倡导团队合作与协作精神。

9.3 管理顾客资产

顾客资产（customer equity）是企业所有顾客终身价值折合为现值的总和。顾客的终生价值既包括顾客当前能为企业带来的盈利能力，也包括企业将从顾客一生中获得的贡献流的折现净值。对大多数企业来说，顾客资产是企业价值最重要的组成部分。尽管企业的顾客资产价值不是企业价值的全部，但是企业现有顾客资产是企业未来收益主要的可靠来源。

管理顾客资产主要包括顾客盈利性分析与建立顾客数据库两方面的内容。

9.3.1 顾客盈利性分析

市场营销是一种吸引并保持可盈利顾客的艺术。然而，并不是所有的顾客都能为企业带来利润。在企业无法满足所有顾客需求的情况下，企业应该对顾客盈利性进行分析，寻找能为企业带来盈利的顾客，并集中力量满足这一部分顾客的需求。

可盈利顾客是指随时间变化能让渡一种收入流，而且让渡的收入流大于为吸引和服务该顾客所产生的成本流的顾客。这里要强调顾客的终生价值，也就是说，顾客的收入流和成本流指的是顾客的终生收入流和成本流，而不是某一次特定交易所带来的利润和产生的成本。

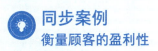

同步案例
衡量顾客的盈利性

背景与情境：杨经理经营一家超市，他说，每当他看到一位满脸愠怒的顾客时，他就意识到要少赚10 000元了。为什么呢？因为他的顾客平均每周开支100元，一年到超市购物50周，并且在该区域生活10年。所以，如果顾客有过一次不愉快的经历并转向其他超市，杨经理就会损失50 000元的销售收入。按20%的平均利润率来算，他就要少赚10 000元。如果考虑到失望的顾客传播超市的坏话并造成其他顾客离去，这一损失还会更大。因此，杨经理要求他的雇员遵循两条法则。

法则 1：顾客永远是正确的。

法则 2：如果顾客错了，参照法则 1。

问题：应该如何衡量一个顾客是否为可盈利顾客？

分析提示：本例说明，衡量一个顾客是否为盈利性顾客，不能只看某一次交易中该顾客是否为企业带来了利润。顾客的价值在于他对企业产品的忠诚并能长期为企业带来利润，这也是企业要管理顾客资产的原因。

同步实训

顾客盈利性分析

实训目标：该训练项目帮助学生掌握顾客盈利性分析的基本技能。

实训内容：撰写一份"×× 企业 ×× 市场顾客盈利性分析报告"。

实训要求：

（1）明确"顾客盈利性分析"在企业营销决策中的重要意义。

（2）运用本节所学知识结合营销基本原理，以自己所了解的某一企业为例，对该企业某区域市场的顾客进行盈利性分析并完成一份"×× 企业 ×× 市场顾客盈利性分析报告"。

（3）要求教师提供"×× 企业 ×× 市场顾客盈利性分析报告"的设计范例，对学生的分析方法及完成分析报告的过程进行点评。

实训步骤：

（1）学生分组调研讨论，选取适当的企业与市场区域。

（2）确定工作步骤，制定工作计划，明确每一步骤的工作内容与完成时间。

（3）收集数据，实施调研与分析。

（4）编写盈利性分析报告。

（5）修订完善并提交最终报告。

组织形式：以学习小组为单位，每小组撰写一份"×× 企业 ×× 市场顾客盈利性分析报告"。

考核要点：数据收集与处理方法的正确性，盈利性分析方法的正确性，营销决策建议的针对性，报告内容的完整性、可操作性和创新性等。

9.3.2　建立顾客数据库

被誉为"客户体验专家"的帕翠夏·西博尔德（Patricia Seybold）预见了

技术能力和客户行为可能对企业发展的影响并努力实践，其成功之处在于用顾客数据库为客户提供优质服务。顾客数据库是指企业搜集和积累大量顾客信息并利用计算机技术对这些信息进行分类整理所形成的一个数据库。据有关资料显示，越来越多的零售企业和制造／服务业已经建立顾客数据库并开展数字营销。建立并应用顾客数据库进行数字营销也是我国企业未来营销的取胜之道。

1. 建立顾客数据库的意义

建立顾客数据库的目的，是通过所掌握的顾客信息，采取针对性的营销策略，以使企业在竞争中获得巨大的优势。具体来说，建立顾客数据库可以为企业带来以下几方面的好处。

（1）准确了解顾客需求。有了顾客数据库，企业可以更加容易了解目标顾客的需求及其变化，并根据顾客的需求及变化来提供符合顾客需要的产品或服务。

（2）便于企业结合最新信息和信息分析结果制定出新的营销策略。有了顾客数据库，企业可对顾客分类管理，通过定期沟通来准确了解不同类型顾客的需求，有针对性地制定新的营销方案。

（3）降低企业营销成本，提高营销效率。有了顾客数据库，企业能够更准确地找到自己的目标顾客，可以更精准地向目标顾客传递信息，减少企业在广告、宣传及其他促销活动方面的费用。

（4）便于企业与顾客建立更紧密的关系。运用顾客数据库与顾客保持沟通和联系，可以维持和增强企业与顾客之间的感情，从而增强抵抗外部竞争干扰的能力，避免顾客转向竞争对手。

2. 顾客数据库的建立与应用

那么企业应该如何建立与应用顾客数据库呢？顾客数据库的建立与应用一般包括以下内容或程序：

（1）收集资料。企业应尽可能收集顾客的信息，如顾客名称、工作描述（顾客主要业务）、工作单位、电话号码、地址、E-mail 等。有时企业需要动用所有可利用的资源大范围收集顾客信息。

（2）顾客数据分类、整理与输入。收集资料后，企业可根据规模、行业、盈利性等对顾客进行分类。然后，将顾客数据逐一输入计算机，建立起顾客数据库。

（3）顾客数据的应用。顾客数据库建好后，企业应根据不同类型顾客的特点制定不同的应对策略。如每类顾客多长时间沟通一次；产品与服务推出之前重点调查哪类顾客；产品与服务推出之后应召集哪类顾客座谈调查；针对不同类型顾客采取哪些不同的营销组合策略等。另外，通过数据库资料可找到"最具盈利性"的顾客，即根据顾客盈利性分析方法及二八原理，寻找到能为企业带来利润的顾客，并将服务重心转向这些顾客，力争培养一批忠诚顾客。

（4）数据库的完善与维护。在应用数据库的过程中要不断充实数据库，在客户资料发生变化时要及时更改，及时删除对公司毫无价值的资料。同时，要加强对数据库的维护，保证数据库系统的正常运行。

（5）数据库的安全防范工作。要通过备份、加密等方式保证顾客数据库的安全性。

职业道德与营销伦理
顾客资料的保密

背景与情境： 某保险公司业务员拿出投保客户资料向西安市民刘先生推销保险服务时，刘先生看到客户资料上不但有参保人的姓名、电话，还有参保日期、金额、年限甚至家庭住址等详细信息。这引起了刘先生的警惕：怎么能拿着客户资料做游说？泄露了客户隐私怎么办？

该业务员辩解：保险公司客户资料是严禁营销人员泄露的。自己是在公司下设的一个销售点以暂时拿到了部分客户资料，也只是推销时"借"用一下。

问题： 如何看待该保险公司业务员的行为？

分析提示： 这是一个很常见的现象。许多企业缺乏顾客资料保密意识，使顾客资料被泄露甚至被不法人员利用进行诈骗等犯罪活动，给顾客造成各种损失。该业务员的行为不但违反了相关法律规定，而且不符合营销人员的职业道德与营销伦理。营销人员有义务保护顾客隐私，保证所收集的顾客信息的安全。

学习训练

▲ 单选题

1. 在日益激烈的市场竞争环境下，企业仅靠产品的质量已经难以留住客户，（　　）成为企业竞争制胜的另一张王牌。

    A. 产品　　　　　　　　　　B. 服务

    C. 竞争　　　　　　　　　　D. 价格

2.（　　）是顾客对产品或服务所感知的实际体验与客户对产品或服务的期望值的比值。

    A. 顾客满意度　　　　　　　B. 顾客忠诚度

    C. 顾客期望　　　　　　　　D. 顾客重复购买的意愿

3. （　　　）是指顾客对某一特定产品或服务产生了好感，形成了偏好，进而重复购买的一种趋向。

    A. 顾客满意度   B. 顾客价值

    C. 顾客忠诚度   D. 顾客利润率

4. 客户忠诚度建立在（　　　）基础之上，因此，提供高品质的产品与无可挑剔的基本服务，增加客户关怀是必不可少的。

    A. 顾客盈利率   B. 顾客忠诚度

    C. 顾客满意度   D. 顾客价值

5. 满足顾客的最佳办法是向顾客提供更高的（　　　）。

    A. 顾客总价值   B. 顾客总成本

    C. 顾客折扣   D. 顾客让渡价值

▲ 多选题

1. （　　　　　）将成为企业未来市场竞争的核心。

    A. 产品质量   B. 价格

    C. 顾客满意度   D. 顾客忠诚度

2. 顾客总价值包括（　　　　　）。

    A. 产品价值   B. 服务价值

    C. 人员价值   D. 形象价值

3. 顾客让渡价值具有（　　　　　）等特点。

    A. 潜在性   B. 独立性

    C. 不变性   D. 受多因素影响

4. 衡量顾客忠诚度的主要指标一般包括（　　　　　）。

    A. 整体顾客满意度   B. 顾客投诉比例

    C. 顾客重复购买概率   D. 顾客推荐给他人的可能性

5. （　　　　　）都可能导致顾客期望产生偏差。

    A. 以往的阅历与经验   B. 行业竞争

    C. 企业不切实际的承诺   D. 产品与服务信息

▲ 判断题

1. 只有大企业才需要实施客户关系管理。（　　　）

2. 实施客户关系管理就是要购买一个 CRM 软件，并且在企业全面使用。（　　　）

3. 忠诚的客户来源于满意的客户，满意的客户一定是忠诚的客户。（　　　）

4. 向顾客传送超凡的价值无疑可以带来经营上的成功，因此只要实现

"所有客户 100% 的满意"，就一定能为企业带来利润。（　　）

5. 市场营销是一种吸引并保持可盈利顾客的技术。（　　）

▲ **案例分析**

秀秀饰品的顾客管理

背景与情境：有着"女孩饰品专家"之称的秀秀饰品拥有 100 多家分支办事机构，1 万余家终端店，其在多年经营实战中所形成的顾客管理所积累的实战经验值得借鉴。

1. 建立自己的顾客数据库

顾客数据库营销是秀秀饰品顾客管理的重要方式。每个秀秀饰品店在开业之初都会着手建立自己的顾客数据库，并要求每个营业员都要尽可能地留下顾客的详细档案数据及购买偏好，包括生日、建档人等。然后根据顾客信息进行一对一营销，如在节日期间发送祝福，以增进感情。通过这一系列努力，秀秀饰品牢牢抓住了一批忠诚的顾客。

2. 特殊顾客的特殊服务

秀秀饰品要求一线营业人员以顾客为中心，强调顾客第一的原则。在一线服务是关键环节，直接面对顾客的一线员工被授权决定应采取的服务行动，让每个营业员都是顾客的管理者并且与顾客成为朋友。每个营业员必须管理好自己的顾客群，顾客群大小和个人收入挂钩。同时，根据"二八法则"，秀秀饰品通过顾客购买频次进行分类，对创造 80% 销售额的 20% 顾客进行一对一重点管理。

3. 创造性开发顾客

由于市场竞争激烈，若只是被动等待顾客上门，没有新颖的产品、高质的服务，很可能会被积极开拓客源的同行瓜分市场。因此最好的办法就是主动出击，营造店内外的独特风格，抓住更多的顾客。秀秀饰品的主要做法是：

（1）利用店面活动吸引顾客和推动口碑相传。秀秀饰品经常借助日常各种经营活动以产品品质与服务来宣传自己的特色。此外尽量配合顾客的需求，让顾客感受到秀秀员工亲切的服务，使顾客自觉向他人推荐自己的产品。

（2）组织顾客。秀秀饰品采用会员制建立起庞大的顾客组织体系，除在店内服务外，还可举办各项饰品搭配等专业基础知识讲座、咨询会等，使顾客能定期得到新的资讯。如通过与当地高校联合举办"饰品制作大赛"等活动，让目标消费者紧密地与秀秀饰品联系起来。

（3）使用推荐卡。秀秀饰品开发顾客的另一个方法是使用推荐卡，对于介绍新顾客的老顾客，秀秀饰品会给予一份礼品或者是免费提供一次服务（比如饰品的清洗）；对于老顾客尝试新服务则会给予适当让利。

问题：

1. 请根据对饰品行业的了解，谈谈饰品店进行顾客管理的必要性。

2. 秀秀饰品建立顾客数据库的目的是什么？

3. 秀秀饰品为什么要对其顾客进行分类管理？满足重点顾客的个性化要求的目的是什么？

4. 请对秀秀饰品发展新顾客的举措进行适当的分析评价。

第 10 章

建设市场营销团队

中国商谚

务实创新，敢为人先。

学习目标

※ 知识目标

- 了解企业内部营销的主要内容
- 熟悉营销团队的结构类型
- 掌握营销绩效管理的主要要求
- 理解市场导向型企业文化建设的重要性

※ 技能目标

- 能够依据市场特征与企业实际情况组建营销团队
- 能够合理确定营销团队绩效考核目标
- 能够科学地激励营销人员，管理营销团队

※ 素养目标

- 协作创新，培养团队合作精神
- 严于律己、务实创新，养成良好的职业习惯
- 主动融入组织文化建设，自觉践行社会主义核心价值观

【 思维导图 】

建设市场营销团队

- 市场导向型企业文化
  - 内部顾客理念
  - 内部营销与市场导向型企业文化建设
- 组建市场营销团队
  - 设定团队目标
  - 设计团队结构
  - 确定团队规模
  - 明确团队工作任务与报酬
- 管理市场营销团队
  - 营销团队管理的内容
  - 营销绩效管理

引例
团队管理精细化

近日，各大区年度销售任务下达，华北区明年的销量额要增长44%。作为大区经理，黄强感到"压力山大"。在公司业务会上，营销总监张总还指出，个别办事处内部气氛过于和睦，缺乏斗志，各区都有，其中就有华北区的邯郸；张总还提醒全国8个办事处，包括华北区唐山办事处，有可能会出现业务员离职高峰，区域经理要注意一线业务人员的思想工作。这一点更让黄强感到非常惊讶，因为张总近期并未到访过唐山，他是怎么得出的结论？这是真的吗？

为此，黄强决定亲自到唐山办事处了解情况。唐山办事处一共有6名业务员，近一段时间工作推进很快。唐山办事处经理李伟工作踏实、认真，对下属也颇为关爱，但唯一的不足就是沟通能力稍有欠缺。难道会是因为这个原因吗？黄强逐一与业务员进行了深度交谈。让黄强惊讶的是，几乎每一个业务员都有近期离职的打算！随后，黄强又来到邯郸办事处，这是一个他亲自表扬过的团队。但深入了解终端的情况后，他发现结果正如张总所言，这是一个和睦但无斗志的团队。

原来，张总的团队管理是建立在"大数据分析一线销售日志"的基础上，他据此进行精细化管理，提前发现了华北区的问题所在。

引例说明，市场营销团队的建设在于精细化管理，而精细化管理的手段是让数据说话，灵魂是上下达成共识，核心是管理者思路清晰、团队执行力强。市场营销团队是支撑企业发展的重要力量。那么，如何才能建立市场导向型企业文化、建设一个满意和忠诚的营销团队呢？这是本章需要探究与训练的内容。

10.1　市场导向型企业文化

健康的企业文化是营销团队建设的保证。市场导向型企业文化强调以人为本，通过尊重、理解、关心、依靠、发展和服务企业员工来充分发挥员工的主动性、积极性和创造性，以更好地实现员工个人目标和企业目标的契合。

市场导向型企业文化建立在内部顾客理念之上。

10.1.1　内部顾客理念

内部顾客（internal customer）是指组织内部结构中相互有业务交流的人群，包括组织中的所有成员。就企业而言，内部顾客包括股东、经营者和员工。内部顾客是相对于外部顾客（external customer）而言的。

在传统的经营理念中，顾客只是一个狭隘的概念，它仅仅指购买企业产品或服务的外部顾客。而从现代企业管理的理论来看，把顾客分为内部顾客和外部顾客往往比仅注重外部顾客有更广泛而又深远的意义。

在现代市场经济条件下，成功的企业特别是服务行业的企业，取得成功的秘诀主要是两个环节：一是具有与企业生产的产品或提供的服务相匹配的市场份额；二是企业内部具备科学的管理体制和高效的执行力。二者有机结合，相辅相成，缺一不可。对于前者而言，关键点在于客户的满意与忠诚度。而后者却与企业员工的保留率和工作效率息息相关。这就是内部顾客和外部顾客全面满意的问题。只有实现顾客的全面满意，才能最终实现企业的经济效益。

内部顾客的满意度对企业的生存和发展往往比外部顾客更为重要。首先，外部顾客要靠内部顾客去寻找、去发展，没有内部顾客就谈不上外部顾客。其次，内部顾客的满意度与工作效率是外部顾客满意度与忠诚度的前提和基础，外部顾客满意度是内部顾客满意度的目标和动力。可以说，内部顾客的满意度是企业创造目标价值的根本。

10.1.2　内部营销与市场导向型企业文化建设

在现代营销观念下，内部顾客的存在必然需要内部营销，而内部营销是建立市场导向型企业文化的重要基础。

1. 内部营销

内部营销（internal marketing）是指组织针对员工构成的内部市场，开展培训、评价与激励等一系列营销式协同活动，使员工的工作体系是顾客导向，使所有员工能够了解组织的目标并为实现这一目标而努力工作。

（1）内部营销的内涵。内部营销是内部顾客理念在企业营销管理中的体现，它基于这样的假设：第一，组织中的每个人都有一个顾客；第二，在员工有效地为顾客服务之前，他们必须像对待最终顾客一样服务于内部顾客并以此为乐。最初，内部营销被描述为"将雇员当作顾客，将工作当作产品，在满足内部顾客需要的同时实现组织目标"。

内部营销既是一种营销管理策略，更是一个营销管理过程。作为一种营销管理策略，内部营销的核心是培养员工的顾客服务意识。任何一家企业事先都应该意识到，企业中存在着一个内部员工市场，把产品和服务通过营销活动推向外部市场之前，应先将其向内部员工营销。作为一个管理过程，内部营销能以两种方式将企业的各种功能结合起来。首先，内部营销能保证企业所有级别的员工理解并体验公司的业务及各种活动；其次，它能保证所有员工准备并得到足够的激励以服务导向的方式进行工作。

内部营销可以是为了取得某一特定目标而采取的措施，这些措施具有短期性与针对性。短期内部营销措施可以帮助企业完成诸如实施新方案、适应内外部环境变化等方面的工作。内部营销更重要的是一个不断与员工分享信息、认可他们贡献的持续过程。这一持续的过程是构建市场导向型企业文化的基础，员工在这种文化氛围内遵循"我为人人，人人为客户"的理念。

（2）内部营销的重要性。内部营销的重要性主要体现在以下几个方面。

① 企业内部营销是外部营销的前提。

首先，在外部营销之前必须进行适当的内部营销。外部营销的主要功能是向外部顾客提出满足其需求的承诺，但是对外的承诺要靠企业内部员工的落实。如果员工对企业的外部营销计划缺乏了解或不具备所需的能力或动力，外部营销计划所设立的目标就成了空中楼阁。

其次，必须通过内部营销方式使企业中的"业余营销者"建立"顾客导向"意识。企业开展外部营销主要是为了建立和改善与以外部顾客为主的外部人员间的关系。而要很好地做到这一点，就必须先理顺内部关系，使企业员工真正做好思想上和行动上的准备。当前，营销不再仅仅由企业营销部门的专门人员来进行。尤其在服务领域，许多负责生产、送货、技术服务、客户投诉处理等传统业务的非营销活动的人员也会与顾客接触。他们的数量大大超过专业营销人员，这些人的技能、顾客观念和服务意识极大地影响着顾客对企业的感觉及其未来的消费行为。企业必须通过内部营销，设法使这些"业余营销者"具备必要的技能和正确的观念。

最后，外部营销计划执行前应首先进行内部营销，将其推向内部市场，接受内部顾客的检验，以提高其成功的可能性。如果企业内部员工对企业推出的新产品及其设定的价格等都不满意，则很难指望外部顾客会喜欢。

② 内部营销能极大地消除各部门之间的冲突，实现顾客导向和跨职能的

整合。

尽管人们普遍认为市场导向是必要的，但如何确立市场导向却是一项非常复杂和艰难的工作。在企业经营实践中常遇到部门冲突问题。从企业的生产流程看，一个产品或服务的最终产出必须有连续不断的各个部门的配合和协调生产。企业每个部门通常为其他部门提供某些产品或服务，同时又是企业内部不同部门产品的使用者。各部门都有各自的经营目标，设计部门追求的是完美的设计艺术境界，而不太在意原料成本与工艺的复杂程度；生产部门为节省成本，希望产品实行专业化和大规模生产；而销售部门欢迎多品种、小批量的产品，以适应消费者的多样化需求。各部门独立的经营目标之间由此产生了矛盾和冲突。

企业的成功依赖于在企业范围内建立市场导向，从企业产品或服务价值的形成过程可以看到，企业是由一系列密切相关的活动构成的，各种活动都直接或间接地对企业的产品或服务价值做出贡献。不同活动间的关系类似于买卖关系，每位员工或每个部门都有自己直接的顾客和供应商，每个部门和员工都有向相关部门或人员营销的职责。通过内部营销可以认清这种客观上存在的内部交换关系，这有助于促进部门间的合作，加深员工和部门对企业价值贡献的感性认识，在企业范围内真正实现顾客导向，从而使最终顾客满意。

③ 内部营销能促进组织的变革，使企业真正成为以市场为导向的现代企业。

市场导向型企业文化并不是在一夜之间，通过强制的方式实现的。它是企业通过内部营销的手段，逐渐使全体员工、所有部门树立起"顾客服务"意识的结果。内部营销是一种温和的方式，它不能命令或强制员工或部门接受某种思想、观念和计划，只能想方设法让人们主动接受。例如，营销部门根据市场反应，可能要求生产部门对某种产品作一定改变，这会相应要求改变生产作业方法。营销部门没有权力强行命令，而只能晓之以理，阐明利害，说服对方。所以，在内部营销方式的实施过程中，企业的运作方式、组织结构也会不断地引起变革。

2. 市场导向型企业文化建设

在市场经济条件下，企业必须根据外部顾客的需要生产经营，建设市场导向型企业文化。所谓市场导向型企业文化，就是指所有员工的工作都是以外部市场为导向，都是为外部顾客服务。这种观念要在企业内部深入人心，并以此来指导员工的行动，就必须在企业中开展内部营销。

内部营销能促进组织的变革，使企业真正成为以市场为导向的现代企业，其具体原因包括：

（1）内部营销可以培养市场导向型企业文化。在具有企业文化的企业组织中，关心顾客和服务导向是最主要的行为准则，而内部营销常常是实现这种文化的手段之一。通常这种情况下的内部营销有三个目标：① 使员工理解并接受企业的经营使命、战略、谋划、产品和服务；② 在管理者和管理人员中树立服务导向的管理和领导风格；③ 向员工传授树立顾客导向的沟通和相互作用的技能。

（2）内部营销可以维护市场导向型企业文化。市场导向型企业文化建立起来后必须积极地维护它，否则很容易退回那种以技术效率为主要指导原则的企业文化，即以生产为导向的企业文化。通过内部营销来维持市场导向型企业文化要实现三个目标：① 保证各种管理方法能够促进和增强员工的顾客导向及服务意识；② 保证员工能够得到连续不断的信息与反馈；③ 在向顾客推出产品或服务之前，先把它们推销给员工。在这种内部营销中，经理和管理者的表现十分重要，他们的管理风格以及管理上的支持和控制对维系市场导向型企业文化有很大作用。但由于管理者对产品的生产或服务、交付等过程以及实践中员工对具体问题的应对不能直接控制，因此往往要设法在企业内部营造出顾客至上的气氛，借以进行间接控制。

当然，企业要想通过内部营销真正实现构建市场导向型企业文化的目的，还必须从以下两方面入手，采取相应的措施。

一是员工培训。由于企业员工往往对自己作为生产者和营销者的双重责任了解不够甚至一无所知，因此，需要对他们进行必要的意识教育和技能培训。在多数情况下，训练是企业内部营销的基本方式。它的主要任务包括：帮助员工正确理解企业的使命与市场导向战略；使每个员工都清楚他相对于其他员工以及外部顾客所充当的角色；使员工树立一种完整的顾客导向观念；培养和强化员工的顾客导向型绩效态度；增强员工的沟通，培养员工的推销和服务技能。

二是管理支持与内部沟通。为了确保内部营销规划具有连续性，企业必须提供一定的管理支持并建立有效的内部沟通制度。企业管理部门可以通过日常管理活动确保正式训练计划连续进行；中高层管理人员应把对下级的积极鼓励作为日常管理的任务，让下级参与计划与决策，营造一个宽松的内部环境；应促进企业内部信息的流动，使员工之间能通过各种渠道进行信息的传递与反馈，确保员工及时、准确掌握企业新的顾客导向战略和工作方式，使他们能理解并接受新的战略、任务和思想方式。

同步案例
红牛的发展

背景与情境： 2021 年，红牛年营业收入额达到了 221 亿元，同比增长 4%。红牛从白手起家到 200 多亿元的年收入，其发展绝非偶然。有人说，这是产品、品牌、运营三者的紧密结合；也有人说，这是"渠道深耕＋人才体系建设"的成果。红牛从最早一罐一罐的铺市，到如今拥有 5 个区域销售总部、39 家营业单位、60 万家核心终端、400 多万个销售网点，业务团队细致的市场服务换来了今天日益扩大的市场规模。红牛的核心团队极其稳定，很多人在红牛一待便是十几年甚至二十几年。一直以来，红牛拼搏、奋进的企业文化使之牢牢聚集了一大批同样积极向上、锐意进取的优秀人才，这在人才流动频繁的快消行业是十分罕见的，这也从另一个侧面印证了红牛具有的独特企业文化。这种文化内驱力形成强大的团队凝聚力和竞争壁垒。红牛企业创始人曾亲自开着压路机将不合格和过期产品全部销毁，勇敢带领第一代红牛人"逢山开路、遇水架桥"的创业意志，起到极好的示范引领作用，形成"打不散、压不垮"的团队。

问题：根据案例查找相关资料，分析红牛发展的原因。

分析提示：独特的企业文化和与时俱进的人才培养机制是红牛不断发掘新人、培养新生力量的关键。各大市场区域发挥主动性，有针对性地培养营销骨干，理论联系实际，实践升级理论，将营销团队组建和市场运营统一化、标准化、流程化，这正是公司业绩增长的关键。

10.2   组建市场营销团队

市场营销团队是为实现企业或组织的营销目标，以一定的方式组建而成的群体。在这个群体中，既有分工又有协作，既发挥个人的专长，又实现集体的协同效应，从而实现企业营销目标的圆满完成。

市场营销团队的组建可以分为以下四个步骤：设定团队目标、设计团队结构、确定团队规模、明确团队工作任务与报酬。

微课：
营销团队
建设

10.2.1 设定团队目标

一个团队必须有明确的目标，否则团队的组建就没有依据。市场营销团队的目标一般是根据企业产品所处的不同生命周期决定的。一般来说，企业产品的生命周期分为四个阶段：导入期、成长期、成熟期和衰退期。根据企业产品生命周期的不同阶段可以设定市场营销团队的不同目标，如表 10-1 所示。

表 10-1 营销团队的目标

生命周期	营销团队目标
导入期	开发销售网络，提高产品知名度，快速提升产品市场占有率
成长期	拓展销售网络，提高产品美誉度，快速提升产品市场占有率
成熟期	稳定销售网络，提高产品销量，巩固产品市场占有率
衰退期	维护销售网络，巩固顾客关系，为新产品入市打好基础

此外，基础条件好的企业还可以将目标细化为定量指标体系和定性指标体系。这些指标体系的建立都能为企业市场营销团队的构建提供可靠的依据。

10.2.2 设计团队结构

常见的市场营销团队结构设计有以下四种。

1. 按产品组成市场营销团队

按照销售产品的品牌和类别不同，组建不同的市场营销团队。例如，康师傅产品分为三个大类：饮料、方便面和休闲食品，分别由不同的市场营销团队经营，各团队的业务基本上独立。

2. 按地区组成市场营销团队

根据地理位置划分出若干区域，组建相应的市场营销团队。一般大型公司都会实行大区管理，如将国内市场划分为华中、华北、东北、西北、华东、华南、西南几个大区，以大区为一级单位建制。也有公司为细化管理而不实行大区制，实行分公司制，如按省建立分公司。当然，低级别的业务单位也会划分不同的市场营销团队，如城市市场可以按照行政区域进行划分，每个行政区域由一个小的市场营销团队负责。划分的标准视公司区域业务管控目标而定。

3. 按销售渠道组成市场营销团队

这是目前多数公司比较流行的组建市场营销团队的方法。因为随着市场竞争越来越激烈，要想在竞争中取胜，必须对市场进行精耕细作，即对市场进行细分。例如，快速消费品厂商会将渠道划分为传统渠道和现代渠道并配备相应的团队；装饰材料厂商会将渠道划分为家庭装修渠道和工程装修渠道并配以相应的市场营销团队。

4. 复合市场营销团队

对于超大型公司而言，根据业务拓展的实际需要，可以组合以上三种方法组建市场营销团队。

10.2.3 确定团队规模

市场营销团队规模，是由企业的销售任务量、工作内容及工作量等来确定的。

1. 按照销售任务量确定营销团队规模

这是一种比较简单的确定营销团队规模的方法，适用于产品在不同销售区域或渠道差异不大的公司。例如，某空调企业计划 2022 年在广州的销售额为 1 亿元，若 2021 年的人均销售额为 500 万元，则 2022 年广州销售区域的营销团队可以定编为 20 人。

2. 按照工作内容及工作量确定营销团队规模

这是一种较复杂的方法，主要用于对市场进行精耕细作的企业。例如，某企业估计某区域市场有 A 类客户 60 个、B 类客户 300 个，A 类客户一年需要拜访 48 次，B 类客户一年需要拜访 12 次。这意味着该企业在该区域每年至少需要进行 6 480 次客户拜访。假设每个营销人员一年可以做 600 次客户拜访，那么该企业在该区域应该配备 11 名营销人员。

3. 结合使用上述两种方法确定营销团队规模

有些企业既做城市市场又做农村市场，城市市场需要精细化运作，农村市场则是做主要客户。在确定营销团队规模时，就可以结合使用上述两种方法：在农村市场制定一个目标销售量，根据目标销售量和人均销售量计算出所需要的营销人员数量；而在城市市场则根据工作量确定相应人数。

10.2.4 明确团队工作任务与报酬

1. 明确团队工作任务

明确营销团队每一个成员的工作任务，对营销团队管理十分重要，是营销团队考核评价与激励的前提条件。具体来讲，要做好以下几项工作：① 设计营销工作岗位，对不同岗位的职责、权利以及不同岗位在整个企业营销中所处的位置和上下游关系进行描述和分析；② 确定每一个工作岗位的工作范围、工作内容，如市场开拓、销售、服务等；③ 确定每一个工作岗位的具体工作目标。

2. 制定报酬

营销团队的报酬是指营销人员个人获得的以工资、奖金及以其他金钱或实物形式支付的劳动回报。从广义的角度讲，还包括销售人员的福利待遇、带薪假期及其他的物质和精神奖励。制定合理的报酬对于企业来讲至关重要。因为，报酬过高虽然可以激发营销人员的工作积极性，但会增加企业营销成本，降低企业的利润，影响企业的发展；报酬过低又会挫伤营销人员的工作积极性，甚至造成人员流失，进而影响企业的销售，也会影响企业的发展。

（1）基本报酬方式。对于营销团队一般有三种常见的基本报酬方式。

① 薪金制。对营销人员实行固定工资制，不管其当期销售任务完成与否，都保持一个工资标准。一般用于最基层员工或临时员工。主要是由于起薪比较低，如果分拆各组成部分很少，不具有吸引力。这种方法的优点在于：简单易行，易于管理，可在一定程度上降低员工的流动性。其缺点在于：不能对营销人员形成有效激励，容易形成"吃大锅饭"的局面，影响团队效率和士气。

② 提成制。即按销售额、销售量或者销售利润的一定比例进行提成作为报酬。销售人员没有基本工资，收入完全依赖自己业绩的好坏，而且上不封顶。其主要适合有一定经济基础和行业工作经验，敢于挑战自我的营销人员。优点是企业降低了经营风险，没有销售就不支付工资，同时，可以调动销售人员的积极性，对团队有激励作用。缺点是对于新员工或没有经济基础的员工缺乏保障，若市场开发难度大，容易造成员工流失，影响团队的稳定。

③ 薪金加提成。这是多数企业比较常用的方式，结合了前两者的优点，既保障了团队的稳定性，又对团队起到了一定的激励作用。但如何确定两者的比例在具体操作时有一定的难度。

（2）奖金福利津贴制度。企业的奖金福利津贴制度也可以归入企业文化。企业的奖金福利津贴制度是其对员工认同度的体现，是员工维系与企业之间情感的基础。作为工作在一线的营销团队，由于长期在外，工作强度大、压力大，所以更需要企业的认同和关怀。企业可以通过奖金福利津贴制度来传递公司对一线营销人员的肯定和激励。

① 奖金制度。顾名思义，奖金是给予表现突出的营销人员的奖励。若工资体现了公平，则奖励就体现效率。设置奖励主要有两项功能：一是奖励先进，激发士气，保持团队战斗力；二是调节分配，形成内部竞争，对后进者形成督促、鞭策作用。奖金的运用一定要得当，否则不仅无法起到激励的作用，还会挫伤团队人员的积极性。设计奖金制度时要特别注意做到：公开奖金考评办法、考核标准；考评公正、公示考评结果；奖金发放及时、足额。

② 福利制度。福利制度是企业以人为本的最主要的体现，企业可以通过各种福利传达公司对员工的关怀。越是管理先进、制度完善的公司越重视员工福利。很多管理者认为福利能够给企业带来的效应远远大于支付的钱物。常见的福利形式有节日福利、生日福利、孕婴福利等。

③ 津贴制度。津贴是除正常薪酬之外给营销人员发放的补助。它体现了企业以人为本的宗旨和对一线员工辛苦工作的认可。常见的津贴有差旅补助与误餐补助等。津贴可以根据公司业务的需要量力而行，并保持较大弹性。

实训目标：该训练项目帮助学生掌握营销团队设计的基本技能。

实训内容：设计一份"×× 公司 ×× 产品营销团队设计方案"。

实训要求：

（1）明确"营销团队设计方案"在企业营销团队建设中的重要意义。

（2）运用本节所学知识结合营销基本原理，以自己所了解的某一企业的某一种产品为例，完成一份"×× 公司 ×× 产品营销团队设计方案"。

（3）要求教师提供"×× 公司 ×× 产品营销团队设计方案"的设计范例，并对学生设计的方案及完成过程进行点评。

实训步骤：

（1）学生分组调研讨论，选取适当的企业与经营产品。

（2）确定工作步骤，制定工作计划，明确每一步骤的工作内容与完成时间。

（3）实施调研与分析。

（4）编写"营销团队设计初步方案"。

（5）修订完善"营销团队设计方案"，并提交最终方案。

组织形式：以学习小组为单位，每小组制作一份"×× 公司 ×× 产品营销团队设计方案"。

考核要点："营销团队设计方案"的完整性、正确性、可操作性和创新性等。

10.3　管理市场营销团队

设计合理的营销团队是实现企业或组织营销目标的前提，管理好营销团队则是实现企业或组织营销目标的关键。

10.3.1　营销团队管理的内容

营销团队管理包括以下两个方面。

1. 营销团队的日常业务管理

日常业务管理是营销团队管理的重要组成部分。要保持营销团队的高效运作，企业不仅要有成熟、完善的管理制度，而且要通过日常业务管理保证这些管理制度执行到位。日常业务管理通常包括三个部分：顾客拜访管理、报表管理和会议管理。

（1）顾客拜访管理。营销团队的重要任务之一就是对顾客进行拜访，与顾客谈判并达成交易。营销人员是公司产品与顾客之间的纽带，是企业形象的代言人。企业对营销人员拜访顾客一般要规定严格的流程和注意事项。

顾客拜访管理的主要内容有：

① 拜访路线管理：为节省时间，提高拜访效率，营销人员在拜访前需要对其拜访路线进行提前规划，制定出相应的拜访路线图和拜访顺序表。

② 拜访流程管理：业务团队要根据企业的业务特点为自己的团队成员制定规范详细的拜访流程，并对实施情况进行定期检查，以保证拜访成功率和其他营销目标的实现。

③ 拜访量化管理：用多个指标对营销人员拜访顾客应完成的任务进行量化管理，以确保拜访的绩效。常用的量化指标有每日拜访顾客家数、拜访顾客成功率、日销售额等。

（2）报表管理。报表是管理的工具，完善的报表填写不仅可以了解营销人员的工作情况，而且可以了解其他市场信息。不同企业、不同业务团队所要填写的报表不同，一般情况下，营销团队需要填写的报表有周工作计划表、日工作报表、周工作报表、客户资料表和市场信息表。

报表管理的主要内容是：① 定期检查报表填写情况，及时指出错误；② 将报表填写情况列入考核，与绩效挂钩；③ 定期进行报表管理的培训，使员工认识到报表的作用和重要性。

（3）会议管理。营销团队日常管理的一个重要内容是会议管理。很多企业的营销团队有早会、夕会、周例会和月会等形式的会议，最常见的是早会和夕会。

① 早会管理：一日之计在于晨，营销团队在早会可以解决很多问题。可以利用早会对员工进行培训，针对营销团队在前一天所遇到的问题，由管理者进行总结进而找出应对的办法；可以利用早会做出一天的工作计划安排；还可以利用早会鼓舞士气。

② 夕会管理：夕会适宜于工作总结。一天工作结束之后，营销人员回到公司，会将一天的工作情况进行记录，将工作业绩和所遇到的问题进行上报。主管人员需要做详细的记录并将工作业绩通报给有关人员，现场能够解决的问题立即解决，若不能解决的给营销人员提出建议或解决的时间。

2. 营销团队的用人管理

营销团队的用人管理包括人员的选聘、培训、评价与激励。

（1）选聘。团队成员选聘管理的主要内容有：

① 制定选聘原则：为了能选聘到合适的人选，必须根据营销团队目标制定

选人的基本原则。

②制定选聘标准：根据营销工作岗位职责与工作任务，对选聘人员能力、专业技术知识、工作经验、学历和个人素质等方面提出要求。

③选择招聘渠道：根据营销团队目标、选聘标准及各种招聘渠道的特点，确定通过哪种或哪几种渠道实施人员选聘。招聘渠道通常包括媒体招聘、校园招聘、企业内部招聘、人才市场招聘、中介机构招聘、从同业竞争对手那里招聘、推荐介绍招聘等形式。

④实施选聘：通过一定的面试评估程序对应聘人员进行甄选。常见的选聘程序有人事部门初选、部门主管复试、副总或总经理复试、评估、录用通知等。

（2）培训。团队成员培训管理的主要内容有：

①确定培训目标：培训要想达到理想的效果，必须事先设定明确、切实可行的目标。常见的培训目标有掌握专业知识、提升销售技巧、增强士气、增加员工对企业的了解、加强员工自我管理等。

②制定培训内容：根据培训目标选择确定相应的培训内容。

③确定培训时间和地点：根据企业实际选择合适的培训时间与地点。

④选择培训方式：根据员工的不同需要可选择现场培训、课堂培训、上岗培训等方式进行培训。

⑤选择培训师：根据培训目标、内容、方式等，确定是由外部职业培训机构的培训师或相关行业的专家来进行培训，还是由企业内部管理者或培训部门培训师来进行培训。

⑥实施培训与培训反馈：培训之前应告知学员培训所要达到的目的，并明确培训的考核标准；培训过程中定期或不定期地检查培训效果；培训结束后进行培训考核；向学员征求对培训内容及培训师的意见和建议。

（3）评价与激励。对营销团队成员的工作业绩与工作过程进行评价，以及采取各种措施调动员工的工作积极性、提高工作效率等。这些内容将在10.3.2中详细讨论。

10.3.2　营销绩效管理

营销绩效管理（marketing performance management）是指根据企业营销目标与员工工作任务，对营销人员的工作业绩与工作过程进行评价，并据此对员工进行激励的过程。

营销绩效管理一般包括营销目标与计划的制定、营销人员评价和营销人员激励等环节，是管理者与员工双向沟通的重要途径。通过营销绩效管理，一方面使员工能够明确自己的工作目标，及时地获得对自己工作业绩的反馈，发扬成绩，改正错误，提高工作效率；另一方面，管理者也可以以此为依据，表扬和激励员工，使营销团队的表现达到并超越企业的营销目标。

1. 营销人员评价

营销管理必须有效、高效，而营销人员工作的效率需要科学地评价。

（1）评价的主要内容。一般包括定量的业务指标评价和定性描述的具体内容评价。

① 定量的业务指标评价。具体业务指标主要包括销售达成率、活跃客户比率、新增客户数、客户平均成交量、销售投入产出比等。

A. 销量达成率：实际完成的销售量与目标销售量的比例。销量达成率应该保持一个相对稳定的水平。销售达成率过低，要么是目标定得不准确，要么是营销人员不够努力或缺乏销售技能；销售达成率过高，则可能出现营销人员压货的情况。

B. 活跃客户比率：活跃客户是指在一定周期内连续成交的客户，这些客户是公司有效的客户。活跃客户比率高低反映了一个营销人员维护客户的能力。

C. 新增客户数：新增客户数的多少反映了一个营销人员拜访客户的努力程度和开发客户能力的高低。

D. 客户平均成交量：这个指标用来反映营销人员所在区域客户经营本企业产品的能力。一般来讲该指标越大越好，因为多数客户既经营本企业产品又经营竞争对手的产品，本企业产品的客户平均成交量高，说明本企业产品在竞争中占有相对优势。

E. 销售投入产出比：该指标表示销售成本与销售收益的比例关系，反映营销人员销售活动效率的高低。

② 定性描述的具体内容评价。

A. 销售技巧：是指营销人员在培训后对销售技能的掌握状况，可以分成若干等级。

B. 专业技术和产品知识：是指销售人员对于专业技术和产品知识的了解及掌握程度。

C. 自我管理：是指营销人员学习提升、心理态度、计划活动、时间管理、生活规划、情绪管理等方面的管理能力。

D. 专业形象：是指营销人员礼仪、仪态、仪表等外在表现和待人接物等方面的表现。

E. 报表质量：主要是指营销人员销售报表（如日活动表、客户登记表等）的记录完善程度，以及起草的文件、会议纪要、制定的计划和品质调研报告等的质量。

（2）评价的流程。

① 设定考评指标体系和评估标准。通过销售人员岗位描述和工作分析，明

确职责要求，将营销人员的工作进行量化，建立指标体系，对每个指标设立相应的评价标准。当这个绩效考评系统建立起来以后，下发给相应岗位的营销人员，使营销人员知道自己的工作标准，使其合理分配自己的时间，达到事前控制的目的。要注意的是，各项指标一定要制定得合理，使营销人员经过努力可以达到，否则会起到相反的作用。

② 记录绩效评估的过程。从进入绩效评估期开始，主管要进行观察，每月、每周评估销售人员的各项指标和工作完成状况，做好记录，并进行及时的辅导和纠正，着重于过程的管理。评估期结束后，做一个总的评估，填写绩效评估表。

③ 讨论并沟通评估结果。将最终的评估结果公布给下属，做好沟通并提出下一阶段培训方向和培训内容的建议。

（3）评价的注意事项。

① 将业务指标和具体内容进行权重分配，再将每一项进行分值配比。

② 按照实际达成和观察结果进行评分。

③ 定期公布绩效考评修正准则、评估内容和时间安排。

④ 定期将考评结果与销售人员沟通交流，征询意见，提出建议，最终做出评分和决定。

⑤ 绩效考评每月都要进行，考评人为主管上级，考评的结果将记录在案，作为员工晋级、晋升的依据。

2. 营销人员的激励

营销团队的管理，不仅在于吸引优秀营销人员，更在于激励与留存优秀营销人员。企业应通过有效激励手段，使自己拥有一支优秀的、稳定的营销管理团队。

（1）激励理论。营销人员的激励是在一定的理论指导下进行的。这些理论包括：马斯洛需求层次理论、双因素理论、人性假设理论和期望定律等。

① 马斯洛需求层次理论（demand levels theory）。马斯洛需求层次理论认为，人的需求由低到高分为五个层次，即生理需求、安全需求、社会需求、尊重需求和自我实现需求，在满足了低层次需求的前提下才能逐步向更高的需求层次过渡。

② 双因素理论（two-factor theory）。管理学家赫兹伯格认为，员工的状态往往处在非常满意和非常不满意这两个极端的中间状态，既说不上很满意，也不是很不满意。能使员工摆脱非常不满意的状态而继续留在企业工作的因素称为保健因素，通常表现为一些物质性因素，如薪金、地位、安全、工作环境和政策等。能使员工进入非常满意状态，从而在工作中激发潜力，更加努力地创造绩效的因素称为激励因素，通常表现为一些精神性因素，如工作本身的吸引力、赏识、进步、成长的空间、事业成就感和工作责任等。

③ 人性假设理论（humanity hypothesis theory）。管理学家们借助于对人性的假设，把人性分成两个相对立的理论，即 X 理论和 Y 理论。X 理论认为，人性基本上是消极的，所以人类生来讨厌工作，消极被动，缺乏进取心和责任感，必须强迫和威胁才能很好地完成工作。Y 理论则认为，人性基本上是积极的、向上的，人们视工作如娱乐，能够主动完成工作，勇于挑起重担；通过有效的激励，就能积极向上、自我引导和自我控制，普遍具有创造性的能力；能够与企业同生死，共患难，求得双赢。但在实际生活中，员工往往既不是简单的 X 型，也不是简单的 Y 型，而是既有 X 型又有 Y 型，积极和消极两种品格共存于一身。因此，应当将双因素理论中的保健因素和激励因素结合在一起，更多地依赖企业的管理制度和企业文化规范员工行为，推动员工走向成功。

④ 期望定律（law of expectation）。期望定律认为：当人得到渴望已久的深厚期望时，会因受到激励而自信心大大增强，依靠这种力量，人会加速成长。这说明员工的绩效实际上与管理者的期待成正比。根据期望定律，管理者希望员工创造出多少绩效，就要相应地给予员工同等的期望和鼓励。这样，员工才能不断地提高工作水平，管理者的满意度才会越来越高，员工的表现也会越来越好，从而创造出更大的绩效。

（2）激励方法。在实际营销实践中激励的方法有很多，主要包括：

① 物质激励：主要指薪金收入、福利待遇、额外奖励等。但要注意激励量的把握，做到有弹性、公平、公开和公正，并掌握适当的激励频率。

② 精神激励：包括荣誉、表彰、培训、晋升、信任、参与和管理等。这种激励需要注意形式、内容、刺激力度和弘扬团队精神等问题。精神激励是销售人员的"维生素"，多给员工一些关心、欣赏和鼓励是最易行、最有效、成本最低的激励方法。

③ 目标激励：将大的目标分解为小段的个人目标，使其更具有针对性、明确性、可测性和挑战性。另外，可以设定最低限，当某人的表现低于最低限时，就要受到降职，甚至开除的处分，使员工时刻有一种危机意识，不敢对工作有丝毫的懈怠。

④ 强化激励：即利用批评与表扬、奖励与惩罚的手段，进行正激励和负激励。奖励最好多于惩罚，因为没有受到奖励的本身便相当于一种处罚。把激励这柄双刃剑用得恰到好处，就会使激励的正面效应远大于其负面效应。

（3）激励原则。企业进行营销人员激励时必须遵守以下两个原则。

① 因人而异的原则。实施激励前需要了解员工的个性、类型、所处环境和激励需求，做到因人而异。

② 因时而异的原则。在员工成长的不同阶段要采取不同的激励方法。在成长阶段，员工的意愿高、热情高、干劲足，适合使用期望激励法，加强目标激励和情感投入；在失落阶段，员工由于遇到很多挫折，处于情绪低落期，这时

需要真诚的赞美、明确的物质回报承诺；在成熟阶段，员工趋于保守，性格定型，漠视挑战，需要适时肯定其成绩，指出他们的发展方向和前景，多运用目标激励、晋升、培训进修等方法；在巅峰阶段，则需要特殊的荣誉激励和强化激励方法。

🏷️ 职业道德与营销伦理
销售团队绩效考核中的职业道德问题

背景与情境： 老马是某机电公司广州销售部的经理，手下有 6 个销售业务员。现在，公司总部给广州销售部下达了 3 000 万元的 2023 年度销售额指标。为了自己能顺利完成这一任务，老马在做销售部年度销售计划时给每个业务员下达了700 万元的指标。同时，由于业务员小张是前年跟随老马从其他公司跳槽过来的，老马也想给予小张一些照顾。尽管同样分配了 700 万元的销售任务给小张，老马特意将 2 个优质大客户从其他业务员处调配给了小张。

问题： 请从职业道德的角度分析老马的行为。

分析提示： 作为销售部经理，老马对部门销售人员的绩效考核指标及考核标准具有决定性的影响力。公平、合理地设置绩效指标与考核标准是销售经理的职责，也要求经理在履行这些职责时必须遵循一定的道德规范。老马存在两个主要的道德问题：① 分配给业务员的销售额指标与公司分配给自己的指标不匹配，在业务员完成各自任务的情况下，老马可以超额完成公司的任务，这使得老马与业务员的绩效考核没有处在同一水平线上。② 对小张的照顾，形成了业务员之间的不公平，不利于部门整体目标的实现。

学习训练

▲ 单选题

1. 作为一种营销管理策略，内部营销的核心是（　　）。

　A. 保证企业所有级别的员工理解公司的各种业务活动

　B. 培养员工的顾客服务意识

　C. 保证所有员工得到足够的激励

　D. 营造便于内部沟通的工作氛围

2. 以下选项中，不属于基本报酬方式的是（　　）。

　A. 薪金制　　　　　　　　　　　B. 提成制

C. 薪金加提成　　　　　　　　D. 津贴制度

3. 马斯洛的需求层次由低到高依次是（　　　）。

A. 安全需求，生理需求，社会需求，尊重的需求，自我实现的需求

B. 尊重的需求，生理需求，安全需求，社会需求，自我实现的需求

C. 生理需求，尊重的需求，安全需求，社会需求，自我实现的需求

D. 生理需求，安全需求，社会需求，尊重的需求，自我实现的需求

4. 处在产品成长期，市场营销团队的主要目标是（　　　）。

A. 快速提高产品铺市率　　　　B. 快速提高产品市场占有率

C. 巩固产品市场占有率　　　　D. 为新产品入市打基础

5. （　　　）是现代企业以人为本的最主要体现。

A. 薪资制度　　　　　　　　　B. 奖金制度

C. 津贴制度　　　　　　　　　D. 福利制度

▲ 多选题

1. 下述关于内部营销的表述中正确的有（　　　　）。

A. 内部营销是一种营销管理策略

B. 内部营销是一个营销管理过程

C. 内部营销可以是为了取得某一特定目标而采取的短期性措施

D. 内部营销可以是一个不断与员工分享信息、认可他们贡献的持续过程

2. 通过内部营销实现构建市场导向型企业文化的目的，可以采取（　　　　）基本措施。

A. 员工培训　　　　　　　　　B. 管理支持

C. 内部沟通　　　　　　　　　D. 营造一个宽松的内部环境

3. 常见的组建销售队伍结构的方法有（　　　　）。

A. 按产品组成营销团队　　　　B. 按地区组成营销团队

C. 按销售渠道组成营销团队　　D. 组成复合型营销团队

4. 以下选项中，属于营销团队的日常业务管理有（　　　　）。

A. 顾客拜访管理　　　　　　　B. 报表管理

C. 会议管理　　　　　　　　　D. 用人管理

5. 根据双因素理论，以下选项中属于保健因素的有（　　　　）。

A. 薪金　　　　　　　　　　　B. 成长的空间

C. 福利　　　　　　　　　　　D. 办公条件

▲ 判断题

1. 外部顾客的满意度对企业的生存和发展往往比内部顾客更为重要。（　　　）

2. 建设市场导向型的企业文化是内部营销任何一项具体活动的最终目标。
(   )

3. 营销团队的目标一般是根据企业产品所处的生命周期的不同制定的。
(   )

4. 马斯洛需求层次理论认为，只有满足了低层次需求，人才会产生更高层次的需求。(   )

5. Y 理论认为，必须受到强迫和威胁才能很好地完成工作。(   )

▲ **案例分析**

某生物科技制药公司销售团队的激励措施

背景与情境： 某生物科技制药公司（以下简称 A 公司）生产销售一种止血制品。该公司在原料供应、生产、技术与研发、库管、物流、客服等环节的管理越来越顺畅，但就是在产品销售方面一直没有出色的表现。

问题出在 A 公司对销售人员的激励方面。A 公司规定销售人员每月有一定底薪并享受一定的业务提成；提成比例不随销售额的变化而变化；提成额有一定上限。这一做法导致销售员们的积极性不高、业绩上不去。

为了改变这一局面，A 公司对销售人员的激励变为：不设底薪只设业务提成；提成率随销售额的上升而增加；提成额上不封顶。结果，销售业绩上升了不少。但是新的问题又出现了：销售人员的收入差距拉得很大，有的年收入数十万元，有的年收入仅二三万元；销售能力差的业务员因为没有底薪，危机感太强离职；销售能力强的业务员，开始依仗自己的作用与地位与公司讨价还价拿姿态，甚至有个别人离职并带走了不少客户。这导致公司没有完成当年的销售目标。

问题：

1. A 公司原来的销售人员薪酬激励措施有什么问题？

2. A 公司新的薪酬激励措施又有什么问题？

3. 应该如何改善 A 公司销售人员的薪酬激励效果？

▲ **实践演练**

"营销绩效管理方案程序化运作"训练

【**实训目标**】

1. 能够依据营销团队管理基本原理确定营销绩效管理的目标。

2. 能够规范编写营销绩效考核程序化工作方案。

3. 能够评估营销绩效管理运作情况并提出改进建议。

4. 培养革新创新、与人交流、数字应用、自我学习等核心力。

5. 养成良好的职业情感和职业理想。

【实训内容】

组织一次营销绩效管理方案研制活动。让学生进行营销绩效管理方案制作，对营销绩效管理方案有更深入的了解，编写营销绩效管理方案。通过实训，培养相应的专业能力与职业核心能力；通过践行职业道德规范，促进健全职业人格的塑造。

【组织形式】

将班级学生分成若干实训小组，根据实训内容和项目需要进行角色划分。

【实训要求】

1. 将职业核心能力与职业道德和素养训练融入专业能力训练。

2. 对本次实训活动进行总结，完成本次实训课业。

【情境设计】

×× 公司是一家开发、生产、销售健身器材的中型企业，产品在 G 市市场上属于市场开发阶段。该公司在 G 市设立了销售办事处，负责 G 市的市场开发与产品销售工作。该公司希望把 G 市市场作为战略市场进行开发，经过 3 年的努力使公司成为 G 市同行业的领先者。为完成公司在 G 市的战略目标，G 市销售办事处经理需要制定该办事处的营销绩效管理方案，对所属营销人员进行营销绩效管理。

以此为背景，分组组建公司营销团队，并按照营销绩效管理方案制作的程序和方法，确定营销绩效管理的目标，撰写、交流、修改和展示《G 市销售办事处营销绩效管理方案》，体验营销绩效管理方案研制的程序化运作的全过程。

【实训时间】

本章学习后的课余时间，用一周时间完成。

【操作步骤】

1. 将班级学生分成若干个实训小组，模拟公司营销团队进行角色分工，由教师布置实训任务。

2. 各小组找一家与该公司类似的真实企业，了解、分析、评价其营销绩效管理方案。

3. 各小组确定营销绩效管理的目标，运用营销绩效管理研制的程序和方法依次进行。

4. 教师指导各小组进行营销绩效管理程序化运作的组织与实施。

5. 各小组撰写《G 市销售办事处营销绩效管理方案》。

6. 各小组分析评价《G 市销售办事处营销绩效管理方案》。

7. 在班级交流、讨论各小组完成的《G 市销售办事处营销绩效管理方案》，教师对交流情况进行点评。

8. 将附有教师点评的各小组《G 市销售办事处营销绩效管理方案》在网

络平台上展示，供学生相互借鉴。

【成果形式】

撰写《G 市销售办事处营销绩效管理方案》。具体的结构与体例请参照书后的市场营销综合实训范例。

市场营销综合实训

"市场营销知识综合应用"训练

【实训目标】

1. 能够依照市场营销基本原理调查、分析相关资料。

2. 能够运用整合营销原理实施企业营销优化。

3. 能够进行企业营销绩效评估。

4. 能够根据企业营销运作实际情况提出合理化改善建议。

5. 培养自我学习、革新创新、团队合作、数字应用等核心能力，解决问题。

6. 养成良好的职业素养、职业理想、职业情感和职业守则。

【实训内容】

进行一次企业营销优化实践训练。这个企业可以是校园实习公司、校内经济实体或社会真实企业。通过实践训练，培养相应的专业业务能力与职业核心能力；通过践行职业道德规范，促进健全职业人格的塑造。

【组织形式】

将班级学生分成若干实训小组，根据实训内容和项目需要进行角色划分。

【实训要求】

1. 将职业核心能力与职业道德和素养训练融入专业能力训练。

2. 对本次实训活动进行总结，完成本次实训课业。

【情境设计】

每个实训小组选择一家已开展营销业务的企业（如校园实习公司、校内经济实体），结合市场营销知识综合应用的课业要求，对该企业营销决策及业务运作现状进行调查研究，分析其成功经验与不足之处。在此基础上，为其量身定制基于市场营销知识综合应用的《××公司营销运作优化方案》，通过撰写、交流、修改和展示《××公司营销运作优化方案》等活动，系统体验市场营销知识综合应用程序化运作的相关操作，并总结反思，完成《市场营销知识综合实训报告》。

【实训时间】

在本课程全部章节内容学习完成后，安排一周时间完成。

【操作步骤】

1. 将班级学生分成若干个实训小组，模拟公司营销团队进行角色分工，由教师布置实训任务。

2. 各小组确定调研企业，依照市场营销基本原理调查、分析相关资料。

3. 各小组进行市场营销知识综合应用的组织与实施。

4. 教师指导各小组运用整合营销原理实施优化和评估市场营销绩效。

5. 各小组撰写《××公司营销运作优化方案》和《市场营销知识综合实训报告》。

6. 各小组分析评价《××公司营销运作优化方案》和《市场营销知识综合实训报告》。

7. 在班级交流、讨论各小组完成的《××公司营销运作优化方案》和《市场营销知识综合实训报告》，教师对交流情况进行点评。

8. 将附有教师点评的各小组《××公司营销运作优化方案》和《市场营销知识综合实训报告》在网络平台上展示，供学生相互借鉴。

【成果形式】

撰写《××公司营销运作优化方案》和《市场营销知识综合实训报告》。

【实训范例】

市场营销知识综合应用实训报告
——××学院 2022 级市场营销（2）班第 3 营销团队

一、营销团队成员及分工

（一）团队成员

队长：张军

成员：李明、姚红、郭文、陈燕

（二）组织分工

（1）张军负责营销团队组织统筹工作，制订工作计划并审查修改实训报告。

（2）李明负责校园需求市场调查及资料收集整理分析工作。

（3）姚红负责"绿色营养驿站"经营现状分析与勤工俭学学生评价。

（4）郭文负责"绿色营养驿站"营销运作优化方案设计初稿。

（5）陈燕负责撰写《市场营销知识综合应用实训报告》初稿。

（6）全体团队成员参与各环节的具体工作，包括《"绿色营养驿站"营销运作优化方案》及实训报告的讨论与修改。

二、实训过程

（1）本团队根据具体的实训任务，首先选取了在校园中已经开业多年的"绿色营养驿站"作为实训课业研究对象，并进行了上述的角色分工。

（2）本团队依照"市场营销知识综合应用"训练的操作步骤，系统体验从市场营销知识综合应用视角出发，就"绿色营养驿站"营销决策和业务运作中的不足之处提出优化建议或解决方案，并系统体验其各项操作。

（3）本团队在"市场营销知识综合应用"的上述"专业能力"基本训练中，融入"职业核心能力"强化训练和"职业道德"相关训练。

三、实训总结

根据课程学习安排，在专业老师的指导下，我们进行了为期一周的"绿色营养驿站营销运作优化方案"实训，完成了实训任务，达到了预期目的。

第一，明确实训任务。本次实训的任务是：将"市场营销概论"的基本知识、基本原理运用到校园的"绿色营养驿站营销运作优化方案"中，以特定的视角分析"绿色营养驿站"营销决策和业务运作中的不足之处，并提出优化建议或解决方案，系统体验其营销工作流程中的各项操作。根据这个任务，我们小组按四个环节进行实训：① 集中讨论了分工及调查提纲等；② 分别进行了校园需求调查、"绿色营养驿站"经营现状分析与师生评价；③ 进行了营销方案的优化设计；④ 征求了"绿色营养驿站"经营团队的意见并修改了方案。累计共用 6 天时间完成。

第二，以营销团队为单位，发挥团队合作精神，完成实训目标与任务。本团队共 5 人，由张军担任队长。张军负责营销团队组织统筹工作，制订工作计划并审查修改实训报告；李明负责校园需求市场调查及资料收集整理分析工作；姚红负责"绿色营养驿站"经营现状分析与勤工俭学学生评价；郭文负责"绿色营养驿站"营销运作优化方案设计初稿；陈燕负责撰写实训报告初稿。在整个实训过程中，我们团队 5 人能够既分工负责，又密切合作，所以大家普遍得到了训练与提高，并顺利地完成了实训任务。

第三，我们认真重温了"市场营销概论"的基本知识和基本原理，把握要点、抓住关键。根据市场营销原理，我们从"现代市场营销理念"切入，分析"绿色营养驿站"的营销环境和现有的营销规划及管理制度，再从"绿色营养驿站"的产品种类、价格制定、促销方式与策略整合，以及校园师生认同度和经营（营销）团队建设等方面进行调研分析，在充分肯定校园"绿色营养驿站"的经营特色及成效的基础上，就其营销决策和业务运作中的不足，提出优化建议，使全体团队成员系统体验了一家已经运营的真实企业营销工作整个流程及其各项操作。

第四，理论联系实际，注重研究与创新，提出了"绿色营养驿站"的新的营销设想。例如，根据"绿色营养驿站"的目标定位及特定的校园环境，提出"在'绿色、健康、营养'理念基础上，建议加强'环保消费导向'，以提升消费者尤其是青年学生保护环境的社会责任感"；"加入产品制作工艺流程体验环节，让师生不仅可以尝试到鲜美营养可口的食品，还可以亲自尝试制作，增加消费吸引力"；"在实体店的基础上开通网上销售平台，线上线下营销方式相结合"；等等。

第五，撰写并反复讨论修改了"绿色营养驿站营销运作优化方案"，并进行班级学习交流，接受同学和老师的点评。通过交流和点评，我们深感专业学习以及理论联系实际、加强实践的重要性，同时也从其他团队的汇报中得到启发。在这次实训中，我们也存在不足之处，一方面是知识准备还不足，毕竟是刚刚学习市场营销理论，对市场调查方法及营销方案设计规范与技巧的学习与理解还比较零碎，导致市场调研和资料处理方面有遗漏或需要返工，对营销运作优化方案的撰写也不够严谨；另一方面，实践经验不足，在思考问题尤其是对优劣势的把握和促销措施的设计还考虑不周，个别组员工作不够细致。这些都有待于今后加强专业课程知识的学习、思考与实践。

第3营销团队成员：张军、李明、姚红、郭文、陈燕
指导教师：杨群祥

2023 年 1 月 10 日

附件一

实 训 计 划
（第 3 营销团队）

首先，本团队根据本课程——"市场营销概论"收官性综合实训的要求，首先成立学习小组，并进行角色分工，协作完成。其中，由张军担任队长，负责组织统筹工作，制订工作计划并审查修改实训报告；李明负责校园需求市场调查及资料收集整理分析工作；姚红负责"绿色营养驿站"经营现状分析与勤工俭学学生评价；郭文负责"绿色营养驿站"营销运作优化方案设计初稿；陈燕负责撰写实训报告初稿。全体团队成员参与各环节的具体工作，包括《"绿色营养驿站"营销运作优化方案》及实训报告的讨论与修改等。

其次，确定实训企业对象及实训重点。本团队以就近为原则，选取已经开业多年的"绿色营养驿站"作为实训课业研究对象，并对其经营现状、营销策略进行调查分析，重点是对"绿色营养驿站"的营销决策和业务运作中的不足提出优化建议，并系统体验其各项操作。

再次，在实训前做好"市场营销概论"原理知识的归纳与准备，包括现代市场营销理念、分析市场营销环境、识别市场营销机会、制定市场营销规划，开发产品策略、实施价格策略、建立渠道策略、整合促销策略、创造顾客价值和建设市场营销团队等知识的应用。

最后，确定实训步骤，本次实训将用 6 天时间分四个环节进行，具体进度如下表所示。

时间		实训内容	备注
第一天	上午	主要讨论工作分工、调查提纲、交流情况和制订工作计划及预案等，由张军主持	
	下午	校园需求调查，师生评价，资料收集、整理，李明负责组织	

时间		实训内容	备注
第二天	全天	"绿色营养驿站"经营现状调查分析，经营团队负责人、营销骨干及勤工俭学学生的工作体会、自我评价等，姚红负责组织	
第三天	全天	"绿色营养驿站"的营销决策分析，讨论提出营销运作优化方案设计的初步意见，郭文负责组织	
第四天	上午	讨论"绿色营养驿站"营销运作优化方案设计初稿，郭文负责组织	
	下午	李明负责组织补充相关资料，其余组员分头修改"绿色营养驿站"营销运作优化方案设计初稿	
第五天	上午	集中修改"绿色营养驿站"营销运作优化方案，征求"绿色营养驿站"经营团队的意见，完善并定稿，郭文负责组织	
第六天	上午	讨论并完成实训报告初稿，陈燕负责组织	
	下午	实训总结，由张军主持	

附件二

"绿色营养驿站"营销运作优化方案
（第 3 营销团队）

××学院北校区位于广州和增城交界的中新镇，距广州市中心区 40 千米，距增城 20 千米，小镇人口约 2 万，四周没有大型服务设施。该校区内有学生 13 000 人，但只有邻接广汕公路的北门可以让学生进出。校内有学生食堂 4 个，超市一间，食堂内除提供每日三餐的服务外，还开设有面食、煲仔饭、煎鸡饭、粥等小食窗口，服务时间从 9：00—22：00；第二饭堂旁边，有一间叫"老地方"的奶茶小店，地方狭小，每天有一定的学生在此消费。学生年龄为 18—22 岁，每月人均在校内食品消费支出为 1 000~1 500 元人民币，主要用于主食的消费，校园内缺少营养、休闲的餐饮服务场所。

20××年，学院决定开设一家提供营养小食服务的大学生创业基地——"绿色营养驿站"，由食品营养与检测专业和绿色食品加工技术专业的学生负责基地的经营和管理，专业教师进行指导，产品有新鲜果汁饮料类、油炸鸡腿和鸡翅、营养药膳等，建立完整的财务管理制度，要求基地在一年的经营期满后，探索一条适合自身特点的经营方式，自负盈亏，自我发展。

营业伊始，驿站面临的最大问题是只有少量学生前来消费，营业额低。经调查，原来驿站在校园的实训教学区，距离学生住宿区太远，学生在回到宿舍后一般不愿再出来；其次，大部分学生不知道有这样一间营业场所。针对第一种情况，经讨论研究，决定开展订餐服务，学生可以通过电话、短信预订套餐，送货上门；针对第二种情况，采用印制广告宣传单，有计划地安排专人派送宿舍，开设网络服务平台，在相关网络社群中发布消息，介绍"绿色营养驿站"的情况，很快"绿色营养驿站"就引起了师生的关注，营业额逐步上升，收益可观。

第二年新学年开始，"绿色营养驿站"如期正常营业，但不知为何，无论是电话预订还是来驿站消费的人数骤降。后经调查发现，原来在距学生宿舍不远处的外单位（同在校园内）宿舍区里，由社会人员新开设两家产品结构、服务内容类似的营业场所，大部分学生分流到此。为了解决此问题，在老师的指导下，学生成立3个小组：新产品研发小组、营销策划小组、宣传推广小组。其中，新产品研发小组，负责研制难以仿制、适合大学生口感的新产品，用产品吸引学生，经一段时间的努力，开发出炸鲜奶、秘制烤肉、咖喱鱼蛋等一系列新产品，受到广大学生的欢迎；营销策划小组提出与学生社团合作主办活动，进行团体消费的方案，先后参加计算机营销大赛、趣味运动会等一系列活动的后勤服务，获得满意的销售业绩；宣传推广小组，设计系列宣传单，派人送达宿舍，改造营业区的灯光，在走道上悬挂"满天星"彩灯。通过这些努力，"绿色营养驿站"的经营状况迅速好转。

近年来，"绿色营养驿站"紧紧围绕服务师生，研发新产品，积极拓展经营服务，既实现了培养学生技能的目的，又提升了创业素质，吸引了许多专家、学者前来指导，受到了专家及广大师生的肯定与好评。"绿色营养驿站"经营稳定，不仅在财务上实现了自我维持，而且用创收的经费添置了不少新设备，更难能可贵的是该基地还培养了多批具有较强职业竞争能力的学生，其中一些已应聘到知名企业工作。"绿色营养驿站"已成为本校大学生创业基地的一个典范，受到广泛关注和重视。而对于"绿色营养驿站"的未来，经营（营销）团队也充满信心！

"绿色营养驿站"的创业经营无疑是成功的，尤其在坚守营销理念、满足顾客需求、积极开拓市场、不断完善管理等方面的探索上。按照"市场营销概论"的基本原理分析，具体体现在：能够根据校园特定的市场环境，以服务为宗旨，结合自身专业学习和校园管理要求，科学地安排经营服务时间，认真践行现代市场营销理念；二是瞄准青年学生的消费需求与喜好，以"绿色、健康、营养"为主营特色，充分发挥专业优势，积极研发产品；三是在产品价格策略上采取成本加成定价法，主要以能够适当补偿原材料成本和学生勤工俭学人工成本为原则进行合理定价，以较优惠的价格优势吸引师生消费；四是在经营场所的布局设计上，以绿色、青春为主基调，结合书吧模式，便于学生在品尝风味小食的同时，能够进行学习交流与讨论，并为学生社团提供了新的活动场所；五是能够根据校园内环境变化，调整营销策略，主动参与市场竞争；六是在老师指导下，采取高年级学生带低年级学生的团队组建方式，并在学生中推选经营管理骨干，分工负责；注意培养市场推广员，根据每周、每月销售额进行业务分析，适时调整营销策略。但在肯定其成绩的同时，也发现了一些不足之处，包括经营位置相对比较偏、经营面积较小、经营时间受限、产品种类较少、促销方式不多等。在必须服从于校园管理的前提下，可以通过优化营销运作方案来弥补和提升。

对于"绿色营养驿站"营销运作方案的优化，可以从以下几方面努力：

一是在营销理念上，应进一步提升社会营销理念，包括环保意识、社会责任感等。由于地处特定的校园环境，面对的主要是即将步入社会的青年学生，所以"绿色营养驿站"要全面践行社会营销理念，即不仅要以顾客为导向，更要以培养学生、增进校园福祉为责任，建议在"绿色、健康、营养"理念的基础上，加强"环保消费导向"。可以通过产品销售与服务多作绿色环保宣传，如产品包装的循环使用、垃圾分类投放等，配合广州文明城市建设，并提升消费者尤其是青年学生保护环境的社会责任感。还可以设置爱心勤工俭学岗和爱心助学箱，力所能及地帮助贫困学生完成学业等，从而培养与提升校园学生整体的社会责任感。

二是在市场定位上，增加服务学生学习功能，凸显"书香味"。如提供免费无线上网服务、增设交友留言板等、提供学生社团开展活动平台，引导更多学生跨专业、跨年级学习交流，增加师生学习交流机会，将"食品"营养驿站变为"知识"营养驿站。

三是在产品策略上，发挥学生经营优势，及时了解师生口味需求，积极研发新产品，做到每周推出一款新产品，可以是全新产品，也可以老产品新做法；增加产品制作工艺流程体验消费，即可以借助绿色营养食品加工平台，向广大师生传授食品制作工艺，从纯产品购买消费变为参与设计或自我制作食品消费体验，让师生不仅可以品尝到鲜美营养可口的食品，还可以亲自尝试制作，吸引更多的学生参与和消费。

四是在促销策略上，可以每学期在校园举办一次"绿色美食节"活动，以更大的平台服务师生和扩大创业机会；配合新生入校、学子毕业以及各节假日时段，组织"感恩母校"等各种促销活动，既增加销售额，又增进师生之间、同学与同学之间、校友与母校之间的情感；在广告宣传推广上，可以通过校园网、微信等方式，进行绿色食品的知识普及和新产品推广介绍。

此外，在分销方式上，应以实体店体验为主，开通网上销售平台，开展上门服务，尤其是对年岁高、体弱多病的教职工提供便利服务等，形成具有鲜明特色的校园营销模式。

参考文献

[1] 菲利普·科特勒，凯文·莱恩·凯勒，亚历山大·切尔内夫. 营销管理 [M]. 16 版. 陆雄文，蒋青云，赵伟韬，等，译. 上海：格致出版社，2022.

[2] 马广水，杨秉强. 中华商文化概论 [M]. 北京：高等教育出版社，2021.

[3] 孟庆祥. 华为饱和攻击营销法 [M]. 北京：北京联合出版社，2021.

[4] 华红兵. 移动营销管理 [M]. 3 版. 北京：清华大学出版社，2020.

[5] 吴勇，燕艳. 市场营销 [M]. 6 版. 北京：高等教育出版社，2020.

[6] 李华丽. 华为员工内训课 [M]. 深圳：海天出版社，2020.

[7] 成光琳，杜柳. 中国商贸文化 [M]. 北京：高等教育出版社，2019.

[8] 杨群祥. 商务谈判 [M]. 2 版. 北京：高等教育出版社，2019.

[9] 晁钢令，楼尊. 市场营销学 [M]. 5 版. 上海：上海财经大学出版社，2018.

[10] 杨群祥. 广告策划 [M]. 3 版. 广州：广东高等教育出版社，2017.

[11] 王先庆. 新零售——零售行业的新变革与新机遇 [M]. 北京：中国经济出版社，2017.

[12] 伊兰·阿隆，尤金·贾菲，多娜塔·维亚内利. 全球营销 [M]. 郭晓凌，龚诗阳，译. 北京：中国人民大学出版社，2016.

[13] 大卫·S. 威廉姆斯. 大数据时代的市场营销：关联式客户关系管理 [M]. 匡斌，译. 北京：电子工业出版社，2016.

[14] 何永祺，张传忠，蔡新春. 市场营销学 [M]. 5 版. 大连：东北财经大学出版社，2016.

[15] 王方华，周祖城. 营销伦理 [M]. 上海：上海交通大学出版社，2005.

▌主编简介

杨群祥，二级教授，国家级精品课和国家级精品资源共享课主持人，广东省省级一类品牌专业、省级优秀教学团队和省级高水平专业群带头人。先后担任广东高等职业教育教育研究会副理事长、广东商业经济学会常务副会长、广东营销学会副会长、广东高职教育商业专业教学指导委员会主任委员、广东营销职业技能鉴定专家组组长、全国电子商务职业教育教学指导委员会委员、全国商业职业教育教学指导委员会委员及市场营销分指委副主任委员、全国高职高专经济管理类专业教学资源库建设专家委员会副主任委员、全国商贸职教集团副理事长、广东省"一带一路"职教联盟副理事长等职务；先后从事全国中文核心期刊要目总览遴选、国家精品在线开放课程评审、全国高职院校微课比赛评审、全国高职教育新增专业遴选等工作。

从事高等教育工作 35 年，主要研究方向是市场营销理论与实践、高等职业教育管理；长期从事一线教学工作，主持国家、省级科研课题 15 项；在《中外管理》《中国高教研究》《高教探索》《营销管理》《南方经济》等学术刊物上发表论文 112 篇；出版专著和教材 12 部，荣获中国书刊发行协会（社科类）"年度全行业最畅销品种"；提出了"高职高专教育市场营销专业人才能力培养'八个一工程'，即选配一名导师、组建一个学（协）会、参加一个竞赛、策划一个项目、深入一个产品或企业、建立一个模拟公司、撰写一篇毕业论文、毕业实习与就业一体化"。曾获得国家级教学成果二等奖 1 项、首届全国教材建设奖全国优秀教材一等奖 1 项、省级教学成果一等奖 4 项，广东省高等职业技术教育优秀科研成果一等奖 5 项，广东营销学会"创会 30 年突出贡献奖"等荣誉。

读者意见反馈

为收集对教材的意见建议,进一步完善教材编写并做好服务工作,读者可将对本教材的意见建议通过如下渠道反馈至我社。

咨询电话　　400-810-0598
反馈邮箱　　gjdzfwb@pub.hep.cn
通信地址　　北京市朝阳区惠新东街 4 号富盛大厦 1 座
　　　　　　高等教育出版社总编辑办公室
邮政编码　　100029

防伪查询说明

用户购书后刮开封底防伪涂层,使用手机微信等软件扫描二维码,会跳转至防伪查询网页,获得所购图书详细信息。

防伪客服电话　　(010)58582300

资源服务提示

授课教师如需获得本书配套教辅资源,请登录“高等教育出版社产品信息检索系统”(http://xuanshu.hep.com.cn/)搜索下载,首次使用本系统的用户,请先进行注册并完成教师资格认证。

高教社市场营销专业教学研讨交流 QQ 群: 20643826